पाँवों का सनीचर

पाँवों का सनीचर

अखिलेश मिश्र

राजकमल प्रकाशन

ISBN : 978-81-267-1163-5

मूल्य : ₹695

पहला संस्करण : 2006
पहली आवृत्ति : 2022

प्रकाशक : राजकमल प्रकाशन प्रा.लि.
1-बी, नेताजी सुभाष मार्ग, दरियागंज
नई दिल्ली-110 002

शाखाएँ : अशोक राजपथ, साइंस कॉलेज के सामने, पटना-800 006
पहली मंजिल, दरबारी बिल्डिंग, महात्मा गांधी मार्ग, प्रयागराज-211 001
1, अनमोल सोराबजी संतुक लेन, धोबी तलाव, मरीन लाइंस, मुम्बई-400 002

वेबसाइट : www.rajkamalprakashan.com
ई-मेल : info@rajkamalprakashan.com

मुद्रक : राजकमल प्रकाशन प्रा. लि.
नई दिल्ली-110 002

PAON KA SANICHAR
by Akhilesh Mishra

बाज सुराग न गांडर तांती

यह क्या लिख डाला ! बहुत लोग इसे सठियाई अकल का परपंच कहेंगे। क्या गलत कहेंगे ! उसके अलावा यह है भी क्या ?

इसे साहित्य कहनेवाले सरासर झूठ बोलेंगे। साहित्य से इस लिखनेवाले का जिन्दगी में कब कोई वास्ता रहा है ? उसकी किसी तरह के साहित्य से दूरी कितनी है, कैसे बताया जाए ? लोग बताते हैं कि हेली के पुच्छल तारे की मीलों में दूरी कितनी है ? यही तीन लाख पर पाँच सुन्न और रखने पर जो संख्या बने। इस कलम से साहित्य की दूरी जानने के लिए इस संख्या पर और आगे आठ-दस सुन्न रखने होंगे। कभी साहित्य देखा नहीं, सुना नहीं, पहचानने का मौका कभी मिला नहीं। साहित्य रचनेवाला भी कभी नज़र आया नहीं।

बटोहियों की बतकही में अकसर मन लगा है। वही तर्ज मन को भाया है। लेकिन बात तो तब बनेगी जब बटोहियों की बतकही को यह तर्ज भा जाए। नहीं तो जैसे बहुत-सी लिखा-पढ़ी अकारथ जाती है, वैसी ही यह भी सही।

उपन्यास यह एकदम नहीं है। आत्मकथा तो है ही नहीं– इसमें कोई कुछ खोजने के लिए बेकार डूबे उतराएगा। सच उतना ही है जितना बतकही में बचा रह जाए।

जमाने का दस्तूर है कि 'कौन हो' के जवाब में जाति बतानी पड़ती है। इन सतरों की कोई जाति नहीं है। आज के बाजार में हर माल लेबल देखकर बिकता है। इस पर कोई लेबल भी नहीं है।

इसलिए घूर पर फेंकने लायक माना जाए, तो भी ठीक है।

इन सतरों का लेखक मुझे मानना भी एक फरेब है। कोई झूठा, ठग, जालसाज ही ऐसा कहेगा। इसमें एक हरफ भी अपना नहीं है। जो कुछ है, वह दूसरों से लिया है।

जो सही हो वह उन्हीं का है। जो गलत हो बस वही, उतना ही, अपना है। सही काम सभी करते हैं। कोई एक गलत करनेवाला भी तो रहे।

इसीलिए कोई इसकी निन्दा करने में सकुचाए नहीं, कोई इसे नोचकर फेंकने, जलाकर राख करने में लिहाज न करें। निन्दा करनेवाला सच ही तो कहेगा, फेंकनेवाला उचित करेगा।

इसके बाद भी कोई पढ़ डाले, पढ़कर दूसरों से चर्चा करे तो उसके पाँवों की धूरि मेरे सिर माथे। उससे उद्धार होने की मुझमें ताब नहीं।

कोई ज्यादा उम्मीद करेगा भी क्यों ? उस लायक मैं कब था ! जैसा बन पाया वैसा हूँ, जैसा बन पड़ा जो काम, वैसा है। और अब लल्लू का लल्लूपन छापक के हवाले।

लखनऊ

–अखिलेश मिश्र

दो शब्द

श्री अखिलेश मिश्र का मरणोपरांत प्रकाशित होनेवाला यह उपन्यास *पाँवों का सनीचर* कई अर्थों में विशिष्ट है। प्रस्तावना से ही पाठक का जिस भाषा और अभिव्यक्ति शैली की जिस अद्‌भुत भंगिमा से परिचय होता है, वह निश्चय ही उसके लिए एक विशिष्ट और उत्तेजक अनुभव होगा।

यह बीसवीं सदी के पूर्वार्द्ध और दूसरे महायुद्ध के भी पहले की कथा है। एक ओर इसमें जहाँ हमें गाँवों का ऐसा घोर यथार्थ मिलता है जो हमारे साहित्य के लिए सर्वथा नवीन है, वहीं दूसरी ओर ढाका और उसके निकटवर्ती कस्बों और गाँवों के जीवन की ऐसी दुर्लभ छवियाँ भी दीख पड़ेंगी जिनमें परम्पराओं और रूढ़ियों के बावजूद जातिवाद और साम्प्रदायिकता आदि का जहर लगभग अछूता है। अनेक बेचैनी भरे प्रसंगों में वे छवियाँ सौहार्द्र और मानवीयता की विजय की ध्वजवाहक बनती हैं।

यहाँ किशोरों की कथाओं जैसे सहज घुमक्कड़ी के प्रसंग कई बार हमें जीवन की भयावह स्थितियों ये रू-ब-रू करते हैं और तब हम पाते हैं कि जिसे हम किशोरों का आख्यान समझ रहे थे, वह मूलतः उन प्रौढ़ों की संघर्ष-गाथा है जो अपने मूल्यों के प्रति असीम प्रतिबद्धता के साथ विषम स्थितियों का मुकाबला कर रहे हैं।

एक जटिल, सामाजिक संरचना को यह अपेक्षाकृत छोटे आकार का उपन्यास जिस सहजता और उसी परिवेश में प्रचलित बोली और मुहावरा के माध्यम से खोलता है वह एक साथ हिन्दी

साहित्य के प्राचीनतम और नवीनतम कथा-प्रयोगों से हमारा साक्षात्कार कराते हैं। एक अत्यन्त सचेत, सजग और जुझारू प्रकृति के पत्रकार का यह कथा-प्रयोग निश्चय ही सम्पूर्ण साहित्य जगत के लिए एक स्फूर्तिदायक अनुभव सिद्ध होगा।

–श्रीलाल शुक्ल

उपक्रम

'धर्म का मर्म' और 'पत्रकारिता : मिशन से मीडिया तक' के बाद इस बार हम अखिलेश मिश्र के लेखन का एक अब तक अज्ञात रहा पहलू पाठकों के सम्मुख ला रहे हैं–'पाँवों का सनीचर' के रूप में।

अखिलेश जी हरफनमौला थे, कुछ विषयों के पंडित भी थे, पत्रकार थे, लेखक थे, आन्दोलनकारी थे। अपने छात्र जीवन में उन्होंने कविताएँ भी लिखीं और मंच पर काव्यपाठ भी किया, साक्षरता अभियान के तहत अनेक लम्बी कहानियाँ लिखीं लेकिन उन्होंने कोई उपन्यास भी लिखा है इसकी थोड़ी-बहुत जानकारी उनके कुछ आत्मीयजनों को ही थी। उनका कहना है शायद इसकी कुछ किस्तें किसी पत्रिका में छपी भी थीं।

'पाँवों का सनीचर' कब लिखा गया इसका भी कुछ पता नहीं है। उपन्यास की भूमिका 'बाज सुराग न गांडर तांती' में अखिलेश जी ने शास्त्रीय परम्परा का अनुसरण किया है जिसमें कवि-लेखक अपने बारे में कोई जानकारी देने से कतराता है, अपने को अकिंचन बताता है। फिर भी, चूँकि बांग्लादेश का जिक्र उपन्यास में एकाधिक स्थलों पर हुआ है इससे यह निश्चित है कि यह 1971 के बाद ही लिखा गया।

'पाँवों का सनीचर' कई अर्थों में एक विशिष्ट, अनूठा उपन्यास है। इसका नायक है किशोर गरीब नेवाज उर्फ 'लल्लू'– निघंस पहलवान, महासवालिया। उसे अपने हर सवाल का जवाब चाहिए। आजादी के पहले का यह किशोर जवान हुआ, बूढ़ा हुआ,

गुजर गया। उसे अपने सवालों के जवाब मिले या नहीं, कौन जाने ! लेकिन उसके सवाल हमारे सामने आज भी जस के तस खड़े हुए हैं, एक चुनौती बनकर।

इस उपन्यास में स्त्रियों की भूमिका ध्यान आकृष्ट करती है। पंडिताइन, ललुआ की बुआ, शुभ्रा, शेफाली सब अपनी-अपनी जगह बहुत मजबूती से खड़ी हैं और उपन्यास के साथ आगे बढ़ती हैं—अपने बूते, अपनी समझदारी से। इनमें से कोई तेज-तर्रार है तो कोई खामोशी से फैसले लेनेवाली, कोई किशोरी है तो कोई उम्रदराज वृद्धा। सब बड़े सहज ढंग से अपना व्यक्तित्व विकसित करती हैं, अपनी जगह बनाती हैं। इस दृष्टि से इसे नारी विमर्श का उपन्यास भी कहा जा सकता है। अखिलेश जी के अनुसार यह उनकी आत्मकथा नहीं है। उनकी बात पर एतबार न करने की कोई वजह नहीं लेकिन लल्लू में उनका चेहरा तो झलकता ही है।

'पाँवों का सनीचर' के लिए 'दो शब्द' आदरणीय श्रीलाल शुक्ल जी ने बहुत मनोयोगपूर्वक लिखा है। उनके प्रति अपनी कृतज्ञता को शब्द देने में मैं असमर्थ हूँ।

अखिलेश जी के जन्मदिन पर 'पाँवों का सनीचर' पाठकों तक पहुँचा देने का पूरा श्रेय श्री अशोक महेश्वरी और उनके राजकमल प्रकाशन को है। उनके प्रति मैं हार्दिक आभार व्यक्त करती हूँ।

—वंदना मिश्र

22 अक्टूबर, 2005
लखनऊ

अनुक्रम

जनम दागी

उसे अपने बालपन की बहुत-सी घटनाएँ रह-रहकर याद आती हैं। हर याद से एक हूक उठती है, एक टीस उभरती है, एक पीर जगती है।

यों तो वह कनौजिया बांभन परिवार की पूरी बीघा भर मरजाद लड़के के डील में लेकर पैदा हुआ था। इसलिए लाड़-प्यार तो बहुत हुआ ही रहा होगा। फिर भी उसके लच्छन शुरू से ही कुछ ऐसे थे कि पूत के पाँव पालने में परखनेवाले शुभ मानने को तैयार न होते थे।

इसका भला वह क्या करता कि उसके जन्मदाग था ? सुना तो यह जाता है कि सबके होता है। लेकिन सबके क्या ऐसी जगह होता है जो सबकी नज़र पड़े और अगर ऐसी जगह भी हो तो क्या ऐसा बेजगह, बेशकुन, बेतुका होता है। जरूर भगवान ने इस जन्मदाग से किसी अनिष्ट की चेतावनी दी है।

उसका जन्मदाग बाएँ हाथ की तर्जनी की जड़ पर है–एक पान जैसा, काले रंग का–नोक उँगली के नाखून की ओर। पंडित का कहना था कि यह जन्मदाग पूरे जन्म को दागी बना देगा। लड़का हर तरह से नालायक होगा। अपने बाद किसी भली पौद को उगने न देगा। सो तो दिखाई ही देने लगा था। उसके बाद कई भाई-बहन आए पर कोई भी साल पूरा न कर पाया। बहुत बाद में दो भाई बचे। उसका जस घर में आई बहुरिया को दिया गया। अपने भाग से उसे दो-दो देवर मिल गए। वरना लड़के के भाग्य में भाई कहाँ था!

बुढ़ापे तक उसे अपनी बुआ की याद है। पिता से बड़े ताऊ जी थे, उनसे भी बड़ी थी बुआ। ताऊ जी निस्सन्तान विधुर थे। बुआ बाल विधवा। भतीजे को वही अकसर कोरवा में बैठाकर खिलाती थीं। उनके मुँह से निकलता था अकसर–"एक बिया तौनो छिया।" उँगली पर का जन्मदाग वह गौर से देखतीं और देखकर उदास हो जाती थीं। पाँच उँगलियों में एक दागी। उस दाग को लच्छन भी कहा जाता है। 'क्यों' या काहे का जवाब लल्लू आज भी नहीं जानता। लेकिन बुआ जब तब कह डालती थीं–"लच्छन एक, कुलच्छन चार।"

कुलच्छन और लच्छन में चार पीछे एक का यह मीजान उसी उम्र से मन में कुछ ऐसा बैठा कि औघट घाट नहाने, बेराह चलने, बेसलीका जीने, बेलौस बेपरने और बेढंग बनने की आदत उसने घुट्टी के साथ गले के नीचे उतार ली थी। बाद में कभी न उसकी चाल सुधरी, न चलन ठीक रहा, न तरीका उसे रुचा, न तौर उसे कोई सिखा सका। उस अजूबा जिन्दगी में न जाने क्या-क्या आया, इसका किसी के पास कोई हद हिसाब नहीं।

उसकी कुछ आदतें बचपन से ही बेहद लटी थीं। करगदा बार-बार नया पहनाया जाता, रीति जो थी और वह था जो करगदा का दुश्मन, तोड़कर फेंक देता। लोग कहते, "करगदौ ते नंगा" तो चिढ़ता भी न था। कठुला ताबीज भी वह न जाने कहाँ फेंक आता था। कनछेदन हुआ तो उसके कान में बाली शाम तक न टिकी। बुआ बड़ी चिन्तित–अगर कान के छेद बन्द हो गए तो क्या होगा ? विवाह में बजुल्ला कैसे पहनेगा ? मगर वह किसी की मानता ही कब था!

बुआ बड़े प्यार से दूधभात खोरवा में लेकर पीछे-पीछे भागती तो वह मुट्ठी भर धूल उसमें डाल देता। दूध से उसे चिढ़ थी। घी छू जाए तो वह उपासा रह लेता।

एक दिन तो परलय हो गई। न जाने कहाँ से उसने अम्मा की कैंची खोज ली थी और चुपके से अपनी चोटइया काट डाली थी। राम राम ! कैसा चांडाल था। ब्राह्मण घर में राक्षस पैदा हुआ। पूरे घर में ही नहीं पूरी जंवारि में तहलका मच गया।

अगले दिन पड़ोस का लड़का लोकनाथ दौड़ाया गया। दो कोस दूर पुरवा से शास्त्री जी बुलाए गए। उन्हीं ने जन्मपत्री बनाई थी। उनसे कहा गया कि फल-वल विचारें, विचार कर निदान बताएँ। उन्होंने हाथ की रेखाएँ बड़े गौर से देखीं। जन्मपत्री को ध्यान से देखकर मीन, मेख, वृख, मिथुन किया और लगे कुछ मन्त्र जैसा बुदबुदाने। पूरा परिवार उन्हें घेरे बैठा था।

इधर लल्लू को मौका मिल गया। वह चुपके से घर के बाहर हो गया।

यह तो उसकी आदत ही थी। आधी रात को या दुपहरी–जब मौका पाता तो चुपके से घर के बाहर निकल जाता और घंटों खोजे न मिलता। लूक जलाक से वह कभी डरा नहीं। जाड़ा पाला की उसे परवाह न थी। आँधी में निकल जाता और धूल-धूसर होकर लौटता। पत्थर पड़ते में, घोर बरखा में वह बाहर रहता और बुरी तरह भीगकर, अकसर चोट खाकर लौटता। टोला के लड़कों से उसकी मानो अनबन थी। उनके बीच रहता खेलता क्या जब बैठता न था। जब भी लोग ढूँढ़ने गए, तीन-चार कोस से कम फासले पर कभी वह मिला नहीं। खोजकर लानेवाले

उसे रास्ते में दो-चार हाथ मारते हुए लाते और घर में उसे हेरान गदहा की तरह पीटने की सलाह देते जाते। यह सलाह अकसर मानी भी जाती। बुआ कहती थी– मार ते देह औरउ पोढ़ाय गय है, निघंस होइगा है ऊपर से।

मौलवी के घर पर पढ़ने भेजा जाता था जहाँ वह अकसर नागा करता था और बागों, खेतों, खलिहानों में वक्त कटता था। बच्चों के बारे में मौलवी साहब का फार्मूला था, "मकान की मरम्मत सालाना, लड़के की मरम्मत रोजाना"। लेकिन इस मरम्मत से भी इस इमारत की दुरुस्तगी नहीं होती थी। अकसर स्पेशल मरम्मत होती थी। मन में मौलवी साहब भी हार मान चुके थे। कभी-कभी इस लड़के को निघंस पहलवान कहते थे। उसे यह सब आज तक याद है।

लेकिन उस दिन बाहर हो जाना तो हर तरह से गैर मामूली हो गया। शास्त्री जी अभी घर पर ही थे। कुछ पूजा-पाठ बता चुके थे। अपना सीधा सामान बाँध रहे थे।

बुआ पहले ही कहा करती थी कि इस लड़के की खोपड़ी में साक्षात सनीचर का वास है। बच्चे की एक आदत बुआ को ही नहीं दूसरे बड़े-बूढ़ों को भी खास नागवार गुजरती थी।

जहाँ तक बच्चे की आवारागर्दी का सवाल है, वह घर की औरतों को अकरस नहीं लगती। इससे तो घर में सुकून रहता है। बच्चे रहते हैं तो हलकान कर डालते हैं, भड़फोड़ मचा देते हैं, लीपा-पोता घर, सुकत्यावा असबाब सब छिन में जैसे का तैसा, एकदम तियाँ-बियाँ कर देते हैं। बच्चे बाहर कहाँ गए, क्या कर बैठे–यह सिरदर्द मर्दों का है। वरहन (उलाहना) देने कोई आया तो भी जिम्मेदारी मर्दों की होगी। लेकिन यहाँ तो गाँव से वरहन आने का सवाल ही नहीं उठता था। वह गाँव में टिकता ही कब था!

बहुत पहले एक तमोली शिकायत लेकर आया था। उससे किसी बात पर खफा होकर लल्लू ने उसकी भीट की टटरिया खोलकर उसके दो छगड़ी और एक घोड़ी पहन दी थी। बेचारे की भीट उजड़ गई थी। तब लल्लू की अच्छी पीठ पूजा की गई थी।

उस दिन के बाद से कोई वरहन नहीं आया था। कभी-कभी इतना ही सुना गया था कि फलाँने का घोड़ा उसने यों ही अंगोछा से मोहड़ी बनाकर, नंगी पीठ पर सवारी गाँठकर कोसों दौड़ाया था। लेकिन लड़का हाथ-पाँव सही-सलामत लेकर लौट आए तो ऐसी शिकायत से कोई संगीन मामला नहीं बनता। औरतें तो ऐसी बातों पर यों भी कान नहीं देतीं। एक दफे हाय दैया कह दें, यही बहुत है।

बुआ की नजर में इस आवारागर्दी से भी ज्यादा बुरी एक और आदत लड़के में थी। राम जाने कैसे जिन्दगी पार होगी! कहीं भी चार-पाँच बड़े-बूढ़े बुढ़िया कोई भी बात, मंसूबा, परपंच बतिया रहे हों तो यह लड़का पाही पार करके फौरन पहुँचता और थोड़ी दूर पर रहकर बड़े गौर से एक-एक अच्छर सुनता रहता। कोई मतलब हो या न हो, परपंच सुनेगा जरूर। सुनना भी ऐसा-वैसा नहीं, एकदम कान खड़े, मन एकदम उधर, मानो समाधि लग गई हो। दीन-दुनिया का होश न रहता था।

बुआ रोज ही लड़के की इस आदत पर कुछ-न-कुछ कह डालती थीं। एक दिन कह बैठी कि लड़के का नाम ही बेढंगा रख दिया गया है—गरीब नेवाज। पूछो, यह भी कोई नाम है, न भगवान, न देवी-देवता, बाद में न परसाद, न दीन, न चन्द्र। लल्लू के पिता लाख समझाते कि यह भी भगवान का नाम है जैसे दीनदयाल। रामायण में लिखा है। लेकिन बुआ ऐसी बात सुनकर चिढ़ जातीं, पढ़ाई-लिखाई को कोसने लग जातीं। उनका मत था कि संस्कीरत से हिन्दू और अरबी से मुसलमान नाम की ऊँची जाति झलकती है।

उन्होंने आज शास्त्री जी के आगे भी दुखड़ा सुनाया था। शास्त्री जी गठरिया बाँध ही रहे थे कि बुआ दुबारा अपना रोजनामचा सुनाने लगीं।

बुआ की इतनी बात तो शास्त्री जी के विचार से भी सही साबित हो चुकी थी कि लड़के पर शनिश्चर का प्रकोप है। काले तिल का हवन, दान, शनिपूजन, शनिवार व्रत आदि का विधान शास्त्री जी ने समझाया। घरवालों ने शास्त्री जी को विदा किया और सनीचर के पूजा-पाठ हवन के बारे में बातचीत चलने लगी।

गाँव में इधर चोटइया कटने की बात लेकर लोग सन्न थे ही। उस कलमुँहे की खोज-खबर लेने की किसे चिन्ता थी! कोई भी क्यों सोचता कि गरीब नेवाज कैसा भी सही बच्चा है, उसकी देखरेख जरूरी है।

सब उसकी ओर से बेपरवाह थे और वह सबकी ओर से बेपरवाह। रोज की तरह उसने आज भी किसी नई दिशा में कुछ नया कर भोगने की ठान सी ली थी। घर से वह ऐन दुपहरिया में निकला था। अब आकाश में नखत निकल चुके थे। अभी तक वह लौटा न था।

अचानक किसी को ध्यान आया, अरे ललुआ है कहाँ ? तब किसी ने कहा—वह तो बड़ी देर से नहीं दिखा।

ताऊ जी बड़े गुस्से में, कोने में धरी लाठी उठाकर, दरवाजे की तरफ चलते हुए बोले, "वाह रे भगवान! अच्छी औलाद दी है। खूब परिच्छा ले रहे हो। यह रोज-रोज का खटराग कब तक निभेगा ? क्या होना है, क्या तेरी मर्जी है,

रमैया ?" यों ही बड़बड़ाते, कुछ रुआँसे, कुछ रिसाए, डेहरी से जाकर निकले और खींचकर भड़ाक से दरवाजे बन्द करते हुए चलने के पहले कहते गए–"दिदिया जंजीर लगा लेना, लौटने में शायद अबेर हो जाए।"

घर में और कोई मरद न था। पंडित दो दिन के लिए कहीं गए थे। पंडिताइन परदा करती थी। लेकिन इससे कोई कठिनाई नहीं आती थी। बुआ तो इसी गाँव की बिटिया थीं। यहाँ उनका पर्दा से क्या वास्ता ! सब घरों में, खेत बगिया में आती-जाती थीं। लाठी लेकर आम भी झार लेती थीं। हरहा भी हाँक देती थीं। ससुराल की बात और थी। उधर से होकर बैलगाड़ी या अद्धा पर बुआ कहीं जातीं तो उस गाँव की बगिया दिखाई देते ही घूँघट इस जोर से खींचा जाता कि आधी पीठ खुल जाती थी। उन्होंने जंजीर बन्द कराई छोटी भइहों (भावज) से और खुद बाहर निकलकर दो-एक और जनों को भी लल्लू को खोज लाने के काम पर लगा आईं।

मरम्मत की हद

एक रात बीत गई। ताऊ लौटकर न आए। घर में किसी की आँख एक पल को न झँपी। सबके मन में दहशत। वाह रे लड़का ! कहाँ रह गया ? बूढ़े ताऊ जी कहाँ भटक रहे होंगे ?

सबके मन जहाँ-तहाँ बिलम रहे थे। उठाने-धरने में मन कभी किसी की लगाम नहीं मानता। फिर देहात की रात। सनसनाती बयार। बाहर कहीं आदमी न आदम जात। बगरछुट्टू के दिन। यह भी तो नहीं कि खेतों में पानी देने, रखवाली करने के नाम पर कहीं आता-जाता, बैठा, तापता, चिलम पीता, हाँक देता या अलाप लेता कोई दिखाई देता। बगिया बिरवा जरूर थे लेकिन आम लाने के नाम पर वह बात नहीं आती। भेड़हा सियार सभी घूमते थे। साँझ होते 'हुक्का हुआ' का शोर गाँव के भीतर तक सुनाई देता था। ये जीव गाँव के ड्योढे तक चक्कर मारते थे। अकले-दुकेले औरतों को मैदान जाते डर लगता था। छोटे बच्चे, बकरी, भेड़ी और सोरी साँझ होते डेडवार के भीतर बंधेज कर लेने की सीख बुजर्ग रोज ही अल्हड़ नौजवानों और बेपरवाह कल की लड़कियों में दोहराते थे।

अब तक गाँव में भेड़हा, लकड़बग्घा का एक भी हमला नहीं हुआ। इसके लिए गाँव के सब लोग एक सुर से उस दक्खिन छोर पर बसे मतई दादा का कम, उनकी लाठी का ज्यादा, जस बखानते थे। कहते हैं, उनकी लाठी का जंवारि में जवाब नहीं। बूढ़े हो गए हैं, तब भी दस गाँव के लोग उनसे लाठी सीखने कभी-न-कभी आ चुके थे। उनकी वहउआ लाठी की कहानियाँ पूरी तहसील में भगवत, रामायण की तरह सुनी जाती थीं। सुनानेवाले एकदम मोट बन जाते थे। बताते थे कि उनकी लाठी में शब्द-बेध का जादू है। सिर्फ आहट सुनकर, उठाकर लाठी घुमाएँ और फेंक भर दें तो कराह या आवाज सुनाई देने का मौका नहीं आता था। सबेरे बस कोई बेजान मुर्दा पड़ा मिलेगा। कोई भी हो चोर या बाघ–इससे लाठी का क्या वास्ता। उस लाठी ने आज तक किसी पर दो बार चोट नहीं की।

जैसे मतई वैसी उनकी लाठी। जाति के चमार थे। भगत थे, कबीरपन्थी

थे। दिन-रात सबको नेकी सिखाते थे। खान-पान, रहन में इतने पाक कि बामन क्या वैसे रहेंगे। जिसने उन्हें एक बार देख लिया वह ताजिन्दगी उनका मुरीद। न मतई की दुइ बात, न उनकी लाठी के दुइ वार।

पुरनियाँ बताते हैं कि कभी मतई जब जवान थे तब उनकी लाठी का कमाल देखने पर्व-त्योहार पर दूर-दूर के लोग आते थे। एक बार का दृश्य तो पुराण जैसी कथा बन गया है। जोरों की बरसात के बीच मतई छपरिया के नीचे से लाठी सहित उछलकर मैदान में कूदकर पहुँचे और सिर के ऊपर नाचने लगी लाठी। जब लौटकर लाठी सहित वह फिर छलाँग लगाकर वापस छपरिया में आए तो लोगों ने उनके कपड़े टोये। अंगरखा तो सूखा था ही, बालों में भी पानी नहीं था। इस आन और हुनर वाला बूढ़ा गाँव के छोर पर लाठी बगल में धरे, घर के दुआरे सो रहा हो और सोता भी वह हो कुकुरनिन्दिया तो गाँव के भीतर धँसे ऐसी किसी भेड़हा या बटमार की मजाल नहीं जब तक उसे यमराज के घर से न्यौता न मिला हो। इसलिए गाँव के भीतर लोग चैन की नींद सोते थे।

मगर वाह रे ललुआ आखिर सबकी नींद हराम ही तो कर दी। गाँव भर में सुबह से ही, बुआ ने घर-घर जाकर ऐसी हाय दैया मचाई थी कि कई लोग लड़के को खोजने इधर-उधर निकल चुके थे। मतई दादा भी ऐसे में कैसे घर पर रहते। राम का नाम लेकर वह भी घर से चल चुके थे।

बुआ अपने ललुआ की लरिकई घर-घर सुनाकर लौटी ही थीं कि कुछ और अनहोनी हो गई और बुआ को एक मरतबा फिर ''हाय दैया हाय दैया'' कहकर माथा ठोकना पड़ा।

हुआ करें इस घर के सब मर्द बाहर लेकिन जमाना आज का थोड़े ही था। अब तो नई पीढ़ी की नींद दिन निकलने पर खुलती है। बिस्तर पर लेटे-लेटे चाय की तलब लगती है। अब जुग ऐसे लोगों और लुगाइयों का है जिन्होंने प्रभात-वर्णन की कविता कोर्स की स्कूली किताब में पढ़ी तो जरूर है, उसे याद करके उत्सव में इनाम और इम्तहान में नम्बर भी पाए हैं। लेकिन शायद ही सूरज निकलते अपनी आँखों से देखा होगा।

लल्लू की बात कुछ पुरानी है। तब जाँत की आवाज से कोकिलकंठियों के सुर, उनके सम पर मूसर की आवाज, बीच में कहीं टुनटुन तो कहीं रुनझुन के नाद गाँव के घर-घर से निकलते—एक तान के रूप में मिलकर ऊपर उठते और उन ऊँचे दरख्तों की गोहार बन जाते थे जो झूमती डालों की डोलती टहनियों के इशारे से, कोस भर दूर पर से, हर बटोही को गाँव की तरफ आने का प्रेम भरा निमन्त्रण देते थे।

जगहट तो दो घरी रात रहे ही हो जाती थी। यह और बात है कि उस दिन पूजा-पाठ, नेम-धरम या सानी-पानी के बजाय लल्लू कांड का पाठ हुआ हो। इसलिए किसी का किसी के दुआरे, होत भिनसार पहुँचकर जंजीर खटकाना कुछ अजीब या बेतरतीब नहीं माना जाता था।

बुआ अगर घर का मुहार बन्द करके भीतर पहुँच गई होतीं तो जंजीर खटकती ही। लेकिन उसकी नौबत न आई। उधर से पाँव लागी की आवाज दरवाजे से टकराई, जब एक किवाड़ बन्द हो चुका था, और दूसरा ज्यादा नहीं एक बित्ता खुला था।

आधा दरवाजा फिर खोलकर बुआ बाहर चौतरे पर आईं तो देखा नीचे सोना पासिन अपनी सात बरस की बहुरिया के साथ पैलगी कर रही थी।

हाल तो बुआ का बेहाल था ही। इधर हाल-चाल पूछते ही वह सास भी फफककर रो पड़ी। करैया हौ अब का करतार, भुंई फटती नहीं, कोई कैसे समा जाय। ऐसी भी क्या लरिकई कि अपना भी धरम बिगाड़े, हमें भी मुँह दिखाने लायक न रहने दे। अब पंडिताइन तुम्हीं बताओ हम क्या करें, हमारी कौनों खता न थी।

मंगलाचरण जरा लम्बा चल गया, काफी क्षेपक निकला। कथा कुछ छोटी-सी ही थी। इसमें कोई क्यों बुरा माने। कवि लोग ऐसे ही बातों पर पोथन्ना लिख डालते हैं। उसका नाम होता है—महाकाव्य।

यों जो हुआ वह गंवई के लिए बहुत था। वह छोटी-सी बहुरिया एक डेलइया में चार रोटी मकुनी की, साथ में पिसा हुआ नोन, मिरचा, लहसुन और एक गुड़ का ढेला, दूसरे हाथ में एक छोटी-सी गगरिया में पानी लिये, गाँव से बाहर, कुछ दूर पर एक बगिया में मजूरी कर रहे ससुर को दुपहरिया में, कुछ पेट में डालकर पानी पीने का सामान देने जा रही थी।

बात कल दुपहरिया की थी, घटना अपने गाँव की नहीं, दो कोस पर बसे दूसरे गाँव की थी। रो-धोकर सुनाई जा रही थी। इसलिए तलाए वहिरे के नाम पर निकलते या लौटते में दुइ-चार परानी और भी अपने कनरसियापन पर काबू न पाकर इर्द-गिर्द खड़े हो गए थे।

अपने लल्लू मियाँ गाँव में तो खेलते थे नहीं, कल उधर ही निकल गए थे। उन्हीं की तरह के दो-तीन और दूसरे गाँव के लड़के पहले से बदी एक जगह पर मिल गए थे। हँसी-ठिठोली चली। तब तक यह बहुरिया मेंड़ मेंड़ जाती दिखाई दी।

इस गिरोह के एक ने आपस में ही कहा हमारे भी क्या रीति-रिवाज हैं।

रोटी चौके से निकलते छूत हो जाती है। कितने मजे में है ये, जहाँ से चाहा ले आए, जहाँ मन हुआ बैठकर खा लिया, अंचय लिया।

लल्लू ने दून की हाँकी–'मैं छूत-छात नहीं मानता।' इस पर किसी ने सान पर चढ़ा दिया–'अच्छा, ऐसा ही दमखम है तो उसकी रोटी का एक कौरा खाकर उसकी गगरी का पानी एक घूँट पी लो। हम भी तो देखें।'

लल्लू कहाँ दबने वाले। जाकर मेंड़ पर उस बेचारी का रास्ता ही तो रोक लिया। जो नहीं करना चाहिए था, वही कर दिखाया। आधी रोटी उसी के नोन के साथ खा ली, थोड़ा-सा गुड़ खाया, उसी की गगरी से दो घूँट पानी पिया। तब उसे जाने दिया।

पर वह बेचारी आगे क्या जाती! लौटकर बदहवास गिरते-पड़ते वापस गाँव भाग गई। सास से बताया तो उसका जी धक से हुआ।

हाय राम अब क्या होगा ! वह भूखे रह गए, यह तो खैर कोई बड़ी बात नहीं। गरीब की आँतें बिना अन्न रहना जानती हैं। लेकिन यह क्या हो गया ! बड़े लोग क्या कहेंगे ! क्या न कर गुजरेंगे ! काफी समय आपसी सलाह बात में बीता और आज भोरहरे बिचारी अपराधी बनकर हाजिर हो गई।

उधर गिरोह के बाकी लड़कों की रूह फना हो गई। अब लल्लू के साथ खड़े होने की किसी की मजाल न थी। सब चुपके मुँह लटकाए अपने घरों की तरफ चल दिए। घर में किसी की हिम्मत यह किस्सा बयान करने की न पड़ी।

सबको अब यह मानने से भी इनकार था कि लल्लू को कहीं देखा भी था। इस पाप को कौन सिर पाले। ऐसे में ताऊ को या किसी और को, किसी से लल्लू का पता कैसे लगता ? पूछताछ तो उन्हीं की दौंतरी में की जा रही थी।

गुलेल का निशाना

रह गए थे लालू अकेले और हाथ में उनकी संघातिन गुलेल। गिरोह के साथ उनका एक प्रिय खेल था जिसके लिए मौलवी के यहाँ भी नागा किया जाता था।

ताड़ के पेड़ों में ऊपर हँड़िया लटकती थी जिसमें ताड़ी जमा होती थी। बाद में एक हाँड़ी उतारकर दूसरी लटका दी जाती थी। लल्लू गिरोह के लड़के गुलेल के निशानेबाज पक्के थे। नीचे से साधी गुलेल और एक काँकरी ठीक निशाने पर ऐसी मारी कि हाँड़ी की पेंदी में हो गया छेद, और उसमें से गिरने लगी धार। नीचे लगा चुल्लू। उधर हाँड़ी खाली, इधर गिरोह एक दो तीन। एक-एक करके कई हाँड़ियाँ फतेह की जाती थीं। गिरोह का एक-आध लड़का इस निगरानी में रहता था कि हाँड़ी लटकानेवाला कहीं इधर आ तो नहीं रहा है। पत्ता खड़का और गिरोह सरका। बाद में कोई आकर चिल्लाए, कोसे, गरियाए, सरापे तो किसी की सेहत पर क्या असर पड़ता है !

लेकिन अब मुश्किल थी। लल्लू के 'हाथ में गुलेल', साथ में कोई नहीं। इससे क्या ? गुलेल साध ही तो ली। कभी काँकरी छूटी न थी कि हाँड़ी के मालिक ने दूर से देखा और हाँक देकर रपटाय लिया। लल्लू मियाँ भाग रहे थे और वह लाठी ताने पिछवाय रहा था। बीच का फासला कम होता जा रहा था। भागते-भागते लल्लू मियाँ एक तालाब में फाँद पड़े।

सोचा था कि जब तक यह धोती को लँगोटी बनाएगा, कपड़े उतारेगा तब तक हम उस पार और नौ दो ग्यारह।

वह लठैत तो खैर लौट ही गया। मगर लल्लू को पोखर की गहराई का अन्दाजा नहीं था। घबराहट थी या पाँव फिसला था–यह कौन बता सकता था! लल्लू लगे डूबने।

उस दिन तो कुछ भी हो गया होता, लेकिन लल्लू को अभी बहुत कुछ भोगना बदा था। पोखर के उस पार पगडंडी से करीमुल्ला अपनी नातिन नुसरत

की उँगली पकड़े धीरे-धीरे किसी तरफ जा रहे थे। लल्लू की खोपड़ी कभी पानी के ऊपर, कभी नीचे जा रही थी। नुसरत उसे देखकर बोली, "नाना, नाना, देखो वह कैसा नहा रहा है। मैं ताल के किनारे जाती हूँ तो डाँटते हो।"

करीमुल्ला ने उधर नजर घुमाई तो सही बात समझ में आते देर न लगी। उन्होंने तड़पड़ कपड़े उतारे। सुथना के नीचे लँगोट कसे रहते ही थे। फाँद पड़े तालाब में और सधे हाथों की यह करामात कि जरा देर में लल्लू की बेहोश देह जमीन पर थी। उसके बाद लल्लू के पेट से पानी निकालने, उन्हें होश में लाने, उन्हें ठीक करने के वह सब तरीके आजमाए जाने लगे जो गाँव में आजमाए जाते हैं।

यह सब किसी और गाँव में हो रहा था और लल्लू के गाँव के लोग दाँत किटकिटा रहे थे। घर में बाप, ताऊ, अम्मा, बुआ तो गुस्से के मारे बेदम थे। आने दो, हड्डी पसली चूर की जाएगी, बोटी-बोटी काट डाली जाएगी। गड़हाकांड का किसको पता था।

शाम तक लल्लू को उसके घर पहुँचा ही दिया गया। लेकिन जिस बयान सहित और जिस हालत में वह घर पहुँचाए गए उससे सजा मिलने की सूरत खतम हो जाती थी। लल्लू बिना पिटे बच गए और दो-तीन दिन बाद फिर मौलवी के यहाँ जाने लायक हो गए।

मौलवी तक पूरी तफसील नमक-मिर्च लगाकर लोग पहुँचा चुके थे। दो-तीन लड़के पहले से थे जब लल्लू वहाँ आए। देखते ही मौलवी का चेहरा तमतमा आया। बोले–'शरीर कहीं का, डूबकर मर गया होता तो क्या होता।'

लल्लू के मुँह से बेसाख्ता जुमला निकला–'आपके सवाल का जवाब मुझे न देना पड़ता।'

और उसके बाद उठी मौलवी की छड़ी। जरूरत औसत मरम्मत से आगे बढ़ चुकी थी। उस दिन बेंत टूट गई, टुकड़े-टुकड़े हो गई। कुछ झापड़-घूँसे भी काम पर लगाए गए। तब मरम्मत पूरी हुई। मौलवी की समझ में तब भी पूरी मरम्मत नहीं हो पाई थी। लेकिन करते क्या, उनकी मजबूरी थी। जईफ आदमी, उनके हाथ थक चुके थे। कर्तव्य-पालन में भी सामर्थ्य की सीमा तो होती ही है।

मौलवी को अपने बेंत पर बड़ा अभिमान था। उसके कई नाम थे। कभी वह पंडित ज्ञान प्रकाश हो जाती, कभी मुंशी समझावनबुझावनलाल तो कभी अकल मुहम्मद–पढ़ाई की वह वैसी ही संघातिन थी जैसे चर्खा कातते समय सूत के लिए अटेरन। मौलवी अकसर कहते थे कि ज्ञान प्रकाश गायब तो भड़भड़ानन्द का राज। आज वह बेंत टूट गई। मौलवी को इसका गम था। बाजार तीन दिन

बाद थी। उसके पहले बेंत मिलनी न थी। ऐसे में तालीम को हाथ से बेहाथ हो ही जाना था। इसी बेंत के बल पर मौलवी दस-पाँच नहीं कितने ही शरारती लड़कों की तीन-पाँच को आनन-फानन तीन-तेरह कर देते थे। कई गधों को फर्रुखाबाद का काजी बना चुके थे।

कई भगवान

गरीब नेवाज अभी नुसरत के नाना के घर में ही थे तभी गाँव की एक चमारिन, वहाँ आकर नुसरत की नानी की अँगनई में बैठकर उनके अपनी चोटइया काट डालने और नीच जाति की रोटी छीनकर खाने, उसी की गगरी से पानी पीने की पूरी कथा, परपंच की रीति के मुताबिक, थोड़ा-बहुत अपनी तरफ से जोड़-घटाकर सुना गई थी। नुसरत की नानी या चमारिन को भी बुरा क्यों कहा जाए।

ऐसी बातें छिपाई नहीं जातीं, छिपती नहीं और बिना कुछ जोड़-तोड़कर किसी को बताए पेट में पचती नहीं। बात की बदहजमी देहातों के मर्दों में भी होती है, औरतों में भी लेकिन औरतें बदनाम कुछ ज्यादा हैं। नुसरत की नानी ने सारा अलफ लैला सुनते समय कई बार हाय दइया, हाय मइया कहा था।

चमारिन तो उसके बाद अपने घर चली गई लेकिन नानी के लिए बात को बतंगड़ बनाकर आँगन से चौपाल तक पहुँचाना जरूरी हो गया। चमारिन यह भी तो बता गई थी कि ललुआ की खोज जोर-शोर से हो रही थी और चौगिर्दा कई लोग उसे खोज रहे थे। इसलिए भी बात को नुसरत के नाना के पास पहुँचाना जरूरी था।

वह भी तो जान लें कि किसकी जान बचाई है और लगे हाथों नुसरत को भी ऐसे कारनामों के खिलाफ नसीहत मिल जाए।

नुसरत अभी से लाड़-प्यार में बहुत ऐबी बन चुकी थी। देखो न, वह भी तब से चौपाल में ऐसी जमी है कि कई मरतबा पुकारने के बाद भी भीतर झाँकने नहीं आई। नुसरत के नाना तो खैर मरीज की तीमारदारी कर रहे हैं। सबाब का काम है, लेकिन वह वहाँ क्या कर रही है।

यही सब देखकर तो वह चमारिन भी यह कहती थी कि नुसरत पर निगाह रखना, उसके लच्छन अच्छे नहीं हैं। पंडित की बात और है। उनकी जिन्दगी परदेश में कटनी है। कभी चार दिन के लिए आते हैं तो उतने दिनों में ही उनका धैताली लड़का भुलभुल मूतता है। ले के ढाका चले जाएँगे, किसे याद रहेगी।

लेकिन नुसरत को तो इसी जंवार में रहना है। ललुआ की परछाँही तुम्हारे घर पर पड़ गई है। यह अच्छा नहीं हुआ। राम जाने अब क्या होगा ! अपनी नुसरत की जिम्मेदारी तो तुम्हारी है।

अब नुसरत की नानी को कैसे चैन पड़ती !

चौपाल से अँगनई की तरफ आनेवाले रास्ते में जो दरवाजा पड़ता है उस पर परदे के लिए टाट लटका था। सो टाट को कोने से जरा सा खिसकाकर यानी सिर्फ इतना हिलाकर कि दोनों नहीं एक आँख अन्दर कर देख लें, वह खड़ी हुईं और एक कान भी ऐसा लगाया कि झुमका न हिले लेकिन आहट मिल जाए। इस तरह जब पक्का पोढ़ा देख सुन लिया कि कहीं कोई बेपर्दगी की गुंजाइश नहीं है तो बड़ी धीमी आवाज में आँख के इशारे से नुसरत के नाना को अपने पास बुला लिया।

इसके बाद फुसफुस करके जो कुछ समझ में आया, ऊँच-नीच बता दिया। ललुला ने सिर्फ इतना सुना कि नुसरत के नाना हाय अल्ला, या खुदा, परवरदिगार कहकर कराह उठे थे और हाथ पकड़कर नुसरत को घसीटते हुए परदे के पीछे पहुँचा आए थे। नानी ने भी नुसरत को कुछ-न-कुछ बताया ही होगा। लेकिन कयामत तो यह कि उस लड़की के मुँह से एक दफा भी हाय अल्ला न निकला। जमाने की बलिहारी है। वह उदास भी न हुई और इधर नानी ने किसी और जानिब मुँह किया उधर वह फिर उचकती हुई चौपाल में पहुँच गई। उस लल्लू मुरदार को कोई गीत गुनगुनाते हुए भी नानी ने सुना और माथा ठोंक लिया। उन्होंने फिर परदे के पास पहुँचकर आँखों-आँखों में कुछ कहा और यह करीब-करीब तय था कि नुसरत को न सिर्फ घसीटकर परदे के पीछे किया जाएगा बल्कि कान खटाई करके दो एक तमाचे भी रसीद होंगे।

लेकिन इसी बीच दरवाजे पर खखारने की आवाज आई। यह आवाज उस खाँसी की न थी जो मतई को कभी-कभी आती थी। यह तो वह खाँसी थी जो बुजुर्गों को घर में घुसते वक्त आ जाती थी। खाँसी ने असर दिखाया। परदे का हिलना बन्द हुआ। नानी गज भर पीछे हट गईं। कान अब भी उधर ही लगे रहे। फिलहाल नुसरत की जान बच गई।

शुबराती ने आकर वही अफसाना छेड़ दिया जो चमारिन नानी को बता गई थी। इस बार दोनों के बीच हाय अल्ला, परवरदिगार जैसे लफ्जों का कई बार लेन-देन हुआ। बुजुर्गों की राय आपस में लाख बँटी होने पर भी बच्चों के बारे में एक जैसी होती है। तब बकरे की माँ कब तक खैर मनाती ! छुरी तले दम लेने का मौका मिल गया, यही बहुत था।

नुसरत को आखिर परदे के पीछे जाना पड़ा। एक आवाज लल्लू को सुनाई दी थी। शायद कोई बेलन नुसरत की पीठ पर बजा था।

इसमें नानी कसूरवार न थीं। गाँव में कौन औरत नहीं जानती थी कि लड़की पराया धन है। उसे दूसरे की अँगनई में परदे के पीछे जिन्दगी गुजारनी होगी। वहाँ मारी-पीटी जाएगी ही, इसलिए यहीं से आदत पड़ी होनी चाहिए कि मार से हड्डियाँ टूट जाएँ, जुबान से उफ न निकले। मायकेवालों को यही बताए कि अपने घर में जिन्नत है, वह सबकी आँख की पुतली है। काम-धन्धा छोड़कर दूसरों की बातों की ओर कान लगाना तो और भी बुरा है। हाय-तौबा मचानेवाली या चार कानों की बात छह कानों तक पहुँचानेवाली औरत होती है घरफोरन, जिसे अकसर पहाड़ जैसी जिन्दगी मायके में बितानी पड़ती है। खुदा ऐसा नसीब किसी को न दे। नुसरत को सलीका सीखना है। पैगाम तो आने ही लगे हैं। निकाह में कोई देर थोड़े ही है। फिर देर का तुक क्या ! 'बच्चों का बाग' किताब पूरी कर ली है। हरफ मिलाकर पढ़ लेती है। नमाज सीख ली है। इस घर में उसकी दरकार क्या है ! बेचारी का मायका नहीं है, सिर्फ ननिहाल है। ननिहाल में कब किसकी जिन्दगी पार लगी है। सीखने में जो कुछ कमी है वह सास-जेठानी सिखा ही लेंगी। इसलिए नानी को नुसरत के रंग-ढंग की खास फिक्र थी। अपना फर्ज निभाने में बेलन या करछुल की मदद लेना भी क्या बेजा है ? फिर खौफ काहे का। लड़की की जात है, उसे बीमारी, मौत नहीं पूछती। कर्ज इतनी आसानी से गला नहीं छोड़ता। बस हाथ-पैर ठीक रहने चाहिए—सेहत और सिफा तो अल्लाह देता है।

गरीब नेवाज के घर में कोई लड़की थी नहीं, इसलिए बेचारे को यह ककहरा कभी समझ में न आया। वह तो इस बीच कुछ और ही सोच रहा था।

चोटइया काटने और रोटी खाने की बात जिसने भी सुनी उसने सिर्फ हाय नहीं की साथ में राम, अल्लाह, भगवान, शंकर या देवी मैया का सुमिरन भी जरूर किया। उसने कथा-वार्ता और मिलाद में सुना था कि भगवान एक ही है, उसी के कई नाम हैं—किसी नाम से भी कोई उसे पुकारे। उसने यह भी सुना था कि बच्चे भगवान के रूप होते हैं, भगवान के खास प्यारे होते हैं। तब यह उल्टी गंगा कैसी ! बड़ों ने भगवान का नाम लिया नहीं और कहीं सब लोग अलग-अलग नामों से एक ही बात पर उसका सुमिरन कर बैठे तो किसी-न-किसी बच्चे की शामत आ जाती है जैसी आज नुसरत की गति हुई और उसकी अपनी देर-सबेर होनेवाली है।

शंका का यह बीज उस दिन दिमाग में पड़ा तो पौधा उगा और बढ़ता ही गया। परतीति के पंख कटते ही गए।

बाद में उसे यह जानकर बहुत तकलीफ हुई, अचम्भा भी हुआ कि एक भीड़ कहे हर-हर महादेव और दूसरी कहे अल्ला हो अकबर तो पक्की बात है कि मस्जिद-मन्दिर में टकराव हो रहा है, तलवारों से चिंगारियाँ निकल रही हैं, सिर कट रहे हैं, लाशें गिर रही हैं, बच्चों को उछालकर भालों पर रोका जा रहा है। घर, खेत, खलिहान, बाज़ार फूँके जा रहे हैं।

रोहतक के अकाली के लिए नानकाना साहब परदेस हो गया–अल्लाह का नाम लेकर। बंगाल पूरबी और पच्छिमी हो गया। वहाँ तो दो-चार बार अल्ला हो अकबर जोरों से सुनाई दिया। एक बार तब जब हिन्दुस्तान बँटा, दूसरी बार तब जब पाकिस्तान टूटा। देवी मैया की कृपा से गुवाहाटी के मन्तर जाननेवालों के लिए महिषादल और ढाकेश्वरी देवी ताजिन्दगी दरसन न करने लायक हो गई। शान्ति निकेतन के प्रेमी अब रवीन्द्र के पूर्वजों की जन्मभूमि देखने नहीं जा सकते–यों गाया दोनों जगह रवीन्द्र संगीत जाता है। दर्शनशास्त्र के प्रोफेसर नृपेन्द्रनाथ सेन गुप्त लखनऊ में बसकर दुनिया में नाम कर गए लेकिन अपने बुढ़ापे में उन्होंने देख लिया कि काठालबाड़ी में उनका पुश्तैनी घर और उनका प्राइमरी स्कूल–बचपन के हमजोलियों और उस्तादों समेत जहाँ का तहाँ रहकर परदेस पहुँच गया। रावलपिंडी से कोई अब कैसे देवाशरीफ या अजमेर शरीफ में आकर मनौती पूरी करेगा। करांची का बच्चा अब दारुलउलूम देवबन्द में कुरान की तालीम लेने कैसे आएगा। यह सब उसी एक भगवान की करनी है। यह भी लल्लू ने बाद में जाना कि चीन-जापान की लड़ाई में तोपों, बन्दूकों, टैंकों पर गौतम बुद्ध की तस्वीर बनी थी। अभी कल इटौंजा के एक भिक्खु ने जाकर कोलम्बो से अनुराधापुर तक के कॉलेजों में बौद्ध धर्म समझाया था–आज बौद्ध धर्म की माँग है कि भारतीय और श्रीलंकावासी एक दूसरे के खून के प्यासे बनें।

इतना सब तो उस छोटे दिमाग में तब नहीं समाया था। छेरी के मुँह में पेठा नहीं जाता। लेकिन इतना तो तब उसकी समझ में आने लगा था कि नुसरत का खुदा और उसका अपना भगवान शायद एक ही हो सकता है लेकिन बाकी लोगों का भगवान कोई और है। किसी बड़े के आगे यह शक जाहिर किया जाए तो और पिटाई हो, रुई की तरह धुन डाला जाए

बड़ों के आगे जुबान खोलना या उनकी बात काटना तब तक समाज में बड़ा संगीन जुर्म माना जाता था। जुर्म तो अपने से किसी बड़े का नाम लेना भी था। गाँव में तमोली का लड़का लल्लू से सिर्फ दो महीने बड़ा था। गलती से कभी लल्लू ने उसे नाम लेकर पुकार दिया था। इस पर ताऊ का तमाचा गाल पर तड़ाक से बैठा था। बुआ बोली थी–''न दद्दा, न बड़े भइया, नाम लेकर पुकारता है।''

अम्मा भी गुस्साय गई थी। कह बैठी थी–"जानौ खपरे मा टका तुमहिन डार्‌यो है।" लल्लू की आवाज बन्द हो गई। बुआ, अम्मा, नानी आदि का नाम तो वह आज तक नहीं जानता।

अम्मा और नानी का गंगा के किनारे अन्तिम संस्कार बरसों बाद लल्लू को ही करना पड़ा था। तब वहाँ लिखा-पढ़ी करनेवालों ने उसी से इनके नाम पूछे थे। उसे सही नाम तो मालूम था नहीं, अन्दाजिया कोई नाम लिखवा दिया था, उम्र भी अन्दाजिया लिखाई थी। जब उसे नहीं मालूम था तो किसे मालूम होगा जो गलत बयानी पकड़ी जाएगी।

सबका फैसला

इधर गाँव में क्या कई गाँवों में अजीब-सा भय व्याप गया था। हर तरफ फुसफुसाहट होती थी। बाजार के दिन तो कई जगह होती थी। मन्दिर के सामने आरती के पहले और बाद में, खेतों की मेंड़ पर, बगियों में लड़के-बूढ़े, कुएँ के पास औरतें, एक-दो के बीच फुसुर-फुसुर कुछ बतियाते थे। लेकिन कोई पूछ दे कि क्या बात हुई तो जवाब एक ही था कि कोई बात नहीं थी।

फुसफुसाहट के कई हलके बँटे थे। चमारों-पासियों के बीच एक तरह की चर्चा थी जो सोना पासिन के यहाँ से उठती तो मतई के घर तक पहुँचती। ऊँची जातियों की चर्चा गरीब नेवाज के चौगिर्दा घूमती थी। मुसलमानों के घरों में करीमुल्ला के अन्दाजेबयाँ की बुनियाद पर कुतुबमीनार की तामीर हो रही थी। ईंट-गारा मौलवी साहब की जुबान से मिल जाता था। चार-पाँच दिन में जो कुछ हो चुका था उसने बात ही बात में कई गाँवों को बात नहीं बतंगड़ के अंधड़ में समेट लिया था। कोई कुछ जोर से कहता नहीं था लेकिन दबी बात के पंख कोई कम मजबूत नहीं होते। मच्छर की उड़ान में भनक अधिक होती है।

भनक न बेजा थी, न बेउसूल।

गरीब नेवाज के पिता पंडित राम गुलाम की पूरी जंवार में अपनी धाक थी। पास तो वह डबल मिडिल थे, यानी बहुत पढ़े-लिखे थे। लेकिन इसके अलावा रामायण, पुराण, गीता के ज्ञान के मामले में उनका नाम दूर-दूर तक था। गरीब नेवाज की माँ भी पढ़ी-लिखी थीं। रामायण पढ़ती थीं, समझती थीं, समझा लेती थीं। पूरा परिवार सनातनी था, कर्मकांड से जरा न डिगनेवाला।

ज्योतिष भी घर में छाई हुई थी। पंडित जी ने तो जिसके बारे में जो कुछ कभी कह दिया वह होकर रहा। दूर दूर से लोग पाँव छूकर असीस लेने आते थे। पत्रा देखकर तिथि, बरत और सायत तो पंडिताइन भी बता देती थीं।

मन्त्र महोदधि पर भी पंडित जी का अधिकार था। मन्त्र शक्ति से लोगों का भला ही किया। किसी का बुरा सोचा नहीं। बाजार की मिठाई कभी खाई नहीं,

बम्बे का पानी कभी पिया नहीं। रेल यात्रा निर्जल निराहार करते। उतरने के बाद नहाने-पूजा करने के बाद ही पानी पीते थे। ''सतिहौ जाति छुई जात है, कौन मनई रेल मा सुद्ध रहि जात है।'' उनके जीते लहसुन, प्याज, टमाटर, गोभी, गाजर डेहरी के भीतर कभी जा नहीं पाया। कलजुग में सतजुगी। साधु-सन्त उनकी गृहस्थ जिन्दगी देखकर दाँतों तले उँगली दबाते थे। उनके एक ही बेटा और वह भी ऐसा खोटा। सबको ये दोहा कई बार सुनने को मिला–''जो रहीम गति दीप की, कुल कपूत गति सोय। बारे उजियारो लगे, बढ़े अधेरो होय।'' इसलिए जो हो गया वह किसी के लिए कोई छोटी बात न थी।

अब तक तो बात सिर्फ खोपड़ी का सनीचर उतारने की थी। अब सबने देखा कि सनीचर खोपड़ी में ही नहीं पाँव में भी है जो घर ही नहीं, गाँव नहीं, जंवार को न जाने कब डुबो देगा, जलाकर सुख-शान्ति राख कर देगा। क्या किया जाए, किसी की समझ में नहीं आता था। उधर गरीब नेवाज मस्त थे। नंगा खुदा से चंगा। नंगा नाचनेवालों को यह डर होता ही नहीं कि कुछ फट जाएगा। पंडित जी तो कहते कि मूरख है जिसे जगत गति नहीं व्यापती। उपदेश बेअसर हो चुके हैं। ''फूलै फलै न बेंत जदपि सुधा बरसै जलद।'' सुना था कि मार के आगे भूत भागता है लेकिन इस लड़के की नासमझी का भूत मार खाकर भी नहीं भागता। सब टोने-टोटके बेकार हो गए। शनिश्चर का शास्त्रीय उपचार विधि-विधान से चल रहा था लेकिन उसका भी कोई फल होता दिखाई नहीं पड़ता था।

उन दिनों राजनीति करवटें ले रही थीं। अवध के गाँवों में किसान आन्दोलन का उभार बहुत तगड़ा था। जब्ती कब्ल फैसला के नतीजे में मुंशीगंज की जमीन शहीदों के खून से लाल हो चुकी थी। गंवई गाँव में 'बोल महात्मा गांधी की जय' सुनाई पड़ जाती थी और उसके बाद तुकबन्दी के रूप में इतना और जुड़ गया था–''जो न बोलै वहि कै लोटिया थरिया गै।''

बड़े-बूढ़ों को ये कलयुगी ढंग अच्छे नहीं लगते थे। अंग्रेज राज में कभी सूरज नहीं डूबता था। उसके खिलाफ ये हुल्लड़बाज सिरफिरे क्या कर लेंगे! फिर उन्हें मलका टूड़िया का जमाना कोई भूला थोड़े ही था। उस राज में शेर बकरी एक घाट पर पानी पीते थे। यह सब गड़बड़ी कोई अच्छी बात नहीं थी।

मतई की अम्मा तो समझदारी में औरों से कई कदम आगे थी। साफ कहती थी कि जवाहर हों चाहे रफी, सब सजायाफ्ता हैं। लड़कों से बेजाब्ता काम कराते हैं। उन्हें कुराह पर लगाते हैं। ये किसी की बात समझेंगे नहीं। इनसे भगवान समझेगा।

कभी-कभी गाँव के किसी नौजवान को बुलाकर बतियाती भी थी। कहती

थी–''के हो, महतमा गांधी का सजा होइगै ?'' उधर से हुँकारी मिलने पर कहती–''राम-राम, अब परलय मा देर नहीं है। अरे बाबा, जवानन के पाँव अँधेरे उजेरे परि जाय तो माफ है। मुला तुम तौ पुरनिया हौ, महतमा बाजत हौ। सुना मनई तुम्हार दरसन किये पुन्नि मानत हैं। तुमका भला अइस काम करै का चाही? अरे तुम महतमा हौ, भजन भाव करौ, धरम सिखाव, अपनी गली आव, अपनी गली जाव। अइस काम काहे करौ कि तुमका सजा होय। कइस जमाना आयगा है।''

ऐसे वातावरण में गरीब नेवाज की लरिकई की कारगुजारी कैसे सही जाती। बात जिधर से उलट-पलटकर देखी जाती, परेशानी बढ़ती जाती।

फिर बात दबाने की भी एक हद होती है। धूल भी बहुत दबाने के बाद कभी सिर पर चढ़ जाती है। अब पानी गले से ऊपर था, नथुना तक आ गया था। शनिश्चर तक कोई बात न थी, ऊपरवाले की महिमा, उस पर जोर किसका है। चोटइया कट गई, यह बेजा हुआ, कमबखत फिर जामि आयेगी। कटी चोटइया नदी किनारे गाड़ दी जाती तो ठीक रहता। लेकिन चलौ नासमझ लरिकई मा यहौ सही। मुदा वहि के बाद जौन भा तौन। राम राम। कहै तो पाप लागत है। सवाल उइ लरिका कै नहीं। जहन्नुम मा जाय। अपने करम खुदै भोगी। परिवार के नाम मा कारिख लागि रही है। पंडित जी पर का बीतत होई ? लेकिन वह ते ज्यादा सवाल यह है कि धरम रही कि बिलाय जाई, नाक रहिगै कि चली गै। आखिर औरो लरिका-बिटिया जवारि मा हैं। खरबूजा देखकर खरबूजा रंग पकड़ता है। उन सब केर, किसी का चाल-चलन अब कैसे ठीक रहेगा ? कल को उनके शादी-ब्याह का सवाल उठेगा। इस गाँव की लड़की कौन लेगा ? यहाँ क्या कोई देखुआ पाँव धरेगा ? हमारे किसी काम-काज में क्या चार आदमी खड़े होंगे ? मरने पर कन्धा देनेवाला कोई न मिलेगा। हमसे छू गई तो लोग लुटिया अगियाएँगे।

स्थिति बड़ी नाजुक थी। बात कोई करे, किसी तरफ से बात चले–आकर गरीब नेवाज के नाम पर अटक जाती थी। और वह था कि उसके माथे पर शिकन न थी। कोई कहता गांधी ने बिगाड़ा है, तो कोई क्रिस्तान बताता था। राक्षस कहनेवाले तो बहुतेरे थे। ब्राह्मण कुल कलंक की उपाधि उसे मिल गई थी। उसके साथी सब सन्न मारे थे। कोई उसे पहचानता न था। नारी से अभी वास्ता न पड़ा था लेकिन धीरज, धरम, मित्र को परखने के दिन आ गए थे।

एक दिन वह भी आया जब जंवारि के विधान मंडल का विशाल अधिवेशन हो गया।

कैसे हो गया, किसने नोटिस जारी की ये सवाल नहीं उठते। जंवारि की जरूरत थी, सबको दरकार थी, समय सबकी सुविधा का था, होनी थी इसलिए

सभा हो गई। कौंसिल हाउस खोजना नहीं था। बड़के शिवाले के सामने जिस बड़े मैदान में पक्की जगत वाला कुआँ है वही मैदान गाँव का सनातन विधान भवन है। बड़ी नीम के नीचे का चबूतरा ऐसे अवसरों के लिए बना-बनाया मंच है। इज्जतदार, हैसियतदार लोग उस पर बैठ जाते हैं, बाकी नीचे। कोई किसी से कहता नहीं। सबको अपनी-अपनी जगह मालूम रहती है। न ऊपर बैठने का किसी को सुख, न नीचे बैठने का मलाल। सब रीति के अनुसार बस हो ही जाता है। कौन-कौन बुलाया जाए यह सवाल भी नहीं उठता। हर घर से एक मातवर आदमी आ ही जाता है। जो एक की राय वही घर भर की राय।

उस बार की बैठक में बहुत जिम्मेदार लोग आ गए थे। करीमुल्ला तो थे ही, शुबराती मियाँ भी थे। शुबराती के हाथ में तसबीह चल रही थी। पंडित शीतलादीन के हाथ में सुमिरनी थी, मस्तक पर त्रिपुंड। पलोटन धोबी घाट से सीधे आ गए थे, साथ में गदहे पर लादी और पाटा था। गदहा कुछ दूर पर खड़ा कर दिया गया। बिन्देसुर साह अपनी घोड़ी पर सामान लादे चले आए थे। घोड़ी दूर पर खड़ी थी–ऐसी स्थिर मानो मालिक का इशारा पाए बिना दुम-सुम गरदन हिलाना नहीं जानती थी। ठाकुर सन्तबक्स के साथ उनकी कुतिया भी चली आई थी लेकिन इतनी सधी कि मालिक के बगल में चुपचाप बैठी थी। मुंशी इकबाल बहादुर दो टूक बिना तीन-पाँच आठों गाँठ कुमान्त सही बात कहने के लिए मशहूर थे। वह भी आ गए थे। उंचवा के दिक्खित, गड़ही पर के दुबे, मोदकऊ बाजपेयी भी हाजिर थे। मटि खुदन लोनिया मौजूद थे। मौलवी आए ही थे। महाबीर अहीर, पलटू कुरमी, जोखई मुराऊ, गरीबे धानुक, लोटन गड़रिया भी हाजिर थे। मास्टर मदारीलाल भी आ गए थे। मतई दादा के आए बिना काम बन ही नहीं सकता था। भिखारी लखपतिया भी आया था और सेठ दमड़ी लाल भी थे। दुर्जनपुर के ठाकुर जालिम सिंह भी आ गए थे। नाम की बात और है लेकिन इस गाँव के लोगों की सज्जनता दूर-दूर तक मशहूर थी। ठाकुर साहब बड़े मिठबोले थे। किसी ने उनके मुँह से कभी कोई कड़ी जुबान नहीं सुनी थी। भगवती नाऊ अपनी किस्बत सहित आ गए थे। औरतें ऐसी बैठकों में नहीं आतीं लेकिन आसपास की छतें और दरवाजों की दराजें साबित कर रही थीं कि मामले में उनकी दिलचस्पी कम नहीं है। बड़ा इन्तजार था कि कब महँगू मिसिर और चिथरू चमार अपनी मूड़ी झिटक-झिटकर कुछ कहेंगे।

इस सदन में कभी पक्ष-विपक्ष नहीं होता। इसलिए अध्यक्ष की जरूरत नहीं पड़ती। सिक्यूरिटी की बात कभी किसी के जेहन में आई नहीं। इसलिए मार्शल भी नहीं था। पत्रकार गैलरी नहीं थी। हरफ-ब-हरफ इन्दराज करने की भी जरूरत

नहीं थी, यानी कोई स्टेनोग्राफर भी नहीं था।

इसलिए विस्तृत कार्यवाही रिपोर्ट का चक्कर छोड़कर सीधे फैसले की बात पर आ जाया जाए। कटौती प्रस्ताव, काम रोको प्रस्ताव, व्यवस्था का प्रश्न, शून्य प्रहर–इन सबकी प्रक्रिया नियमावली से सदन का वास्ता न था। सदन के विशेषाधिकार न थे लेकिन अधिकार असीम थे। फैसला भी गैरमामूली हुआ।

सब लोगों ने ऊँचा-नीचा समझाया और ऐसी बात किसी ने कही भी तो नहीं जो ताऊ जी न मानते। पड़ोसी होने के नाते कालीचरन इस फैसले पर बहुत दुखी थे लेकिन करते क्या ? फैसला अमान्य था, यह तो वह भी नहीं मान सकते थे।

फैसला बहुत समझ-बूझ कर किया गया। इसलिए एतराज की गुंजाइश न थी।

जंवारि ने मान लिया था कि जो कुछ हुआ उसे भुला दिया जाएगा। कभी कोई जुबान नहीं हिलाएगा, साँस न लेगा। पंडित जी की इज्जत पूरी जंवारि की इज्जत है। इसलिए कानाफूसी बन्द। खबरदार जो किसी ने जीभ डुलाई।

पंडित जी यों भी गाँव में बहुत कम रहते थे। वह ढाका में नौकरी करते थे और छुट्टी-छपाती में ही गाँव जाते थे। साथ में लल्लू की अम्मा और लल्लू को भी ले जाते थे। इतने कम दिनों में ही लड़के ने मुसीबतें खड़ी करने का ठेका ले लिया था। एक-आध ने तो यहाँ तक कह डाला कि सीखकर घोड़ा, गधा, कुकुर भी कैसा हो जाता है, नमूने सामने हैं लेकिन पंडित का लड़का न जाने किस धातु का बना है। ठाकुर सन्तबक्स का रिश्ता पंडित जी से भाईचारे का था, उम्र में छोटे थे। उन्होंने कह डाला कि न जाने यह ललुआ भौजाई के पेट में नौ महीने कैसे रहा है ?

पंडित राम गुलाम को भी सभा की इतनी बात माननी पड़ी कि वह तो बराबर गाँव आते-जाते रहेंगे। उनके दर्शन वहाँ सबको चाहिए। लेकिन इस ललुआ को यहाँ कभी न लाएँ। लल्लू की अम्मा को चाहे यहाँ लाया करें या न लाया करें, यों वहीं रखना ठीक रहेगा। जब यहाँ आएँगी तो बुआ और ताऊ में से एक जन यहाँ एक वहाँ बना रहेगा। घर-गिरस्ती, खेत-पात, बगिया-बिरवा की फिक्र न करें। यों भी चार दिन के लिए आकर क्या इन्तजाम कर लेते हैं। हम हैं ही, एक तिनके भर का नुकसान पंडित जी का हो गया तो हमारा जीना अकारथ।

बात समझदारी की थी। ललुआ गलत संस्कार ढाका से लाता है। लरिकौरी बुद्धि से यहाँ की फिजा बिगाड़ता है। दृष्टान्त देकर बात समझा दी गई थी। ताड़ के पेड़ उधर बंगाल में ही ज्यादा होते हैं। इसलिए गुलेल से हाँड़ी छेदने की शरारत

उसी ने वहाँ से लाकर यहाँ के लड़कों में बाँटी है। और फिर बंगाल में हर घर के साथ ताल होता है। ताल-तलैया में फाँद पड़ने की हिम्मत उधर का ही लड़का दिखा सकता है। बड़ा होने पर लल्लू हो सकता है सुधर जाए, हो सकता है और बिगड़ जाए। तब जैसा हो वैसा पंडित जी विचार करें। फिलहाल कल ही लल्लू और लल्लू की अम्मा को लेकर यहाँ से ढाका के लिए रवाना हो जाना ठीक रहेगा।

घर में रवानगी की तैयारियाँ होने लगीं। अब लौटना नहीं है यह समझकर लल्लू की अम्मा सामान बाँधने-बूँधने लगी। पंडित जी का मन रो रहा था। ऊपर से बातें कर रहे थे। उधर ललुआ भीतर से हँस रहा था, ऊपर से उदास था।

हँसने की बात क्या थी। यही कि उस पर जंवारि के लड़कों को बिगाड़ने का और खुद कुसंग में पड़ने का चार्ज दुतरफा लगा था।

बीच में उसने बुआ से कहा–बुआ यह चूल्हा भी खोद देतीं तो ठीक था, अम्मा बाँध लेतीं।

बुआ तुनककर बोली–अरे मूरख, चूल्हा क्या करेगी ले जाकर।

लल्लू–तो क्या वहाँ रोटी नहीं बनानी होगी।

बुआ–अरे तो वहाँ क्या मिट्टी नहीं मिलेगी, चूल्हा दूसरा बन जाएगा।

लल्लू–बुआ, वहाँ मिट्टी मिल जाएगी तो लड़कों की संगत क्या नहीं मिलेगी, खुद बिगड़ने के लिए, उनको बिगाड़ने के लिए। अजीब सभा है, अच्छे फैसले करती है।

बुआ के हाथ में करछुल थी। उसी को उठाकर मारने दौड़ीं। ललुआ उचककर भागा। वार तो बचा ही ले गया और पल भरते दरवाजे से बाहर हो गया।

पंडित राम गुलाम के मन में बार-बार एक हूक उठती थी। उनकी दिली इच्छा थी कि गाँव की देहरी से उनका खून का रिश्ता बना रहे। लड़के का जनेऊ गाँव में ही हो। ब्याह भी यहीं से हो। जंवार की ही बहू हो, जाति-बिरादरी की हो, अपने संस्कारों की हो। ऐसी हो जो मरते समय मुँह में गंगाजल डाल सके। लड़के के लच्छन कुछ ठीक-ठाक नहीं, पता नहीं राम यह इच्छा पूरी करेंगे या नहीं।

आज न सही, कभी जंवारिवालों को अपना दर्द वह जरूर सुनाएँगे–भगवान सुनेगा जरूर। उसके दरबार में देर है, अँधेर नहीं।

अभी तो गरीब नेवाज को घुड़ककर इतना ही बताया है कि इस देहरी की धूल माथे से लगा लो। अब यह देहरी तुम्हें देखने को न मिलेगी।

उधर गरीब नेवाज के मन में अभी ढाका नाच रहा था। यहाँ के बच्चों से लेकर बुजुर्गों तक की कैफियत उसके सामने थी।

एक सवाल बार-बार उसके मन में कौंध रहा था। इसके कहने पर जरूर मार पड़ती इसलिए वह इस सवाल को मन में दबाए घूम रहा था।

सवाल बहुत छोटा था। बान, बानी और बाना न बदले तो बन बदलने से क्या जीवन का शरीर स्वभाव बदल जाता है ? चिड़िया न जाने कहाँ से उड़कर कहाँ पहुँच जाती हैं तो क्या जगह बदल जाने से उनके अंडों में दूसरी जाति का बच्चा निकलता है ?

अभी लल्लू ने डारविन साहब का सिद्धान्त नहीं पढ़ा था। वह क्या जाने, कैसे मान ले कि देश-काल-स्थिति-जलवायु के प्रभाव से तन-मन में तब्दीली आती है। यों वह तब्दीली इतना धीरे-धीरे आती है कि एक जिन्दगी में दिखाई नहीं पड़ती है। लल्लू का तो बहरहाल एक ही जिन्दगी से सरोकार था।

अपनी शंका का नीम तले समाधान लेने को वह तैयार नहीं था। कम-से-कम परिणाम के लिए वह तैयार न था। समाधान के बिना परिणाम कैसा ?

आँखें तरस गईं

उधर राजा के कोट में ड्योढ़ी पर घड़ियाल पर गजर लगी, उधर घसीटे हरवाहा का हाथ बैलगाड़ी में नधे श्यामकरन और छिबरा बैलों की पीठ पर पड़ा। बैल चमककर झपटे और गाड़ी स्टेशन की तरफ चल दी। लल्लू, उसकी माँ और बुआ लढ़िया में थीं। पिता, ताऊ पैदल चल रहे थे। सबको रेलगाड़ी में बिठाकर ताऊ और बुआ को लौटना था। बैलगाड़ी को भी वापस आना ही था। तैयार बैल और एउंगी लढ़िया का रस चाल में मिल रहा था।

इस बीच गाँव के ही नहीं आसपास के सभी लोग मुलाकात करने आ चुके थे। औरतें भी आई थीं, बच्चे भी थे। सबने खास ध्यान लल्लू बाबू की ओर दिया था। सबकी कोशिश थी कि लल्लू के कोमल दिमाग पर से पिछली बातों का असर जाता रहे। यही कोशिश माता-पिता, ताऊ, बुआ की भी थी। लल्लू को यह मुँह देखी, यह लल्लो-चप्पो तनिक भी नहीं सुहाई। मन मारकर वह सब मुलाकातियों से रस्म अदायगी करता रहा।

गाड़ी चली तो उसका मन पिछले कुछ दिनों के इतिहास में खो गया। उसे मौन, गुमसुम देखकर माँ और बुआ पूरे रास्ते उसे बहलाने-फुसलाने के हजार तरीके आजमाती रहीं। लेकिन उसके मन में तो कुछ और था।

उसे यह सचमुच बहुत अखर रहा था कि जिन दोस्तों को उसने हमजोली, साथी माना था, जिन्होंने उसे सान पर चढ़ाया था, उनमें से एक भी इन मुलाकातियों में न था, सब सन्न मार गए थे।

मित्रता गई चूल्हे भाड़ में। उसे गरीब नेवाज ओढ़ेगा या बिछाएगा। लेकिन उसे चिन्ता दूसरी थी। आखिर वे कतरा क्यों गए ? क्यों डर गए ? क्या मैं उनका भेद खोल देता, उन्हें सबके सामने नंगा कर देता ? क्या मैं कभी भी यह चाह सकता था कि उन्हें सजा मिले ? मुझे वह क्यों इतना नीच समझते थे ? आपस के लोग और एक दूसरे पर इतना एतबार नहीं ? मैंने उन्हें क्या समझा था और वे क्या निकले !

खैर यह भी छोड़ो। वह खुद क्या हैं और मुझे क्या समझते हैं जबकि मैं खुद क्या हूँ। क्या मेरी आह उन तक कभी पहुँचेगी ? हे राम, उनके मन में मेरे बारे में एतबार जमा देना।

मुझे उन पर पूरा एतबार है। उनमें से किसी ने मुझसे दगा नहीं की। लेकिन यह वफादारी वीरों वाली वफा न थी कायरों वाली वफा थी। कायर को वफा के बदले दगा का खतरा रहता है।

आखिर सूरज की धूप, पेड़ों की छाया, बयार का झोंका, चिड़ियों की चहचह, कुएँ का पानी, गैया की हुँकार–मैंने कुछ भी किया हो, जो कल थी वही आज है। उनके लिए मैं वही हूँ। मेरे लिए वे वैसे ही हैं। वाह रे दोस्तो, गाँववालो, रिश्तेदारो– वाह री रस्म-रिवाज–प्रकृति के लिए न तुम बदले न वह तुम्हारे लिए बदली। लेकिन हमारे-तुम्हारे सम्बन्ध क्या सचमुच कच्चे धागे के हैं जो जरा तनाव पड़ते ही टूट गए। तब क्यों रटाया था मुझे वह गीत–जनम-जनम का नाता है। यह नाता तो एक जन्म क्या एक दिन, एक घंटे में कुछ का कुछ हो जाता है। आखिर में गरीब नेवाज लेना एक न देना दो के मजमून पर आ गया। वह इस प्रश्न का उत्तर न खोज पाया कि पढ़े हुए पाठ गलत हैं या पढ़ने-पढ़ानेवाले। वह बावरा है कि बाकी सब लोग। कोमल दिमाग इतना बोझ न सँभाल सका। बदहवासी में उसने आँखें बन्द कर लीं। सभी समझे सो गया है। खुश हुए कि कुछ आराम पा लेगा।

आराम उसे मिलता है जो उसे पाने लायक है। पढ़े-लिखे लोग बताते हैं कि जापान की भाषा में ऐसा कोई शब्द है ही नहीं जिसके माने आराम हो। तब वहाँ के लोग क्या जानें कि आराम किस चिड़िया का नाम है ! वहाँ के लोगों को आराम कहाँ मिलेगा ? 'आराम हराम है' से वह बात नहीं पैदा होती। आराम कुछ है हराम सही तो वह पाया जा सकता है, गँवाया भी जा सकता है। गरीब नेवाज की औंधी खोपड़ी भी कुछ ऐसे मसाले से बनी थी कि उसे नींद आ सकती थी–आराम उसे कभी मिलनेवाला नहीं था। अभी तो नींद भी नहीं थी। सिर्फ आँखें बन्द थीं।

कभी-कभी तो सत्य आँखें खोलकर दूरबीनों के सहारे से भी दिखाई नहीं देता–उसे देखने के लिए आँखें बन्द करनी पड़ती हैं। यह हालत बुढ़ापे में आनेवाली कही जाती है लेकिन क्या हमारे समाज की ठोकरें बचपन में ही बुढ़ापे के तौर-तरीके नहीं सिखा देतीं। गरीब नेवाज आँख बन्द किए अजीब ऊँच-नीच सोच रहा था।

स्टेशन पर पहुँचते ही सभी चौंक पड़े। मौलवी साहब यहाँ पहले से आ गए थे। किसी शागिर्द की साइकिल के कैरियर पर उन्हें जगह मिल गई थी। आना

चाहते ही थे, आ गए। उनकी ललक देख गरीब नेवाज को आँसू आ गए। पंडित राम गुलाम भी रो दिए। उस दिन सभा में मौलवी साहब अकेले आँसू पोंछ रहे थे। आज सभी आँखें रो रही थीं।

मौलवी को अपना मरम्मत वाला फार्मूला याद आ रहा था। इस लड़के के जुमलों पर बार-बार गौर कर रहे थे। इस वक्त लल्लू को प्यार से गोद में उठाकर बोले–'मेरा ललुआ, मैंने तुझे मुर्गा तो कई बार बनाया जबकि बनाना इंसान चाहिए था। खुदा करे तुझे कोई इंसान बनानेवाला मिल जाए। तेरा रुतबा बढ़े, तू जहाँ भी रहे खुशहाल रहे। देख, जी छोटा न करना, सारी धरती अपनी है, सब जगह इंसान हैं। सब जगह खुदा है और ढाका तो अपना ही मुल्क है। याद है–वहाँ की मलमल की कहानी जो मैंने तुझे सुनाई थी।' धीरे-धीरे उन्होंने लड़के को गोद से उतार दिया।

पंडित और मौलवी एक दूसरे से लिपट गए। ऐसे ही दोनों लिपटे रह जाते तो ढाका क्या कभी परदेश बनता?

गरीब नेवाज के दिमाग में तब यह सब कहाँ समाया था। लेकिन आज भी जब वह किसी से बंगलादेश की राजधानी ढाका का जिक्र सुनता है तो उसे अपना बचपन याद आता है। ढाका तो याद आता ही है लेकिन प्लेटफार्म पर का वह दृश्य भी यों सामने आता है मानो वही असलियत है और रेडियो पर बताई जा रही बात...? अचानक सपना टूट जाता है।

रेलगाड़ी कब चल दी उसका लल्लू को पता नहीं चला। प्लेटफार्म पर तीन जोड़ी हाथ, तीन जोड़ी अँसुआई आँखें और रेल की खिड़की से झाँकती दो जोड़ी चपल आँखें। यह संयोग जीवन में आखिरी बार। हाँ, आखिरी बार ही तो था। फिर कब वह घर-दुआर, वह ताल-तलैया, वह नीम का पेड़ इस तरह देखने को मिला। आँखें देखने को तरस गईं।

बांबी सूधो साँप

सुबह का झुटपुटा, ठंडी-ठंडी बयार, बड़े लम्बे-चौड़े प्लेटफार्म पर पंडित राम गुलाम, पंडिताइन, पास में करीने से तख्त पर धरा असबाब और इधर-उधर फुदकता धैताली लड़का गरीब नेवाज।

स्टेशन का नाम पार्वतीपुर। नई पीढ़ी को यह नाम अनसुना लगेगा। यह जानकर और भी अजीब लगेगा कि इस नाम का स्टेशन आज़ादी मिलते ही पाकिस्तान में चला गया और अब बंगलादेश में है। उस समय के भारत में पार्वतीपुर स्टेशन की अपनी धाक थी। यों समझ लिया जाए कि जैसे मुगलसराय है, विजयवाड़ा है, सिलीगुड़ी है–उसी तरह का स्टेशन पार्वतीपुर था। चालू ज़ुबान में इन्हें गरदन स्टेशन कहा जाता है। दिमाग से पूरे शरीर का सम्बन्ध गरदन होकर ही होता है। उसी तरह शेष भारत से पूरब की तरफ आनेवाली कोई रेलगाड़ी पार्वतीपुर से होकर ही आगे बढ़ सकती थी। पूरे देश की रेलें पार्वतीपुर होकर ही चिटगाँव या असम की तरफ जाती थीं।

एक मामले में पार्वतीपुर ऐसे सब स्टेशनों में आगे था। मुगलसराय में सिर्फ बड़ी लाइन है। विजयवाड़ा में छोटी-बड़ी लाइन है। सिलीगुड़ी में तब सिर्फ छोटी लाइन और बच्चा लाइन थी। बच्चा लाइन वह लाइन है जो शिमला दार्जिलिंग जाती है। वही पटना-सहसराम रेलवे के रूप में उस समय चाँदी जैसे सफेद डिब्बोंवाली मार्टिन वर्न रेलवे की थी लेकिन आज सरकारी रेल है। चिड़ियाघरों और नुमायशों में बच्चों को घुमाने के लिए वही लाइन बिछा दी जाती है। पार्वतीपुर में बड़ी लाइन, छोटी लाइन, बच्चा लाइन तीनों के इंजन सीटी मारते थे। बंगाल नार्थ वेस्टर्न रेलवे (बाद में अवध तिरहुत रेलवे) और बम्बई-बड़ौदा सेन्ट्रल इंडिया रेलवे की छोटी लाइन के सवारी डिब्बे यात्रियों की भीड़ लेकर वहाँ तक जाया करते थे।

साल में दो-तीन बार पार्वतीपुर आना पड़ता था। इसलिए पंडित, पंडिताइन और लल्लू को इस इलाके की पूरी जानकारी थी और तीनों की अपनी-अपनी

अच्छी-खासी जान-पहचान बन चुकी थी। यहाँ आकर काफी देर रुकना पड़ता था। उस दिन सवेरे प्लेटफार्म पर आ गए थे और अब जिस गाड़ी पर जाना था वह रात को साढ़े दस बजे मिलनेवाली थी। इतनी देर तक कोई भी प्लेटफार्म पर क्या करता !

पार्वतीपुर स्टेशन की एक और खास नहीं, अजूबा बात थी। वहाँ जितने हिन्दू होटल थे उनमें से किसी पर रोटी नहीं मिलती थी। भात ही मिलता था और बाकी जो कुछ मिलता था—उसमें मांस, मछली का पुट जरूरी था। जहाँ तक पंडित जी और पंडिताइन का सवाल था वह तो रेल पर पानी तक नहीं पीते थे। उतरकर नहाने-धोने के बाद समय कम हुआ तो सतुआ, चबैना, ज्यादा समय हुआ तो चूल्हा दगाने का इन्तज़ाम करते थे। ललुआ के लिए घर से कुछ बनाकर ले चलते थे। वह दोनों तरफ से लम्बी यात्रा होने के कारण पार्वतीपुर के पहले स्वारथ हो चुकता था। इसलिए यहाँ उतरते ही कुछ उसके पेट में डालना जरूरी था।

यहाँ के मुसलमान होटलों में साग-सब्जी, रोटी-पराठा, पूरी भी मिल जाती थी। पहली बार पंडित जी को कुछ अटपटा लगा था लेकिन उनकी बुद्धि ने तुरन्त फैसला किया। लल्लू की उँगली पकड़े बड़े मियाँ के होटल तक गए। बड़े मियाँ ने पंडित की दिक्कत पहचानी—तुरन्त तवा धुलवाया और उसी पर दो पराठे और एक बैंगन की दो फाँक निकालकर बंगाली ढंग से तवे पर तल दी। बच्चे को खाने में स्वाद आ गया। उसके बाद तो लल्लू की बड़े मियाँ से अपनी जान-पहचान हो गई थी। वह अपने आप इधर चला आता। बड़े मियाँ कहानी सुनाते, वह चाव से सुनता।

आज तो इतना समय था कि पंडित की रसोई प्रेम से बन सकती थी। प्लेटफार्म के कोने पर चूल्हा बन गया। लकड़ी बाहर पेड़ के नीचे से बीन-बटोरकर आ गई। कैबिन वाले पैटमैन की लड़की को मसाला और चटनी का सामान दे दिया। सो उसके यहाँ से दो कटोरियों में दोनों आनन-फानन पिसकर आ गए। लल्लू जी का जंजाल जरूर था—सो उसे एक सूकी यानी चवन्नी दी और कहा जाओ खेल आओ। लल्लू रफूचक्कर हो गया।

पंडित पंडिताइन यह जानते ही न थे कि लल्लू की जेब में पहले से क्या है ? उसे ताऊ, बुआ, मौलवी साहब ने एक-एक रुपया दिया था। जार्ज पंचम की मुहर वाले तीन टनटनउआ रुपए और एक चवन्नी जिसकी थैली में बज रहे हों उसके पाँव जमीन पर क्यों पड़ेंगे! आज तो वे सिक्के ही चालीस रुपए में बिक जाएँगे। बहरहाल सवा तीन टका लिये गरीब नेवाज बाजार में निकल पड़ा। पिताजी ने ताकीद कर दी थी कि दो घंटे में लौट आना। खाना यहीं अम्मा बनाने

जा रही हैं।

लोटिया डोरी पंडित रामगुलाम की सदा की संगिनी थी। उन दिनों की रीति यही थी। बिनु लाठी बिनु लोटिया डोरी, जैसे बांभन जैसे कोरी। लाठी से हिंसा का सम्बन्ध नहीं जुड़ता था। नदी-नाला तड़कने, चटनी-पहिती के लिए आम-इमली तोड़ने और छोटी धोती पसारने के लिए भी उसकी जरूरत पड़ती थी। इस लम्बे सफर में बाल्टी भी साथ थी। उबहन (रस्सी) सामने कुएँ पर थी ही। पैटमैन इशारा पाते ही बाल्टी ले गया और भरकर उसको इस कोठरिया में धर गया जो औरतों के नहाने के लिए बनी थी। पंडिताइन ने अपने कपड़े लिए, लुटिया उठाई और नहाने चल दीं। इधर पंडित जी ने थाली में आटा माड़कर रख दिया, सब्जी काटकर कड़ाही में छौंक दी। चूल्हा दोहरा बनाया था। दाल भी धोकर चढ़ा दी और दूर हो गए, दाल उबलने के पहले पंडिताइन नहाकर आ गईं।

पंडित जी को भोजन बनाना आता था। उस युग में सभी ब्राह्मणों को आता था। वरना आठ कनौजिया नौ चूल्हे की रीति कैसे निभती। पंडित जी को इसका भी शौक था कि रसोई के काम में घरैतिन का हाथ बँटा लें, उसे अपने हाथ का बना खाना खिलाएँ। लेकिन ऐसा आज तक कर नहीं पाए थे। गाँव में ऐसा रुख दिखाते तो लोग आसमान सिर पर उठा लेते। मेंहदरा, जोरू का गुलाम और न जाने क्या-क्या नाम धरते। ढाका में करते तो भी वही सब होता। पार्वतीपुर के प्लेटफार्म पर भी लोक-लाज का भय था, लेकिन सोलह आने में चवन्नी भर गुंजाइश निकल आती थी सो उसका पंडित जी पूरा लाभ उठाते थे।

पंडिताइन आते ही चूल्हे में लग गईं तो पंडित जी नहाने के लिए चले। पंडिताइन ने कहा, अभी रुको। तनिक तुम रोटी पोआय दो, मैं सेंक लूँ। तुम्हारी हथपोई बड़ी स्वादिष्ट बनती है। पंडित जी मगन होकर मुस्कराकर रुक गए।

यह दरअसल इशारा था। पंडिताइन का मन बोलने-बतियाने का हो रहा था। जेठ, बड़ी ननद के रहते कौन बोल-बतिया सकता था। रेल में भी जोरू-खसम बात करें तो डिब्बे के सब लोग कहने लगें कि सब हया सरम धोय डाली है। सो महीने भर की दबी तड़प आज निकलना चाहती थी। पंडित जी रोटी पोआने लगे, पंडिताइन सेंकने लगीं। पंडित जी के रोटी पोने में जो तड़ातड़ की आवाज़ थी उससे स्टेशन के कई लोग परिचित थे। कुछ लोग ठिठोली भी करते थे–पंडिताइन ने कितनी रोटी सेंकी हैं यह कोई प्लेटफार्म के दूसरे छोर पर बैठे-बैठे गिनकर बता सकता है।

बात शुरू हुई ही थी कि पंडिताइन फालेन हो गईं–जाओ तुम बहुत वैसे हो। यहाँ तो लल्लू को तुरुक के यहाँ का पराठा खिला देते हो और वहाँ ज़रा सी

बात में लड़के के सिर पर बवंडर आ गया। तुम चुप मारे रहे, लड़के की तरफदारी में एक अच्छर न बोले। तुम्हारी यही टिपुन्न मुझे नहीं सुहाती। लड़का तुम्हारे लंद-फंद क्या जाने। उसके दिल पर क्या बीती होगी, कभी सोचा है।

पंडित जी अपराधी की आवाज़ में बोले–खूब सोचा है। सब समझता हूँ। गाँववाले कुएँ के मेढक हैं। मैंने दुनिया देखी है। मैं जानता हूँ दुनिया किधर जा रही है, किधर जाना चाहिए। फिर मैं कोई दकियानूस नहीं हूँ। मेरे पढ़ाए लड़के-लड़की क्रान्तिकारी बनते हैं। अनुशीलन समिति के लोग मेरे घर आते-जाते हैं। मालवीय जी को बुलवाकर मैंने मन्दिर में वाल्मीकि रामायण की कथा कराई थी। छूत-पाक, चौके-चूल्हे का धरम भी कोई धरम है। तुमने भी तो उस दिन कथा सुनी थी। शबरी के बेर खाकर राम बेधरम नहीं हुए तो मेरा ललुआ कैसे बेधरम होगा? लेकिन एक बात दुनियादारी की है। यही सब ललुआ ढाका में करे तो मेरी छाती फूलकर दो गज की हो जाएगी। अपनी जंवारि, अपनी ननिहाल, नातेदारियों में, ससुराल में सुशील बनकर सबके साथ उन्हीं की रीति मानकर चलने में ही भलाई है। ललुआ अभी यह सब नहीं समझता। कुछ दिनों में समझ जाएगा। इतना तो साँप को ही देखकर सीख लेना चाहिए। बाहर टेढ़ो चलत है, बांबी सूधो साँप। लल्लू ने भी उस दिन कथा सुनी थी। उसी की याद दिलाकर लल्लू को यह सब समझा देना।

बांबी सूधो साँप के सच्चे अवतार पंडित जी खुद थे। वह ढाका में खादी, गाँव में मारकीन पहनते थे। इसमें मसलेहत थी। क्यों उनके कारण दद्दा, दिदिया पर कभी मुसीबत आए। वह बंगाल में प्रगतिशील थे, क्रान्तिकारी थे, अपने गाँव में घोर रूढ़िवादी थे।

पंडिताइन को यह सब रुचता नहीं था। वह दो जुबानें न अपना पाती थीं। केंचुल बदलना उनके बस में न था। खाने के और दिखाने के दाँत उनके अलग न थे। लेकिन यह सब कहने की बात थी। उनकी भी पिछौरी और घूँघट इधर गायब हो जाते थे। जैसा देश, वैसा भेस उनका भी था।

पति उनके लिए भगवान था। कहने को कभी कुछ कह लें, अमल में वह सदा पंडित जी की छाया थीं। औरों की नजर में वह दो नहीं एक थे। यह बात पंडित जी भी जानते थे। इसलिए इधर तवा चूल्हे से उतरा और उधर बातचीत पूरी। पंडित जी नहाने चल दिए।

लल्लू ताकीद के मुताबिक समय से लौटकर राजा बेटा हो गया था। इस बीच उसने काफी मौज-मस्ती कर ली थी। एक पैसे में एक पराठा और दो टुकड़े बैंगन के लेकर खा लिए थे। तीन रुपया साढ़े तीन आना जेब में था। लेकिन अब

चोरी ज्यादा छिपाने की कूवत न रही। आते ही अम्मा को बता दिया। बाकी पैसे माँ की हथेली पर से होकर बाप की टेंट में पहुँच गए, इस वादे के साथ कि वहाँ चलकर ले लेना।

खाना-पीना खत्म करने के बाद बरतन धो डाले गए। इसके बाद वहीं बिस्तर लगा। लल्लू थोड़ा सो ले इसलिए अम्मा भी लेट गईं। पंडित जी इस बीच अपनी मेल-मुलाकात नई करने के लिए वहाँ से टल गए। अम्मा ने साँप से नसीहत लेने की सीख लल्लू को दे ही दी। वह यह सोचते-सोचते सो गया कि आदमी कैसे साँप बनता है।

बिसरा देस

न जाने कैसे लल्लू की नींद अचानक खुल गई।

पंडित-पंडिताइन की गुफ्तगू चल रही थी। मतलब यह कि पंडित जी का मन कहीं इधर-उधर न लगा। इसलिए दो-चार लोगों से 'नोमोश्कार' और 'की खोबोर', 'भालो' जैसी थोड़ी-बहुत शब्दावली दोहराकर फिर पंडिताइन से बतरस का लालच लेकर लौट आए थे। उनकी बातों की कुछ भनक दूसरी तरह मुँह किए करवटिया लेटे लल्लू के कान में भी पड़ती जा रही थी।

पंडिताइन ने तो मानो शिकायतों का पिटारा खोल दिया। पंडित जी केवल हुँकारी भर रहे थे। पंडिताइन पति की आदत से वाकिफ थीं। उनकी हुँकारी का मतलब था कि वह मन-ही-मन में तड़पड़ कुछ फैसले लेते चले जा रहे थे। ये निर्णय कभी टल नहीं सकते थे। मौका आने पर फौरन अमल में आ जाते थे। उनकी योजना लम्बे विचार में कभी फँसती नहीं थी। वह बहुत कुछ तो कभी न बन पाए लेकिन जो बन पाए इसी गुण की बदौलत। लल्लू ने अपनी आँखों से देखा था कि गिरिडीह के अभ्रक व्यापारी सेठ मंगलदास से चिटगाँव के मौलाना तक पंडित जी की इसी आन पर जान देते थे, झुक जाते थे।

पहली चिन्ता तो पंडिताइन को उस दिन से सवार थी जब शास्त्री जी जन्मपत्री और हस्तरेखा देखकर फलाफल बता रहे थे। जेठ और बड़ी ननद के सामने कैसे होती, पति थे नहीं। वह आजी की कोठरिया के नाम से दी जानेवाली कोठरी के दरवाजे के भीतर एक पल्ला बन्द किए उसी की आड़ से सब देख रही थीं। ललुआ तो आसमान में सीढ़ी लगाने के लिए चम्पत हो ही चुका था। उस दिन की दास्तान का पता उसे अब चल रहा था। थोड़ा-बहुत उसने ताऊ और बुआ की बातों से पहले भी जान लिया था।

शास्त्री जी ने बताया था कि इस लड़के के हाथ में अपने घर की रेखा नहीं है। रह कहीं लेगा, लेकिन उस जगह से उसका रिश्ता वैसा ही होगा जैसा रेल के डिब्बे या मुसाफिरखाने से किसी यात्री का होता है। कोई उसे जमीन-जायदाद

दे भी दे तो उसके हाथ नहीं लगेगी, जमीन-घर मोल ले या बनवाए ऐसा भी भाग्य उसका ताजिन्दगी न होगा। जाति, बिरादरी, धरम, परिवार, कथा-वार्ता, सभा-संगत से उसका सम्बन्ध भी यही नदी-नाव संयोग जैसा होगा। अकसर वह परसी थारी पर लात मारकर अतात पंखी बनकर चल देगा। न वह नौकरी में टिकेगा, न रोजगार-धन्धों में। नदी, पहाड़, जंगल, बंजर, बियाबान मँझाता फिरेगा। कई बार राजयोग आएगा पर ऐन मौकों पर वह सिंहासन को ठोकर मार देगा। लक्ष्मी और सरस्वती दोनों उसके आगे-पीछे खवासिन की तरह नाचेंगी लेकिन वह दोनों को कौड़ी का तीन मानेगा। यह सब जानकर पंडिताइन इस बात पर क्या सन्तोष धरतीं कि इसे जस मिलेगा, इसे त्रिताप नहीं व्यापेंगे, इसे किसी से अनिष्ट का भय न होगा। आखिर बाप-दादों के खेत, बगिया, घर का क्या होगा? ननिहाल में भी कोई नहीं है। फिर लल्लू अकेला है। दो-तीन होते तो ऐसा ही चल जाता। ऐसी जन्मपत्री बिचरवाकर कौन अपनी लड़की हमारे घर में देगा, पंडिताइन को यह चिन्ता भी खाए जा रही थी। तिस पर शास्त्री जी ने यह भी कह दिया था कि घरवाली से इसकी पटरी नहीं बैठेगी। वैसे तो यह कोई खास बात नहीं थी, जहाँ दुइ बरतन होते हैं, खटकते हैं। कौन घर है जिसमें दोनों के बीच थोड़ी-बहुत नाइत्तफाकी न हो, लेकिन इस सुझाव के साथ यह बात गले में अटक जाती थी। शास्त्री जी ने यह भी खूब कहा था कि लड़का बार-बार यमराज से गले मिलकर लौट आएगा। सो तो एक बार देख ही लिया। वरना बूड़कर मरने में कसर ही क्या बची थी। भला हो नुसरत और उसके नाना का। लेकिन ललुआ ऐसा होवे ही क्यों ? यह कहते-कहते दुआ माँगने के लिए पसरे अम्मा के आँचल पर आँसू की दो बूँदें ढरक पड़ीं। रुआँसे कंठ से बोलीं–कुछ कहते क्यों नहीं, हुँकारी मारते जा रहे हो। पंडित राम गुलाम ने सिर्फ इतना कहा–मन्त्र में बड़ी ताकत है। 'मन्त्र महामणि विषय व्याल के, मेटत कठिन कुअंक भाल के।' इसकी काट मैं कर लूँगा। ढाका पहुँचने दो, तब देखना। पंडिताइन सन्तुष्ट हो गईं।

मन की एक और पीर सुनाए बिना पंडिताइन से रहा न गया। बोलीं–तुम भी अजीब हो। मैं कुछ कहती नहीं तो यह न समझो कि तुम्हारे रंग-ढंग मुझे ठीक ही लगते हैं। सैकड़ों लड़कों-लड़कियों को तुमने पढ़ाया होगा। सब अच्छे निकले। उनके माँ-बाप तुम्हें देवता मानते हैं और तुम इसी में ऐंठे घूमते हो। अपनी औलाद तुमको दिखाई नहीं देती। कभी उसके हाथ में भी सिलेट-बत्ती देकर एक घंटे बैठ जाया करो। अलरपट्टा में ही वह लगा रहता है। स्कूल की पढ़ाई से कभी किसी का पार लगा है। तुम पढ़े-लिखे न होते तो सन्तोष कर लेती। 'सबके गोड़ नउनिया धोवै आपन धोवत लजाय।'

पंडित जी क्या कहते! वह तो यह मानते थे कि लड़के को उस मदरसे में नहीं भेजना चाहिए जिसमें उसका बाप, चाचा, मामा, नाना या बड़ा भाई मास्टर हो, हेडमास्टर हो, चपरासी भी हो, या कभी पढ़ा भी हो। लड़कों को किसी और का इतिहास गधे की तरह ढोना पड़ता है या फिर बेजरूरत का लिहाज, प्यार, रिश्ता बच्चे को बिगाड़ देता है। इस समय हुँकारी भर ली। लेकिन मन में कोई निर्णय कर चुके थे।

लल्लू अब आगे लेटा न रह सका। वह मन-ही-मन काँप उठा था यह सोचकर कि ढाका पहुँचने पर कैसे भयानक दिनों से वास्ता पड़ेगा। वह उठकर बैठ गया और आँखें मलने लगा। माता-पिता की बातचीत रुक चुकी थी। वह क्या जानें कि ललुआ आँखें मूँदकर बहुत कुछ सुन चुका था।

असबाब दुरुस्त करके, बाँध-बूँधकर पैटमैन की निगरानी में किया गया। यह ताकीद भी कर दी गई कि गाड़ी आने पर ठीक-ठीक जगह ले ले, ताकि इस परिवार को सिर्फ बैठने का काम रह जाए। टिकट चलते समय सीधे रंगपुर तक का ले ही लिया गया था। इसलिए निश्चिन्त होकर स्कीम बनी कि दोनों परानी चलें, ललुआ को बाजार और बस्ती घुमा ले आएँ।

बाजार और बस्ती की कुछ बातें गरीब नेवाज को आज तक याद हैं। प्रायः सभी ने पहला सवाल यही पूछा था कि अभी तो छुट्टी बहुत बाकी है, इतनी जल्दी कैसे लौट आए? पंडित राम गुलाम ने किसी से भी पूरा या अधूरा वृत्तान्त नहीं बताया। पंडिताइन भी औरतों के बीच इस सवाल से कतरा गईं।

एक सरदार जी का दावा लल्लू को आज तक याद है। उन्हें पंजाबी नहीं आती थी। बंगला या उर्दू ही जानते थे। उनके बाप-दादे भी कभी पंजाब नहीं गए थे। स्वर्ण मन्दिर, नानकाना साहब, आनन्दपुर साहब या पटना साहब का नाम सुनकर सिर झुका देते थे। किसी के बारे में सुन लें कि उसने राम की अयोध्या या कृष्ण की मथुरा देखी है तो कह उठते थे कि गुरु क्या हमारा भी कभी ऐसा भाग होगा कि हम सरजू, सिन्ध, सतलज को इन आँखों से देख लें। उसका पानी लें। इतने पुण्यात्मा हम कहाँ हैं ? सरदार जी उस समय कैसे समझ सकते थे कि जहाँ वह बैठे थे वह जगह बिरानी हो जाएगी। और उन्हें बाल-बच्चों सहित भागकर शरणार्थी बनना होगा। उन्हें जीवन में गंगा देखने को मिली लेकिन ऐसे मिली कि उनका जी रो रहा था। तब वह पुण्य-प्रताप नहीं रह गया था।

वहीं एक बदरुज्जमा रहते थे। बच्चों के खिलौने बेचते थे। पंडित-पंडिताइन की उन्होंने अच्छी आवभगत की। लल्लू की पुरानी गुलेल तो शायद उस दिन तालाब में ही रह गई थी, उसे यहाँ नई गुलेल मिल गई। खिलौनेवाला किस्से भी

सुनाया करता था। कई किस्से बाबा गोरखनाथ के थे। उस इलाके की एक बनजारिन बाबा के पीछे पड़ गई थी। कई तरह उसने बाबा को मोहने, उन्हें रोकने की कोशिश की थी। गोरख-बनजारी कथाओं का उसके पास कभी न चुकनेवाला स्टाक था। ये कहानियाँ गोरखपुर की तरफ किसी को नहीं आतीं। अब बंगलादेश की लोक कथाएँ सीमा पार करके उसके गाँव तक कैसे आएँगी ?

गुलेल लल्लू को बदरुज्जमा ने पंडित-पंडिताइन की नजर से छिपाकर दी थी। वह गुलेल कुरता-बनियाइन के नीचे धोती में खोंस ली गई थी। इसी तरह जगह-जगह से उसे लोगों के प्यार के फरमान मिले थे। उसकी बनियाइन की भीतरी जेब में चाँदी के छह रुपए पहुँच चुके थे। उसके लिए यह कोई नई बात न थी।

रेलगाड़ी के आने के टेम से ही तीनों परानी लौटे। गाड़ी प्लेटफार्म पर लग चुकी थी। खुलने में अभी देर थी। पैटमैन एक पूरी बेंच पर बिस्तर बिछाए, बेंच के नीचे बाकी असबाब सुक्त्याय के, सपरिवार खिड़की के पास खड़ा इन्तज़ार कर रहा था। तब तीसरे दर्जे के डिब्बे आज के लोअर क्लास जैसे नहीं होते थे। उनमें पंखा नहीं होता था, गद्दे का सवाल ही नहीं था। कहने के लिए यह तीसरा दर्जा था लेकिन असली नम्बर बहुत नीचे थे। पहला, दूसरा, ड्योढ़ा तब तीसरा; इसके अलावा पहला, दूसरा दो-दो तरह का होता था—गोरों का और देसी लोगों का। इधर बंगाल एंड आसाम रेलवे चलती थी। इंजन और डिब्बे पर बड़ा-बड़ा बी.ए. लिखा था। यों वह एक डिग्री भी थी पर बहुतेरे पढ़े-लिखे भी नहीं जानते थे कि बी.ए. और एम.ए. में कौन दर्जा ऊँचा होता है। मज़ाक में इंजन और डिब्बे बी.ए. पास कहे जाते थे।

बी.ए. पास डिब्बे में पंडित परिवार घुसने लगा तो पैटमैन ने उनके पैर छुए, घरवाली ने पंडिताइन की पैलगी बैठकर की। पैटमैन को पंडित जी ने एक अठन्नी दी, उसकी बिटिया को पंडिताइन ने एक रुपया जबरदस्ती दिया। पैटमैन गदगद था—असीस उसे घाते में मिली थी। सब लोग अन्दर बेंच पर पहुँच गए। पंडिताइन ने बक्स खोलकर उसमें से सींकों से बिना बेना (पंखा) निकाला, उसमें गोटा-फुलरा तो थे ही, चुंगली भी लाख से रँगी थी। बक्स में कुलुफ (ताला) लगाकर उसे फिर बेंच के नीचे खिसकाया और कुंजी का गुच्छा पंडित को थमा दिया। खिड़की की राह दोनों परिवार बतियाते रहे। आखिर गाड़ी खुल गई।

गाड़ी खुलने से जरा पहले पैटमैन की बिटिया ने कहा था, भइया केला खाओ तो भागकर कोठरिया से ला दूँ। लल्लू दिदिया से बात का रस छोड़ना न चाहता था। इसलिए केला लेने से इनकार कर दिया। लल्लू को सबने बार-बार

चूमकर विदा किया। पैटमैन की घरवाली को पंडिताइन ने लड़की के हाथ जल्दी पीले करने की सलाह भी दी थी। गाड़ी रेंगने लगी तो एक बार फिर पाँव लागी और आशीर्वाद का लेने-देन हुआ।

थोड़ी देर बाद लल्लू को रेल के हिचकोलों में नींद आने लगी। वह करवटिया लेटा इस हिसाब से कि गुलेल का पता किसी को न लगे। पंडिताइन बेना कभी खुद हाँकतीं कभी पंडित को थमा देतीं।

जुगनू की दुम

सवेरे गाड़ी रंगपुर आ गई थी। वहाँ पर गाड़ी फिर बदलनी थी, ढाका की गाड़ी करीब दो घंटे बाद जाती थी। इस बीच नहाना-धोना, चना-चबैना करना, नए टिकट खरीदना सभी कुछ जरूरी था। पंडित जी और उनका परिवार सफर का अनुभवी था। इसलिए सधे-बढ़े हाथ करीने से काम पर लगे थे। असबाब एक किनारे ठीक लगाकर पंडिताइन एक दरी बिछाकर बैठ गई थीं। ललुआ वहीं था। यात्रा में उसका मन यों भी बाँसों उछलता था। वह भी दौड़-दौड़कर हर काम में हाथ बँटाता था। यों इस बार वह समझ गया था कि पिता का दिमाग उसके बारे में फैसलों से भरा हुआ है। ये फैसले ऐसे-वैसे न होंगे।

लल्लू को कुछ अजीब लगा जब पंडित जी दो टिकट ढाका के, एक आधा टिकट वापसी काठालबाड़ी का ले आए। पंडित जी उसे काठालबाड़ी भेज रहे थे। यों पंडित जी उसे अकेले छोटी-मोटी यात्रा पर रेल से जहाँ-तहाँ, छोटे-मोटे काम से भेजते रहते थे। वह चाहते थे कि लड़का इस मामले में तजुर्बेकार रहे, कुएँ का मेढक न रहे। लल्लू को अकेले कहीं जाने में गाढ़ नहीं गुजरता था। पंडिताइन कभी-कभी मीन मेख निकालतीं तो उन्हें पंडित जी समझा देते कि देखो लड़के को इधर-उधर आने-देखने का शौक है, उससे ज्ञान भी बढ़ता है। ऐसे बच्चों को घर में बन्द करोगी तो परकटे परिन्दे की तरह छटपटाएगा, कटखना बन जाएगा। किसी को पिंजड़े में बन्द रखना पंडित जी को पसन्द नहीं था। वह तो तोता, मैना, लाल पालने के भी खिलाफ थे। अपने शौक के लिए किसी की स्वतन्त्रता छीनना वह महापाप मानते थे। कुत्ते को देखकर कौरा दे देना तो ठीक है लेकिन पट्टा बाँधकर पालना वह बेजा मानते थे। मनुष्य को इतना स्वार्थी नहीं होना चाहिए। डाल पर बैठी चिड़िया को चहकते-फुदकते देखना ही उन्हें पसन्द था। गाय, बैल, भैंस, घोड़ा आदि को बाँधना तो जरूरत के लिए मजबूरी है लेकिन इन्हें भी जरूरत के अलावा खुले में निगरानी रखते हुए आज़ादी का सुख देना चाहिए। बच्चा भी उनकी नजर में इसी श्रेणी में आता था। जरूरत भर, कर्तव्य के नाते, कम-से-कम

पाबन्दी, उसके बाद आजादी। पंडिताइन की नजर कुछ और थी। उन्हें तो इतवार की छुट्टी भी बुरी लगती थी। लड़का घर पर धैताली करता है। पंडित जी ऐसी बातों पर हँस पड़ते थे–तुम तो स्कूल को कांजी हाउस बना देना चाहती हो। जानती हो कांजी हाउस से जानवर मरकहा होकर लौटता है।

वह सब तो ठीक लेकिन ढाका पहुँचकर कभी-कभी कहीं जाने को मिलता था तो अच्छा ही था। यह क्या कि रास्ते से ही अलग जाने का फौजी हुकुम। लल्लू को आनेवाली शामत साफ दिखाई दे रही थी। पंडित जी ने एक सतर की चिट्ठी, चिट्ठी क्यों कहिए रुक्का, लिखकर लल्लू के हाथ में दी और कहा काठालबाड़ी स्टेशन से थोड़ी दूर पर गाँव में जाना। रास्ता तुम्हें मालूम ही है, कई बार जा चुके हो। वहाँ यह चिट्ठी श्रीमान् भुजंग भूषण भट्टाचार्य को देना और उन्हें साथ लेकर लौटना, चाहे दो-एक दिन रुक जाना पड़े। उन दिनों वापसी टिकट कई तरह के होते थे–एक की मीयाद वापसी 24 घंटे, एक की सात दिन, एक की 30 दिन। पंडित जी ने सात दिन वाला वापसी आधा टिकट लिया था। पंडित जी की गाड़ी पहले छूटती थी–लल्लू की गाड़ी कुछ बाद में, इसलिए लल्लू का झोला तैयार कर दिया गया। रास्ते के लिए कुछ चबैना कुर्ता की जेब में डाल दिया गया। पाँच रुपए दिए गए बनियाइन की भीतरी जेब में सहेजकर रखने के लिए। यह तो किसी को मालूम न था कि वह जेब पहले से कितनी भारी है ?

पंडित जी की गाड़ी छूटी और लल्लू को मन की मुराद मिली। सबसे पहले तो गुलेल को कैदखाने से छुट्टी मिली और वह झोले में आ गई। इसके बाद लल्लू के दिमाग में फितूर आने लगे। उसे यह मालूम था कि रेलगाड़ी आधी रात तक इसी टिकट से पकड़ी जा सकती है। सबेरे काठालबाड़ी पहुँच ही जाएगा। तब क्यों न रंगपुर घूम लिया जाए।

रंगपुर जिले का सदर मुकाम होकर भी छोटा ही था। लेकिन इतनी छोटी-सी बस्ती में डिग्री कॉलेज था। इसी से साबित हो जाता है कि वहाँ विद्या प्रेमियों का गढ़ था। प्रिंसिपल थे आचार्य देवप्रसाद घोष जिनके नाम और गुणों की गाथा दूर-दूर तक फैली थी। उनके पढ़ाए आज तक बांगलादेश और पश्चिमी बंगाल–दोनों जगह कविता, फिल्म, साहित्य, कला और राजनीति में चमक रहे हैं।

लेकिन इन सबमें गरीब नेवाज को रस कहाँ मिलता था। इन्हीं में रुचि होती तो माता-पिता, ताऊ-बुआ और पूरी जंवारि को उसका नाम लेकर पछताना क्यों पड़ता। पंडित-पंडिताइन इधर रेल में बैठे उसी के बारे में सोच रहे थे–अब वह गाड़ी में बैठ चुका होगा। वह क्या जानते थे कि लड़का कुछ और फितूर सोचे बैठा है।

कितनी मिन्नत-मनौती के बाद, कितनी आस-उम्मीद लेकर एक औलाद मिली थी। बुआ ने सब औरतों को बुलाकर दुरकैयाँ कराई थीं, न जाने कहाँ-कहाँ तिल चौरी चढ़ाई गई थी। कौन पीर बचा होगा, कौन मजार बची जिस पर ताऊ चद्दर नहीं चढ़ा आए थे। हनुमान जी का परसाद भी माना गया था। बरमभोज किया गया, भागवत बैठी। और औलाद ऐसी मिली, रूप-रंग भी बेहद खराब, खैर उसकी कौन चिन्ता थी लड़का था लेकिन गुण भी ऐसे जो बेमतलब आसमान में सीढ़ी लगाता घूमे। पंडिताइन आँखें पोंछ लेती थीं। पंडित रामगुलाम बार-बार समझा रहे थे। डिब्बे के और लोग भी समझा देते थे। अभी उसकी उमिर ही क्या है–आगे चलकर जब खूँटे में बँधेगा, गले पर जुआ होगा तब अपने आप सुधर जाएगा। बड़े-बड़े सीधे हो गए हैं। पंडिताइन बताती थीं कि ताऊ और बुआ के लिए यह बहुत दुलारा है। रोज ही उसके लिए ताबीज-गंडा कहीं-न-कहीं से लाते थे। एक दिन जरा सा कहा कि टिहुनी में पीर है तो न जाने कहाँ-कहाँ के पीर, देउता, भवानी मना डाले। आनन-फानन एक कौआ पकड़ मँगवाया गया और लड़के की खोपड़ी पर से उतारकर छोड़ दिया गया। अब उन लोगों का जी कितना कचोटता होगा। कैसे ललुआ को भेजकर जी रहे होंगे जबकि अब वापस लौटने की उम्मीद नहीं है। पंडित जी कहते थे, समय सब घाव पूर देता है। घर पहुँचते ही चिट्ठी डालूँगा।

उधर लल्लू मियाँ स्टेशन से बाहर निकलकर थोड़ी दूर पर कविराज मयंक मौलि मुखोपाध्याय के दवाखाने पर पहुँच चुके थे। उधर वैद्य लोगों को कविराज ही कहा जाता है। बड़ी-सी दुकान, ऊपर बड़ा-सा बोर्ड लगा था। कविराज का लड़का बाहर ही मिल गया। कविराज जितने गुनी उतना ही यह लड़का औगुनी। अपने शहर में वह दूसरा लल्लू था। लल्लू भी रंगपुर अकसर आता ही था, उधर कविराज भी महीने में दो-तीन बार ढाका जाते थे–दवाएँ लेने। ढाका उन दिनों वैद्यक का गढ़ था। वैद्यक के बड़े-बड़े ग्रन्थ बंगला हरफों में छपे वहाँ बिकते थे। इसके अलावा ढाका शक्ति, धूतपापेश्वर, साधना औषधालय जैसी दवा बनानेवाली मशहूर कम्पनियों के सदर दफ्तर और कारखाने ढाका में ही थे जहाँ पुरानी शास्त्रीय विधि से दवाएँ तैयार होती थीं। लड़का अकसर पिता के साथ आता था। कविराज बिना पंडित जी से मिले कभी लौटते न थे। दोनों लड़कों में अच्छी दोस्ती थी। दोनों को आज मौका मिला, देखते-देखते तिड़ी हो गए और थोड़ी देर में शहर से बाहर–जहाँ कोई खोज भी न सके।

दिन भर उलरपट्टा चलता रहा। हाथ में गुलेल हो और ताड़ के पेड़ों से लटकती रहे हाँड़ी, पेड़ पर चढ़ना आता हो और पेड़ों के ऊपर भोजन हो तो

भूखा-प्यासा कौन रहेगा! इसलिए पेट पूजा और शरारत साथ-साथ चली।

शाम कब की बीत गई, अँधेरिया रात में भी दोनों को खेल की सूझी। चारों तरफ जुगनू लपलप करते घूम रहे थे। उन दिनों देहातों के चारों तरफ जंगल-सा रहता था। गाँव की तरफ जाने की हिम्मत न थी। दोनों ने तय किया था कि कुछ रात हो जाने पर गलियारा पकड़ेंगे और रंगपुर निकल जाएँगे।

वजह यह थी कि दिन में दोनों एक शरारत कर चुके थे। गाँव में कोई एक किसी गड़ही के तीर बैठा बंसी की कटिया पानी में डुबोए पूरी-पूरी बगुला जैसी लौ लगाए मछली पकड़ने बड़ी देर से बैठा था। ऐसा लगता था कि अब कोई मछली फँसनेवाली है लेकिन बड़ी देर से कोई फँसी न थी। ललुआ ने हँसते हुए कविराजपूत से कुछ जोर से कहा जिससे कि वह बगुला भगत भी सुन ले।

क्यों जी, देखते हो वह हाथ में क्या लिए बैठा है।

जवाब मिला–हाँ-हाँ, कौन नहीं जानता, उसे बंसी कहते हैं।

लल्लू–बंसी की पहचान?

कविराजपूत–बाँस की पतली डंडी जिसमें कटिया बाँधकर माछ फाँसी जाए।

लल्लू–नहीं रे, बंसी बाँस की उस पतली डंडी को कहा जाता है जिसके एक छोर पर कटिया हो और दूसरे छोर पर उल्लू फँस जाए।

दोनों ठठाकर हँस पड़े। इसे वह कैसे बर्दाश्त करता जिस पर फब्ती कसी गई हो। उसने बंसी पटकी एक तरफ और इन दोनों के पीछे शुद्ध हिन्दी की गालियाँ बकता दौड़ा। इस बीच मछली हाथ आती-आती निकल गई। ये दो थे, वह अकेला, दोनों ने उसे खूब छकाया। उसने ढेले भी चलाए जिनमें से इन दोनों को एक न लगा। आखिर में हार-खीझकर वह गाँव की तरफ चला गया। अब इन दोनों में इतना साहस कहाँ था कि गाँव के भीतर जा सकते। जेब के चबैना का दोनों दोस्तों में बँटवारा हुआ। दिन भर इधर-उधर जंगल में खेल-खालकर बिताया।

रात हो गई तो लल्लू को अपने पिता की बात याद आई। पंडित को आज की कविता-कहानी वगैरह भाती नहीं थी। वह चिढ़कर कह देते थे–''अब के कवि खद्योत सम''। खद्योत कहते हैं जुगनू को, लेकिन जुगनू का कविता से क्या रिश्ता। दोनों दोस्तों ने इस लघु चर्चा के बाद तय किया कि आज एक-दो जुगनू पकड़कर गौर से देखें। दोनों ने इधर-उधर अँधेरे में जुगनुओं के पीछे भागना शुरू कर दिया।

लल्लू को जुगनू थोड़ी देर में पकड़े मिल गया। वह उसे गौर से देखने लगा। कविराज पुत्र को अब तक जुगनू पकड़े न मिला था। इस जुगनू को देखने के लिए

वह न रुका। वह शरमा गया था। कुछ ज़िद आ गई थी। वह खुद भी जुगनू पकड़कर दिखाएगा।

जुगनू की जाँच-पड़ताल में लल्लू को ज्यादा देर न लगी। उसने देखा कि रोशनी उसकी पूँछ की नोक पर होती है जो दूसरे को दिखाई देती है लेकिन खुद जुगनू का सिर अँधेरे में ही रहता है। यानी पंडित जी यह कहना चाहते थे कि आज का कवि दूसरों को रोशनी देना चाहता है लेकिन खुद अँधेरे में ही टटोलता है। वाह कितनी आसानी से बात समझ में आ गई। लल्लू ने फिर सोचा कि अगर इस जुगनू को किसी झीने कपड़े में बाँधकर पुटकी बना ली जाए तो टार्च जैसा काम देगी। वैसा कपड़ा पास था नहीं, क्या करता।

इसी बीच धड़ाम की आवाज आई। कविराज पूत गिर पड़े थे। अँधेरे में जुगनू के पीछे भाग रहे थे। पास में कहीं पानी रहा होगा। दूर तक काई थी। उसी पर पाँव का बूट पड़ा और गिर पड़े। लल्लू जुगनू फेंक, उस तरफ दौड़ा, मित्र को सँभाला, उठाया। मित्र का बुरा हाल था। चोट तो कहीं नहीं आई थी लेकिन कमीज-सुथना बोदा से लथपथ हो गए थे। उन्हें सहारा देकर लल्लू गलियारे तक लाया। दस कदम बाद वह चलने क्या दौड़ने लायक हो गए थे। कविराज पूत बोले–इस हालत में घर कैसे जाऊँगा, बहुत पिटाई पड़ेगी।

क्या किया जाए ? मुसीबत का हल कविराज पूत ने ही खोजा। बोले–क्यों ने रे लल्लू, मैं तेरे साथ काठालबाड़ी चलूँगा। लल्लू घबरा गया। बोला–लेकिन मैं तो श्रीमान् भुजंग जी के यहाँ जा रहा हूँ। वहाँ तुम मेरे साथ गये तो दोनों की पिटाई होगी। कविराज पूत बोले–'इतना बेवकूफ नहीं हूँ। स्टेशन पर उतरकर तुम्हारे साबुन से अपने कपड़े धोकर सुखा लूँगा। उन्हीं को पहनकर लौट आऊँगा। रंगपुर स्टेशन पर यह सब करूँगा तो कोई-न-कोई घर जाकर बता देगा। तुम अपना अँगौछा मुझे दे देना। बात तय हो गई।

अब और कहीं जाने, कुछ करने की साध न बची थी। कुछ पैसे कविराज पूत की जेब में भी थे, उधर लल्लू की जेब भारी थी ही। इसलिए पैसों की चिन्ता न थी। सीधे रंगपुर स्टेशन की तरफ दोनों रवाना हुए। शहर को बराय कर पीछे की तरफ से पटरी पार करके प्लेटफार्म पर आए। सबसे पहले एक अद्धा टिकट वापसी का लिया। इसके बाद कुछ खाने-पीने की जुगुति प्लेटफार्म पर ही कर ली। यह सब करते-कराते लाइन क्लियर हो चुका था। काठालबाड़ी की गाड़ी ठीक समय पर साढ़े ग्यारह बजे छूट गई।

पश्चिमी वैष्णव

काठालबाड़ी के पहले ही एक स्टेशन पड़ता है कुरीग्राम। वहाँ की एक दुकान के सन्देश और रसगुल्ले काफी दूर-दूर तक मशहूर थे। दुकान स्टेशन पर न थी, करीब दो मील दूर बस्ती में थी। मन तो दोनों का था कि उतरकर वहाँ तक जाएँ, टिकट आगे का था इसलिए उसे जमा तो होना नहीं था। खा-पीकर लौटकर दूसरी गाड़ी से जाया जा ही सकता था। लेकिन दोनों के मन में डर व्याप गया। जो समय बीच में बिताया उसी का ब्योरा बताने में पिटने का डर था और कविराज, भुजंग बाबू, पंडित जी की बात में कब क्या निकल जाए इसका कोई ठौर-ठिकाना न था इसलिए सीधे काठालबाड़ी पर ही दोनों उतरे।

स्टेशन पर ही लल्लू ने प्लेटफार्म पर लगे बम्बे से नहा-धो लिया। फिर अपना झोला मित्र के हवाले किया। अँगौछा, साबुन, मंजन उसमें था ही, गुलेल सहेजकर रखने की ताकीद कर दी। कपड़े बदल लिए। भीगी बनियाइन, कुर्ता, धोती सुखाने के लिए मित्र को सौंप दी। कह दिया जब तक तुम कपड़े सूखने के लिए बैठोगे, उसी बीच में कोई बहाना बनाकर मैं आ जाऊँगा। तब तक जाकर चिट्ठी तो तामील कर आऊँ। रेल आए इतनी देर बीत जाने के बाद टिकट माँगनेवाला कौन था। दोनों टिकट ज्यों के त्यों जेब में पड़े थे। उन पर किसी चेकर बाबू की मशीन भी न चली थी।

लल्लू को भट्टाचार्य के घर तक पहुँचने में देर न लगी। भट्टाचार्य बाबू अंग्रेजी और हिसाब के मुदर्रिस थे। उनकी काबिलियत पर उन्हें क्या ढाकावालों को नाज था। यों तो बहुतरे बड़े-बड़े कॉलेजों में पढ़ते और डिग्री मढ़कर कमरे में लटकाते हैं लेकिन उन्हें अंग्रेजी सही बोलना-लिखना नहीं आता। वह तो यह भी नहीं जानते कि किस लड़के को बॉय कहा जाता है किसे लैड। लेकिन भुजंग बाबू की पढ़ाई अंग्रेजी की तारीफ अंग्रेज कलक्टर करता था। उन लड़कों को नौकरी मिलने में कभी दिक्कत नहीं हुई। इसीलिए स्कूल के पाजी लड़के आपस में उन्हें कभी भुजंग बाबू, कभी भुट्टा चोर मास्टर कहकर चाहे जितना हँसें, मन

में उनकी इज्जत करते थे, मनाते थे कि मास्टर साहब की विद्या हमें लग जाए। एक बार भुजंग बाबू ने किसी लड़के की किसी बात पर नाराज होकर स्कूल आना बन्द कर दिया था तो उन्हें मनाने इंस्पेक्टर साहब तो गए ही थे, एक-एक विद्यार्थी ने उन्हें पैर पकड़कर रो-रोकर मनाया था।

हिसाब में उनके अलावा कौन होगा कि पूरी चक्रवर्ती, के.पी. बसु और हाल एंड स्टीवेंस जुमेट्री का एक-एक सवाल सातवें के पहले पक्का करा दे। उनके पढ़ाए हुए लड़के बाद में बी.ए. तक बिना कुछ पढ़े धड़ल्ले से पास होते थे।

इसके अलावा भुजंग बाबू मुफलिस थे। इस शब्द पर उधर के हिन्दी, उर्दू वाले चौंक पड़ेंगे। फारसी में मुफलिस कहते हैं गरीब, फटेहाल को, वही अर्थ हिन्दी उर्दू में, अवधी तक में भी चला आया है। लेकिन बंगला में मुफलिस के अर्थ कुछ और हैं। वहाँ जाति शब्द का इस्तेमाल राष्ट्र अर्थ में होता है।

शब्दों के अर्थ कई जगह बहुत बदल गए हैं। जैसे महाराष्ट्र में भयंकर शब्द। वहाँ इसका अर्थ भयानक नहीं सिर्फ महान या विशाल–बहुत बड़ा है। वहाँ अकसर सुनाई पड़ता है–रणदिवे भयंकर विद्वान हैं, लता मंगेशकर भयंकर गाती हैं, विनोबा भयंकर सन्त थे, निरुपा राय भयंकर सुन्दरी है। कोई किसी से पूछे कि क्या मेरी बात अच्छी नहीं लगी तो जवाब मिलेगा–भयंकर। मतलब यह नहीं कि बुरी लगी, मतलब यह कि बहुत अच्छी लगी। इसी तरह वहाँ मोठा, बरोबर आदि शब्दों की गति हुई है।

मुफलिस शब्द ने बंगाली में खूब करवट ली है। इसका अर्थ है वह पुरुष जिसकी शादी न हुई हो, चाहे वह करोड़पति हो। डॉ. विधान राय जिन्दगी भर मुफलिस थे ही। मुफलिस भुजंग बाबू के घर में उनकी माँ थी, एक बाल विधवा छोटी बहन थी।

लल्लू को सहसा घर आया देखकर सभी चौंक पड़े। चिट्ठी पढ़ी, सन्देश सुना। पंडित जी से भुजंग बाबू की दाँत काटी रोटी थी। समझ गए कि जरूर कोई खास बात होगी, वरना यों न बुलाया जाता।

लल्लू के साथ ढाका न चलने का तो सवाल ही नहीं उठता था। फिर भी वह कुछ सोच-विचार में पड़ गए। बहन ने पूछा क्या सोच रहे हो। मैं तैयारी किए दे रही हूँ। अगली गाड़ी से चले जाइए।

भुजंग बाबू बोले–जाना तो है लेकिन आज नहीं। आज रवि है, कल है सोम, परसों मंगलवार होगा। मंगलवार को जाऊँगा। तब तक मेरा ललुआ यहीं रहेगा। इधर-उधर घूमेगा, खेलेगा, देखेगा। क्यों रे, ठीक रहा न। ललुआ ने सिर हिलाकर हाँ कर दी। उसका चेहरा खिल उठा।

लेकिन बात क्या है ? इस बार बहन के साथ वृद्धा माता भी पूछ बैठी।

अरे बाबा, पड़ोस में छागलबाड़ी गाँव है ना। वहाँ एक पुराने सूखे कुएँ में भयंकर प्रेत बाधा है। अन्दर से तरह-तरह की आवाजें रात में आती हैं। गाँववाले डर के मारे थर-थर काँप रहे हैं। उसी के लिए सोमवार को पूजन, हवन, मन्त्र जाप का अनुष्ठान है। मुझे ही सब कराना है। मैंने वादा कर लिया है। सोमवार का दिन तय हुआ है।

इस बात पर कौन एतराज करता।

लल्लू को मन की बात कहने का मौका मिला। बोला मास्टर जी, आज्ञा दें, तो कुरीग्राम हो आऊँ। भुजंग बाबू ने सोचा कि यहाँ अब और न जाने क्या खुराफात करेगा। प्रेतबाधा की जगह उसे साथ ले जाना ठीक नहीं। यहाँ से टला रहे यही ठीक है। उन्होंने इजाजत दी लेकिन यों नहीं। घर में कहते गए कि कुछ पराठा साग बनाकर बाँध देना, कुछ पैसे भी दे देना—सन्देश खा लेगा। और हाँ रे लल्लू, रात हो जाए तो लौटना नहीं, कालीपद बाबू के यहाँ सो जाना। कल का पूरा दिन पड़ा है। कल शाम तक जरूर आ जाना। परसों सवेरे की पहली गाड़ी से चल दूँगा। कालीपद बाबू को तो तुम जानते ही हो। इतना कहते हुए वह छड़ी उठाकर किसी जरूरी काम से बाहर निकल गए। शायद प्रेत बाधा के सिलसिले में कुछ याद आ गया होगा। और हाँ साग ही बाँधना, पंडित जी का लड़का है। वह पच्छिमी वैष्णव है।

ज्यादा देर नहीं लगी जब लल्लू पराठा-साग पोटली में बाँधे स्टेशन पर पहुँच गए थे। कपड़े सूख गए थे। कविराज के पुत्र कपड़े पहने बैठे थे। लल्लू का सामान झोले में था। तय हुआ कि यहाँ खा-पी लिया जाए। पोटली खुलते ही कविराज पुत्र झल्ला उठे। यह क्या साग-पात उठा लाए हो—माछ का मूड़ ही ले आए होते।

लल्लू को अब पता चला कि उसे पच्छिमी वैष्णव का लड़का क्यों कहा गया था। बंगाली जब ढाका, चटगाँव या कलकत्ता की तरफ यात्रा करता है तब समझता है देस जा रहा है, उलटी दिशा में दो स्टेशन भी जाना हो तो यही कहेगा कि मैं पश्चिम यात्रा पर जा रहा हूँ। उसकी भाषा में पश्चिमी वैष्णव वैसा ही है जैसा फैज़ाबाद वाले की भाषा में यूरोपीय या विलायती वैष्णव हो। यानी खान-पान, रहन-सहन, अनुशासन एकदम अलग।

यों भुजंग बाबू भी पक्के वैष्णव थे। गौरांग महाप्रभु के भक्त थे—संकीर्तन के प्रेमी। घर पर आनन्द वृन्दावन का पाठ करते थे। बिना तुलसी दल लिए, भोग लगाए भोजन नहीं करते थे। लेकिन उनके घर में मछली वनस्पति मानकर खाई जाती थी। उनके घर में तो अंडा नहीं खाया जाता था लेकिन गाँव के हिन्दू घरों

में मुर्गी का नहीं हाँस (बत्तख) का अंडा चलता था। मुर्गी का अंडा मुसलमान ही खाते थे। हाँस का मांस वैष्णव नहीं खाते थे। धर्म की रक्षा इसी तरह सब जगह अपने-अपने ढंग से कर ली जाती है। उधर पंडित जी के यहाँ अंडा, किसी का हो, छू जाए तो नहाना पड़े, सब कपड़े छाँटे जाएँ। लहसुन-प्याज का छिलका उनके दरवाजे के कूड़े में नहीं मिल सकता था। किसी के दरवाजे पर प्याज का छिलका पड़ा देख लें तो पंडित जी उसके घर पानी नहीं पी सकते थे। लेकिन ये सब बातें अलग थीं, दिलों में मैल न था। मित्रता अपनी जगह थी, धर्म अपनी जगह। तब हुए न पंडित जी पश्चिमी वैष्णव।

लल्लू ने यह बारीक बात कविराज पुत्र को समझाई। दोनों ने खाया, पानी पिया। रेल का इन्तजार करने लगे।

भूत से वास्ता

बीच में कविराज पुत्र ने टिकट की बात कही तो लल्लू ने पीठ पर जोर का हाथ जमाकर कहा–अरे मूर्खानन्द जी, टिकट क्यों लिया जाएगा। अभी तो टिकट जेब में है जिससे कुरीग्राम जाकर फिर काठालबाड़ी लौटकर दुबारा रंगपुर जाया जा सकता है। करना सिर्फ यह है कि दोनों टुकड़े अलग-अलग करके जेब में डाल लिया जाए। वही कर लिया गया। रंगपुर तक का टिकट है तो कुरीग्राम में किसका दम है जो जमा करने को कहे।

लल्लू की उस्तादी का लोहा कविराज पुत्र को मानना पड़ा।

थोड़ी देर में गाड़ी आ गई और उसके बाद गाड़ी ने उन दोनों को कुरीग्राम उतार दिया। वह प्लेटफार्म खत्म होने पर पटरी के किनारे सड़क पर आ गए। टिकट न किसी ने माँगा, न उन्होंने दिया।

पेट में दाना अँट चुका था। इसलिए कुरीग्राम पहुँचने की जल्दी न थी। खेलते, कूदते, बिलमते जब तक बस्ती में पहुँचे शाम होनेवाली थी।

कालीपद बाबू के यहाँ जाने का सवाल न था। कम-से-कम कविराज पूत इसके लिए राजी न था। लल्लू ने भी जिद न की। सोने का ही सवाल है तो उसके लिए पूरा स्टेशन पड़ा है। गर्मियों के दिन हैं ही।

सन्देश और रसगुल्ले खाए गए। उसके बाद कविराज पूत और लल्लू में भुजंग बाबू की बातें चलीं। भूत बाधा मिटानेवाली बात भी आई। दोनों खूब हँसे। इतना पढ़े-लिखे और इतना अन्धविश्वास।

बातों का सिलसिला देर तक चला। कल का रात वाला कडुवा तर्जुबा भूल चुका था इसलिए आज फिर रात में घूमने, कुछ अटपटा करने की सलाह पक्की हो गई।

अचानक दोनों को बच्चों की कुछ चहल-पहल दिखाई दी, कुछ हुल्लड़ सुनाई दिया। यह पता चलते देर न लगी कि कहीं कठपुतली का तमाशा होने जा रहा है। वहाँ जाकर ये दोनों बैठ गए। कठपुतली का तमाशा देखा। चित्रांगदा की

कहानी दिखाई गई थी। तमाशा थोड़ी देर में खत्म हो गया। इसके बाद दोनों मित्र रात में घूमने निकल पड़े। इतनी जल्दी लौटकर क्या करना है! सोना ही तो है। पूरी रात पड़ी है।

घूमते-घूमते दोनों कब्रिस्तान के भीतर जा निकले। कुछ भूत चर्चा हो चुकी थी, इसलिए कविराज पूत को डर लगा। लल्लू ने बेपरवाह कहा—बेवकूफ कहीं का, भूत कहीं होता भी है कि उससे डरें ही। फिर हम दो जने हैं। तब डर काहे का। अँधेरी रात थी लेकिन लल्लू पर कविराज पूत को बहुत भरोसा था।

घूमते-घूमते कविराज पूत को प्यास लगी। चारों तरफ अँधेरा। पसारा हाथ न सूझता था। गाँव के नीचे की पगडंडी बस कुछ दूर ही दीखती थी। जुगनू दमक रहे थे, झिल्ली की झनकार हो रही थी, सियारों की हुक्का-हुआ चल रही थी। एक आध सियार दौड़ता हुआ भी दिख जाता था। ऐसे में पानी की खोज कहाँ की जाए!

कहीं से बूँद-बूँद पानी टपकने की टपटप आवाज आती जान पड़ी। लल्लू अपने जिगरी दोस्त से बोला—देख दोनों के साथ चलने से पगडंडी खो जाने का डर है। सो मैं यहीं खड़ा रहूँगा। तू इस टपटप की आवाज़ की सीध में जा। जरूर वहाँ बम्बा लगा होगा। कब्रिस्तान में होता ही है। डरना बिलकुल नहीं, मैं यहीं हूँ। आवाज़ ज्यादा दूर से नहीं आ रही है। कोई गड़बड़ जान पड़े तो जोर की हाँक देना। कविराज पूत चला तो लेकिन दिल एकदम बेखौफ न था। इसलिए काली माई का नाम मन में जपता जा रहा था। दो-तीन गज बाद वह लल्लू की आँख से ओझल हो गया था लेकिन पैरों की चाप बराबर सुनाई पड़ रही थी। सुनसान में पदचाप गूँजती थी इसलिए दोहरी आवाजें आती थीं। लल्लू को यह मालूम था। उसे तजुर्बा था।

कुछ देर बाद पदचाप तो थमी लेकिन साथ में चीख सुनाई दी 'हाय परमेश्वर पकड़ लिया'—और किसी के भहराकर गिरने की सी आवाज़ आई। लल्लू का मित्र किसी मुसीबत में फँस गया था। लल्लू का एक-एक रोंआ खड़ा हो गया, धड़कन बढ़ गई। वह एकदम आवाज़ की तरफ दौड़ा। अब पगडंडी पर पैर जमाए रहने का कोई तुक न था। पगडंडी बाद में खोज ली जाएगी। पहले मित्र की मदद जरूरी थी।

आवाज की सीध में दौड़ते-दौड़ते एक जगह लल्लू ने ठोकर खाई। लेकिन सावधानी से दौड़ रहा था इसलिए गिरा नहीं। उसी जगह खड़े होकर टोह लेने लगा। टपटप की आवाज बगल में यही दो गज पर आ रही थी। और कुछ दिखाई नहीं पड़ रहा था।

यकायक लल्लू को ऐसा जान पड़ा कि कोई दो हाथ जैसे उसका बायाँ पैर पकड़ रहे हैं, पकड़ चुके हैं। उसका जी काँप गया। शायद इन्हीं हाथों ने दोस्त को पकड़कर गिरा दिया है। अब वह क्या करे !

उसे याद आया कि उसके पैरों में मजबूत बूट है। उसने बाएँ पैर को उन अनजाने हाथों की पकड़ में रहने दिया और जमीन पर ही जमा लिया–दाहिना पैर उठाया और पूरे जोर से उसी दिशा में चला दिया जिस दिशा में उन हाथों का बाकी शरीर अन्दाज़ से रहा होगा। बाएँ पैर की पकड़ तो छूट ही गई, भिनभिनाती हुई, रुआँसी सी आवाज़ आई–'मार डाला, मार डाला, हाय अल्ला, मुझ गरीब को मार डाला, मुझ बेकसूर को मार डाला, मार डाला।' अब स्थिति समझ में आने लायक थी। कुछ-कुछ दिखाई भी देने लगा था। सामने फटे चीथड़े पहने, पास में एक टीन का डिब्बा धरे कोई बैठा था जिसके सिर में गन्दे बड़े-बड़े बाल थे। चेहरे पर छोटी-सी दाढ़ी थी। मित्र भी पास में बेहोश पड़ा था। लल्लू ने एक लात और जमाई यह कहते हुए–'कौन है तू, यहाँ क्या कर रहा है।' जवाब मिला, 'भिखारी हूँ, भीख माँगता हूँ। इन बाबू के पैर पकड़े थे, वह गिर पड़े, आपके पैर पकड़े तो आपने मारा–या खुदा।' मतलब साफ था। कोई न डरे तो भिखारी, और डरकर बेहोश हो जाए तो उसकी जेब की रकम, घड़ी वगैरह खुदा के नाम पर अपने हवाले। ऐसी जगह पर ऐसे समय पर भीख माँगने का यह कौन ढंग था।

फिर भी लल्लू ने जिरह न की, डाँटकर कहा–'उठा अपना डिब्बा और जा बम्बे से पानी भरकर ला।' वह मिनमिनाता हुआ उठा और कुबड़े की तरह झुका-झुका डिब्बे में पानी ले आया। लल्लू ने डिब्बा उसके हाथ से लिया। दोस्त के मुँह पर पानी के छींटे दिए। धोती का छोर भिगोकर दोस्त का मुँह पोंछा। जरा देर में दोस्त को होश आया। वह अब भी बेहद डरा हुआ था। लल्लू ने उसे सहारा देकर उठाया और खड़ा किया। भिखारी की तरफ उँगली उठाकर माजरा बताया। भिखारी ने खिसकने की कोशिश की लेकिन डिब्बा अभी लल्लू के हाथ में था। ऐसे में वह कैसे जाता ! दोनों दोस्तों ने उसकी जमकर मरम्मत की और छोड़ दिया। लौटे और थोड़ी देर में पगडंडी खोज ली। पहले विचार बना कि पास की पुलिस चौकी में चलकर इस हजरत को इसकी करनी का फल दिलाया जाए। लेकिन कहीं हवलदार ने पूछ लिया कि तुम दोनों वहाँ क्या करने गए तो लेने के देने पड़ जाएँगे। इसलिए सीधे लौटने और स्टेशन पहुँचने की बात तय पाई गई।

लल्लू को भूत के सिलसिले में एक घटना और याद हो आई।

गरीब नेवाज ने बचपन से भूत-प्रेत की बहुत कहानियाँ सुनी थीं। पहले उसे

उन पर यकीन था। विश्वास न करने की कोई वजह न थी। टोना-टोटका भी दिन-रात दिखाई देता था। बहुतों पर काली माई, बजरंगबली, भैरव आते भी उसने देखा था। इन सबके इलाज थे, विशेष जानकार थे, उनकी दूर-दूर तक पूछ थी और वे भी ऐसे कि बस काम छोड़कर इस काम के लिए एकसंसिया दौड़ पड़ते थे। यह जरूर है कि उसके घर-परिवार जाति-बिरादरी में किसी को कभी भूत-प्रेत नहीं लगा था। इसका जस पंडित राम गुलाम को बराबर मिलता था। लोग कहते थे पंडित के तीर मन्त्र-तन्त्र कै जोर है, उनकै हमार कौन लवनिया। कहीं-कहीं तो भूत-जिन्नात के भगाने के नाम पर इतनी निर्दयता होती थी कि देखकर लल्लू का कलेजा काँप उठा था।

बुआ को टोना-टोटका पर यकीन बहुत लेकिन छोटे भाई के आगे इस मामले में वह भी दबती थीं। भाई से छिपाकर कई बार ललुआ को नजर झड़वाने या मस्जिद की नमाज के बाद फूँक डलवाने ले गई थीं। बुआ मानती थीं कि उससे लाभ हुआ था। पंडित जी ऐसी बातों को टाल जाते थे।

एक बार ललुआ को तिल्ली बढ़ने की शिकायत हुई तो कई इलाज साथ-साथ चले। पंडित जी ने केला, पपीता खिलाया। जामुन का सिरका सबेरे-शाम नियम से पिलाया, सबेरे तड़के टहलाना, दौड़ाना शुरू कर दिया। बुआ बढ़ई दादा के यहाँ नियम से फूँक डलवाने जाने लगीं। फूँक डलवाने का ढंग भी बड़ा अनोखा था। एक हँसिया आग में डाली जाती। जब वह लाल हो जाती तो बढ़ई दादा उसके दोनों तलवों पर वही तात हँसिया मारते मारते, मन्त्र पढ़ते थे। हँसिया ठंडी तो उस दिन का काम पूरा। लल्लू चंगा हो गया था। बुआ उसे टोना का ही प्रभाव मानती थीं। ललुआ को उस मन्त्र का सिर्फ इतना हिस्सा आज तक याद है–'दुहाई लोना चमरिन की।' बुआ कई जगह से गंडा-ताबीज भी अकसर बनवा लाती थीं। उन्हें विश्वास था कि ललुआ इन्हें दो साल बाँधे रहे तो जो भाई बहन हो वह बच जरूर जाए पर ललुआ जैसे करगदा तोड़कर फेंक देता था वैसे ही ताबीज को भी ठिकाने लगा देता था। बुआ को ही नहीं ताऊ को भी यह मलाल रहता था कि ताबीज तो दूर मूँगा और रुद्राक्ष भी बाँधे रहने को ललुआ कभी राजी न हुआ। सबेरे बँधे और शाम तक गायब।

देहातों में कहानी कोई भी बताई जाए–वह नट की वफादार कुतिया की हो जो कुआँ में फाँद पड़ी थी या भूत-प्रेत की हो–विश्वास सब पर करने की रीति थी। इन कहानियों की कभी कोई जाँच-पड़ताल नहीं करता था।

ललुआ ने भी बहुत कुछ सुना था–फलाँ महावीर जी के मन्दिर के सामने जो मिठाई की दुकान है वहाँ रात को बारह बजे भूत आता है। मिठाई खरीदकर

ले जाता है। मिठाईवाले की समझी-बूझी बात है इसलिए वह किसी को कभी बताएगा नहीं। लेकिन जब रोज खरीदनी है तो लोगों ने दूर से देखा होगा। वही लोग बताते हैं। मिठाईवाले का पेट लरिकौरी औरतों से ज्यादा फूला हुआ था। यह भी समझ में आनेवाली बात थी। किसी को बात न बताई जाए तो पेट में अवगुण करेगी ही।

दुकान पर पीतल का बड़ा-सा घंटा लटका था। दिन में बड़ी कीमतवाले परसाद की डाली लगाते समय मिठाई वाला खुद ही उसे बजाता और जय बजरंगबली को गोहार लगाता था। लेकिन जानकार लोग बताते थे कि घंटा लटकाने की वजह दूसरी थी। रात में भूत आता है वह घंटा बजाकर ही सौदा करता है। इसी हिसाब से सामान लेता और दाम देता है। भूत के जुबान नहीं होती, वह बोलता नहीं है। वह भूत बाद में मिठाई लेकर, साफ सड़कों से नहीं, चक्करदार गलियों से अपनी बस्ती में जाता है। वहाँ सैकड़ों भूत-भूतनी होते हैं। नाच-तमाशा होता है। मिठाई बँटती है। भूत के हाथ की मिठाई खाने की तो हिम्मत न थी लेकिन और सब तमाशा देखने को ललुआ का मन बार-बार होता था। कैसे मौका पाता। बड़ा खौफनाक काम था। दुकान से ही भूत का पीछा करने पर काम बन सकता था, लेकिन हो कैसे ? सो एक दिन सुयोग मिल ही गया।

गरीब नेवाज के स्कूल में दर्जा चार के बाद सब लड़कों के लिए स्काउटिंग कम्पलसरी था। हफ्ते में एक दिन स्काउटिंग का होता था। उस दिन खाकी कमीज, हाफ पैंट, मौजा-जूता, स्कार्फ पहनकर जाता था। इस दिन का वह पूरे हफ्ते इन्तजार करता था। तरह-तरह की सीटी के मतलब, रस्सी के तरह-तरह के इस्तेमाल, गाठें, हड्डी टूटने, जलने, मोच आने पर डॉक्टर के आने तक क्या करना चाहिए–यह वह सिर्फ जानता न था, करके देख भी चुका था। खपच्ची, हथझोला बनाना वह जानता था। पट्टी बाँधना उसे आता था। रास्ते के निशान वह सीख चुका था। स्काउट मास्टर साहब मेलों-ठेलों में स्काउटों को ले जाकर कई तरह के काम लेते थे। इसमें उसे बड़ा मजा आता था। लैजम और बैंड बजाना, बाँसुरी बजाना भी उसने सीख लिया था। लाठी के काम-मतई दादा वाले न सही–थोड़े बहुत उसे भी आते थे। एक दिन स्काउट मास्टर साहब कतारबन्द स्काउटों को लिए कहीं से लौट रहे थे। स्कूल तक लौटकर बच्चों को घर जाना था क्योंकि सबके बस्ते वहीं डेस्कों में बन्द थे। रास्ते में वही हनुमान जी का मन्दिर पड़ा। लल्लू ने लपककर स्काउट मास्टर से फरियाद की। मुझे बाद में यहीं फलाँ मास्टर साहब के यहाँ पढ़ने जाना है, आप इजाजत दें तो रुक जाऊँ। स्काउट सच बोले

न बोले लेकिन उसकी बात पर विश्वास किया जाता है। किताब में लिखा जो है। तब स्काउट मास्टर को इस बात पर क्या एतराज होता! इजाजत मिल गई। स्काउट मास्टर को एक लड़का घर भिजवाने के झंझट से छुट्टी मिली। लड़के को मन की मुराद मिली। दोनों खुश थे।

लल्लू आनन-फानन उस मिठाई की दुकान के पास पहुँच गया। एक जगह देर तक खड़े रहने में डर था कि कोई भी पूछ बैठेगा यहाँ खड़े-खड़े क्या कर रहे हो। और अभी रात के बारह बजने में काफी देर थी। वह बाजार घूमने लगा। बाजार अपने टेम पर बन्द होने लगी। लल्लू पार्क में जा बैठा। वहाँ से भी दस बजे रात पुलिसवाला सबको हटा देता था। अब लल्लू कहाँ जाए, क्या करे ! खुले खजाने चहलकदमी में पुलिस का खौफ था।

जाड़े की रात, सुनसान सड़क लेकिन मिठाई की दुकान खुली थी। जरूर भूत का इन्तज़ार होगा नहीं तो खुली क्यों रहती। अब कौन ग्राहक आएगा। थोड़ी देर बाद मन्दिर के भी पट बन्द हो गए। दुकान अब भी खुली थी। लल्लू को तो आज भूत देखना ही था। वह इधर-उधर दीवारों की और खम्भों की ओट में अँधेरे में समय बिताने लगा और समय था जो काटे न कटता था। एक-एक पल पहाड़ हो गया था।

घंटाघर से टन-टन करके 12 बजने की आवाज़ सुनकर लल्लू सीधे ऐसी जगह पर आ गया जहाँ से दुकान का घंटा साफ दिखाई देता था। नजदीक वह नहीं गया ताकि भागकर जान बचाने की भी सूरत बनी रहे। उसके दिल की धुकधुकी बहुत तेज हो गई जब उसने उस घंटे को हिलते देखा, बजते सुना। दुकान के सामने सचमुच भूत खड़ा था, मिठाई खरीद रहा था। इस समय वह भले आदमियों जैसे कपड़े पहने था। भूत के लिए इसमें कौन मुश्किल थी। पैर सीधे-उल्टे या जुबान होने न होने की परख तो इतनी दूर से सम्भव न थी लेकिन कोई बोलचाल इतनी दूर सुनाई नहीं दी। इसलिए भूत ही रहा होगा। आधी रात बीते और कौन आया होगा !

उसके मन में स्काउट जाग उठा। तड़पड़ तय किया कि इसके पीछे-पीछे बिना आहट किए जाकर भूतों की बस्ती तो देख ही लेनी चाहिए। मौका लगा तो तमाशा भी देख लिया जाएगा। उसने जेब के ऊपर सीटी टटोल ली। उसे यकीन था कि खतरे की सीटी वह बजाएगा तो कोई स्काउट या पुलिसवाला जरूर मदद के लिए दौड़ता हुआ आएगा। हौसला बढ़ाने के लिए इतना बहुत था।

भूत मिठाई की टोकनी लेकर चला तो लल्लू उसके कई गज पीछे दाएँ-बाएँ अँधेरे में छिपते, पीछा करते चला जा रहा था–इतने दबे पाँव कि आहट न हो और

भूत पीछे लौटकर उसका गला न दबोच ले। भूत सचमुच चक्करदार अँधेरी गलियों में होकर जा रहा था।

एक घर के सामने जाकर भूत ठहर गया। बिना आहट किए छिपकर लल्लू भी मानों साँस रोककर खड़ा हुआ था। भूत ने साँकल जोर से बजाई। अब लल्लू का माथा ठनका। जान लिया भूत के मन में कोई शरारत है। इस घर के लोगों पर आफत आनेवाली है। दरवाजा खुला नहीं कि भूत किसी पर चढ़ बैठेगा। अब इस घर के लोगों की खैर नहीं। लल्लू का स्काउट मन उन बेचारों की मदद के लिए छटपटा रहा था।

दरवाजे की दराज से रोशनी की एक किरन बाहर निकली। जान लिया कोई भीतर से लालटेन लेकर दरवाजा खोलने आ रहा है। आफत का मारा बेचारा बेसहारा...अब लल्लू से न रहा गया। जो कुछ होना होगा, होगा। उसने जेब से सीटी निकालकर मुँह से लगाई और खतरे की सीटी पूरे जोर से बजा दी। सीटी जेब में बिना डाले ही वह चिल्ला भी उठा–सावधान, दरवाजा हरगिज न खोलना, बाहर भूत है।

अब वह भूत लल्लू की तरफ मुखातिब हुआ। लपककर उसने लल्लू का हाथ पकड़ लिया। लल्लू भाग भी न सका। उसके रोयें खड़े हो गए, घिग्घी बँध गई। भूत ने उससे पूछा–तुम कौन हो, कहाँ रहते हो, यहाँ क्या करने आए हो?

लल्लू के मुँह से मुश्किल से आवाज निकली–'भूत हो तो बोले कैसे ? तुम्हारे मुँह में तो जीभ है, तब तुम भूत नहीं हो क्या ?'

दरवाजा खुल चुका था। लालटेन लिए एक लड़की बाहर तक आ गई थी। हाथ पकड़कर घसीटते हुए उसे घर के अन्दर ले जाया गया। सारा वृत्तान्त सुनकर उस परिवार के लोग खूब हँसे। लल्लू को मिठाई भी खाने को मिली। इसके बाद बेचारे सज्जन उँगली पकड़कर लल्लू को उसके घर तक पहुँचा आए।

पंडित जी उस बीच स्काउट मास्टर के घर, फलाँ मास्टर के यहाँ, लल्लू के दोस्तों के घर की खाक छानकर उदास मन से घर लौटकर पंडिताइन के साथ बैठे अपनी तकदीर को कोस रहे थे। उनकी आँखों से नींद गायब थी। साँकल खटकी तो पल्ला खोलकर देखा एक सज्जन लल्लू को लेकर आए थे। सज्जन ज्यादा देर न रुके लेकिन पंडित जी को वृत्तान्त बता गए। ताकीद कर गए थे कि लड़के पर कड़ी निगाह रहनी चाहिए।

यह लल्लू का भूत से पहला वास्ता पड़ा था। मिठाई तो मिली ही, एक परिवार से परिचय भी बढ़ा। रही कड़ी निगाह, उससे निपटना तो रोज का और बाएँ हाथ का काम था।

अगला वास्ता बहुत बाद में तब पड़ा था जब लल्लू आज़ादी की लड़ाई में शामिल सिरफिरा युवक था। अब उसे पुलिस से मदद की उम्मीद न थी। पुलिस की छाया से उसे बचकर रहना था। यह घटना ढाका की नहीं, कानपुर की थी।

एक रात गरीब नेवाज एक मित्र के घर पर रात बिताने के इरादे से पहुँचा तो उसे घोर निराशा का सामना करना पड़ा।

उसने पहले से तय रीति से कुंडी खटकाई तो मित्र बाहर निकला। आकर मित्र ने बताया कि उसके घर पर कोई बड़े नेता यानी फरार क्रान्तिकारी आ गए हैं और रात वहीं गुजारेंगे। उन पर इनाम है। उनकी सुरक्षा का इन्तजाम ही दूभर हो रहा है। अब गरीब नेवाज को कैसे टिकाएँ?

क्रान्तिकारी संघटन के नियमों के अनुसार यों भी दो फरार व्यक्तियों का एक घर में शरण लेना गलत है। छापा पड़े तो एक की जगह दो फँसें। पुलिस को मुँहमाँगी मुराद मिले। इसकी नौबत नहीं आनी चाहिए। बैठक, सलाह-मशविरों की बात दीगर है। उसके लिए कुछ समय के लिए विशेष सतर्कता कर ली जाती है।

अब बेचारा गरीब नेवाज क्या करता ! मित्र ने लाकर एक सफेद चद्दर दे दी। तब भी गर्मी के दिन थे। इसलिए रात कहीं भी बिता लेना मुश्किल न था। गरीब नेवाज वहाँ से चला, कुछ देर मोड़ पर ठिठका और उसके बाद काफी दूर स्थित मुसलमानों के कब्रिस्तान में चला गया। वह जगह एकदम निर्जन और निरापद थी। रात में ऐसी जगह आम तौर पर लोग आते-जाते नहीं। अकेले जाएँ तो वहाँ पुलिसवालों की भी रूह फना हो जाती है।

वहीं तलाश की एक पक्की कब्र। उसी को थोड़ा साफ किया। कुहनी की तकिया बनाई और मच्छरों से बचाव के लिए चादर ओढ़कर लेट गया।

सबेरे उठने पर चारों ओर देखा तो मज़ा आया। कुछ कब्रें ऐसी थीं जिन पर फूल, रेवड़ी, लड्डू, बताशे आदि थे। कुछ पर पैसे भी पड़े थे। यह तो और बढ़िया इन्तजाम हुआ। सुरक्षा ही नहीं, गुजारा भी। मित्र को चुपके से खबर दे दी ताकि काम-धाम का ताक सिलसिला बना रहे। मित्र ने पूछा भी कि क्या खाना-वाना वहीं भेज दिया करूँ तो गरीब नेवाज ने मना कर दिया। साफ कहा कि अब तो ऊपर वाला मददगार है। तुम मेरी नहीं, काम की चिन्ता करो। अब तो यह रोज का ही नियम हो गया। दिन में कुछ पढ़ाई, शाम को खुली राजनीति, रात में गुप्त कार्यक्रम और ज्यादा रात गए कब्रों के बीच सोना।

एक रात अकस्मात वहाँ भी एक अजीब घटना हो गई। कब्रिस्तान के इस पार झील थी और झील के उस पार खाली मैदान। इधर मैदान में कुछ नई इमारतों

की नींव पड़ने लगी थी। उधर कुछ मजदूर छोलदारी डालकर रहने लगे थे। उन लोगों के लिए शहर से आने-जाने का रास्ता काफी दूर से चक्कर काट कर था। पगडंडी होकर झील को गौंडेरते हुए कब्रिस्तान के बीच से निकलनेवाले के लिए फासला आधा हो सकता था लेकिन अकेले-दुकेले रात में किसी की हिम्मत थी जो इसका जोखिम मोल ले।

एक रात की बात, पाँच-छह लोगों को उधर से शहर जाना था। समूह होने पर भय कम लगता है इसलिए छोटे रास्ते का इस्तेमाल कर लिया। कुछ डरते, कुछ डींग मारते, बतियाते वे कब्रिस्तान के बीच से होकर जा रहे थे।

इधर गरीब नेवाज को भी रात में उठकर काम से कहीं जाना था। घड़ी पास में थी नहीं।

वह कब्र पर चादर ओढ़े करवटें बदल रहा था। समय का अन्दाज लग नहीं रहा था। समूह कुछ आगे निकल चुका था। गरीब नेवाज उठकर कब्र पर ही बैठ गया और चादर ओढ़े-ओढ़े ही जरा जोर से पुकारकर पूछा बैठा–'भैया क्या बजा है।' यह कहते-कहते वह चादर ओढ़े खड़ा हो गया।

इधर उस समूह के लोग पत्ता तोड़ भागे या यों कहना चाहिए कि दम तोड़कर एकसंसिया भागे। गरीब नेवाज कुछ दूर उनके पीछे यह कहते हुए दौड़ा– 'भागते क्यों हो, मैंने तो सिर्फ समय पूछा है, बता तो दो कि क्या बजा है ?'

भागनेवालों की चाल और तेज हो गई। गरीब नेवाज हार कर कब्र पर लौट आया। अन्दाज़ से ही काम पर निकल गया। उसकी समझ में न आया कि वे लोग भागे क्यों ? वह सवेरा होने के बाद भी बहुत देर तक इस सवाल का जवाब खोजता रहा।

एकाएक उसे ध्यान आया कि उसकी चदरिया का रंग सफेद है और तब उसे अपने सिर पर हाथ रखना पड़ा। हाय राम जरूर उन लोगों ने मुझे भूत समझा होगा। कहीं मैं और तेज दौड़ता तो उनमें से कोई कमजोर दिल वाला बेहोश होकर गिर पड़ता। बड़ी गनीमत हुई।

दिन में जब मित्र मिलने आया तो शक और पुख्ता हो गया। सबेरे के उर्दू अखबार में मोटी सुर्खी देकर वही खबर छपी थी। लिखा था कि कब्रिस्तान में एक बड़ा भूत है। बहुत खतरनाक है, आने-जानेवालों को काफी हड़काता है, कई लोग उसकी पकड़ में आते-आते बचे।

मित्र तो उसे यह सब बताने के लिए ही आए थे। वह गरीब नेवाज को वहाँ से हटकर कहीं और रात बिताने की सलाह देने आए थे। जब उन्हें पता चला कि वह भूत से ही बात कर रहे हैं तो चौंक पड़े। बाद में दोनों मित्र खूब हँसे।

हाँ गरीब नेवाज ने इतना जरूर किया कि उसने चदरिया बदल ली और रंगीन चदरिया ले ली। तब से आज का दिन है, गरीब नेवाज को सफेद चादर देखते ही वह दिन याद हो आता है। सफेद रंग की चद्दर देखकर अपने ऊपर कुढ़न होती है। वह रंगीन चद्दर ही इस्तेमाल करता है।

सपने का शेर

कुरीग्राम स्टेशन पर जाकर लल्लू को पता चला कि कविराज के पूत अपने घुमक्कड़पन से आजिज आ गए हैं। लल्लू की गाँठ से क्या जाता था ! उसने काठालबाड़ी से कुरीग्राम वाला टिकट-खंड मित्र के हवाले किया।

जब तक रेल नहीं आई, कविराज पूत गुमसुम ही बैठे रहे। लल्लू के बहुत बोलकारने पर ही कभी कुछ हाँ हूँ कह देते थे। उनका हाल वही था जो भेड़हा से छुड़ाई हुई या कसाई के हाथ से टोई जाने के बाद भी न खरीदी गई छगड़ी का घर लौटने पर होता है। लल्लू ने भी उसे रोकना या काठालबाड़ी वापस ले चलना वाजिब न समझा। रंगपुर की गाड़ी आई और वह उस पर सवार हो गया। रेल चलने तक लल्लू उसको धीरज बँधाता रहा। रेल चल दी और लल्लू अकेला रह गया।

काठालबाड़ी जानेवाली गाड़ी भी आनेवाली थी लेकिन लल्लू इतनी रात बीते वहाँ पहुँचकर क्या करता ! उसने प्लेटफार्म की एक बेंच पर आसन जमाया। झोले को बना लिया तकिया और पसर रहा। थोड़ी देर में उसे नींद आ गई।

उस रात उसने एक बड़ा अजीब सपना देखा था जिसका जिक्र वह आज भी दोस्तों में करता है।

सोते में आया एक शेर और लल्लू के पास आकर बैठ गया। वह शेर आदमी की तरह बोलता था। लल्लू कुछ घबराया तो शेर बोला–'क्यों डरते हो, क्या मैं तुम्हें खा जाऊँगा। डरो नहीं।'

लल्लू–'सुना तो मैंने यही है कि तुम आदमी को खा जाते हो।'

शेर–'झूठ बात है। देखो मैं तुम्हारे पास बैठा हूँ, तुम्हें खाता नहीं हूँ।'

लल्लू–'लेकिन क्यों ?'

शेर–'इसलिए कि मुझे भूख नहीं है। मेरा पेट भरा है। लेकिन मुझसे डरने की क्या बात है ! सभी जीव किसी जीव को खाकर पेट भरते हैं। आदमी भी यही करता हैं तब आदमी को खाकर कोई अपना पेट भर ले तो इसमें बुरी बात क्या है ?'

लल्लू–'अरे भाई तुम समझते क्यों नहीं, आदमी इस धरती का सबसे बुद्धिमान जीव है, औरों से उसका मुकाबला नहीं। आदमी के प्राण बहुत कीमती होते हैं। तुम्हें आदमी नहीं खाना चाहिए। करो वादा।'

शेर–'मैं झूठा वादा नहीं करता। लेकिन आदमी को सबसे बुद्धिमान प्राणी और किसी ने नहीं सिर्फ आदमी ने कहा है। यह तो अपने मुँह मियाँ मिट्ठू बननेवाली बात हुई। कब बाकी सब जीवों ने उसे सबसे ज्यादा बुद्धिमान, उसके प्राणों को ज्यादा कीमती माना है ? अपने मुँह अपनी तारीफ करता है आदमी। यह कौन-सी बुद्धिमानी है ? कैसे माना जाए कि तुम सबसे बुद्धिमान हो ?'

लल्लू ने एक जार्ज पंचम की मुहर वाला चाँदी का रुपया निकालकर पटक दिया। वह टन से बोला। लल्लू ने रोआब दिखाकर कहा कि देखो आदमी की ईजाद, इससे कुछ भी मिल सकता है। शेर ने उसे सूँघा, जबान से चाटा, दो एक बार उलट-पलटकर जाँचा और बोला–'इस बेकार चीज़ के बदले सब कुछ देता है आदमी। इसके लिए आदमी आदमी की जान भी लेता है, लेकिन इसमें है क्या–बेमसरफ की चीज–न खाने की, न सूँघने की। आदमी जैसा बेवकूफ ही इसे कीमती मान सकता है। इसके लिए तिंगनी का नाच नाच सकता है। कोई गधा इसके बदले एक घास की पत्ती देने को राजी न होगा।'

लल्लू ने बताया कि आदमी ने बड़ी तरक्की कर ली है। अब वह अकेले सैकड़ों आदमियों, हज़ारों शेरों और लाखों जीवों को पलक मारते मार सकता है।

शेर–'लेकिन सबको एक पल में एक आदमी खाएगा कैसे? मतलब यह कि वह मारता है और खाता भी नहीं है। अपनी और हमारी खाने-पीने की चीज यों बरबाद करता है। अगर आदमी अपने को हमारा भोजन मानकर, हमारी जरूरत का खयाल करके ज़रा कायदे से रहे तो दुनिया की बड़ी मुसीबत टल जाए। उस बेवकूफ ने अपने और हमारे लिए भूखों मरने का इन्तजाम कर लिया है। इसे तुम तरक्की कहते हो कि उसने हवा को साँस लेने लायक, पानी को पीने लायक नहीं रहने दिया। हम सब जंगली जानवर उसकी बेवकूफी से आज़िज आ गए हैं।'

शेर आगे बोला–'हज़ारों चिड़ियाएँ न जाने कहाँ से आती हैं, कहाँ ठहरती हैं, कहाँ अंडे देती हैं, कहाँ चली जाती हैं, इस सवाल पर चिड़ियों के बीच कभी कोई बड़ी लड़ाई नहीं हुई। हम पूरी धरती को अपनी और सबकी मानते हैं। आदमी ही है जो घर क्या एक अंगुल जमीन के लिए मरता, मारता है। जिसे वह अपना घर, अपना देश कहता है इसमें बिना इज़ाजत लैसंस, परमिट लिए, बिना किराया कीमत दिए मच्छर, मक्खी, चूहे, छिपकली, नेवले, शंख, साँप, छछून्दर चाहे

जितने चले जाएँ गम नहीं–आदमी न आने पाए। आदमियों में साधु-सन्त, पैगम्बर अवतार हुए हैं, किताबें हैं, मन्दिर, मस्जिद, गिरजा, गुरुद्वारे हैं तब उसकी बुद्धि, नेकी, भाईचारे का हाल यह है ! हमारे यहाँ यह सब नहीं। लेकिन आदमी से बुरा, उससे बेवकूफ हमारे जंगल में कोई नहीं है।'

लल्लू को शेर से प्यार जैसा हो गया। उसने बायाँ हाथ शेर की गरदन पर डाल दिया। शेर उसकी पीठ पर नाक रगड़ने लगा। इसी बीच किसी तरफ से कुछ आहट हुई, शेर ने उधर मुँह किया, कुछ गुर्राया और दहाड़ते हुए उठकर चल दिया। दहाड़ से लल्लू की नींद खुल गई।

उसका बायाँ हाथ स्टेशन की बेंच के हत्थे पर था। उसके नीचे शेर की गर्दन न थी। लल्लू आँखें मिचमिचाता हुआ चारों ओर कुछ खोज रहा था। सबेरा कब का हो चुका था। चिड़िया चहक रही थीं। सुबह की बयार में बिरवे झूम रहे थे।

उसे वह शेर कहीं दिखाई नहीं दे रहा था। मगर उस दिन वह शेर मिल जाता तो उसे लल्लू जरूर बुलाकर अपने साथ काठालबाड़ी ले जाता। रेलवाले न ले जाने देते तो वह लड़ बैठता। क्यों न ले जाने देते आखिर ? फिर भी उसकी न चलती तो वह काठालबाड़ी तक शेर के साथ मजे में पैदल फासला तय कर लेता। वहाँ जाकर शेर को माँ जी से मिलाता। भुजंग बाबू की शेर से मुलाकात कराता। दोनों की बातें गौर से खुद सुनता।

लल्लू को आज तक, वर्षों बाद भी उस शेर की याद है। उसे यकीन है कि वह शेर बड़े-बड़े कॉलजों के बड़े-बड़े टीचरों का टीचर होने लायक है। गिरजों, मस्जिदों, मन्दिरों के लोग उसकी चार बातें सुन लें तो आदमी बन जाएँ। शेर जाते-जाते एक बात और कह गया, 'तुम मुझे लाख गुस्सा दिलाओ, मैं तुम्हें नहीं खाऊँगा। तुम अभी बहुत छोटे हो, हमारे यहाँ छोटों पर गुस्सा दिखाने की रीति नहीं है। आदमी तो इस रीति को भी नहीं जानता, नहीं मानता।'

सपने सपने ही रह जाते हैं। लल्लू का वह सपना भी सपना ही रह गया।

वह धीरे से बेंच पर से उठा। झोला उठाया और बम्बे की तरफ गया, नहाने-धोने से फिर भीगे कपड़ों की सांसत साथ होती इसलिए यह काम काठालबाड़ी के लिए छोड़ा। दातून कर ली, मुँह धो डाला।

तब तक लाइन क्लियर हो गया। कुछ सौदा सुलुफ बेचनेवाले प्लेटफार्म पर भी आ गए थे। लल्लू ने कुछ पैसे खर्च कर डाले और नाश्ता पानी कर लिया।

थोड़ी देर में रेलगाड़ी आ गई। उसने डिब्बे में घुसने के बाद कुरीग्राम की भूमि को प्रणाम किया। एक रात में कितना कुछ पाकर लौट रहा था वह।

इलाज का दर्द

काठालबाड़ी स्टेशन पर गाड़ी से उतरकर लल्लू जब भुजंग बाबू के घर पहुँचा तब तक भुजंग बाबू छागलबाड़ी के लिए रवाना हो चुके थे।

लेकिन इसमें लल्लू को क्या परेशानी थी! घर में उसे सबका प्यार मिला था। उसने दो घड़ी बातें कीं। फिर नहाया-धोया। समय पर भोजन किया। उसके लिए खास भोजन बना था। माँ जी की आज्ञा मानकर भोजन के बाद वह बिस्तर पर लेट भी गया। पर आज उसे झपकी भी न लगी।

दुपहर तक घर का काम-धन्धा सिमट गया। अब भुजंग बाबू की बाल विधवा बहन लल्लू के पास आईं। 'चलो तुम्हें गाँव घुमा लाऊँ'–लल्लू से बोलीं। लल्लू तुरन्त राजी, उठकर तैयार हो गया।

इनका नाम था शेफाली लेकिन लल्लू से साल-दो साल ही बड़ी थीं। इसलिए उसके लिए उनका नाम लेने का उस समय के रिवाज में सवाल नहीं उठता था।

शेफाली के साथ लल्लू शाम तक गाँव में इधर-उधर घूमता रहा। शेफाली को देखकर लल्लू को बड़ा दुख लगता था, बड़ा तरस आता था। लेकिन शेफाली यह सब ऐसे झेल रही थी जैसे सब कुछ वैसा ही हो रहा है जैसा उसके साथ होना चाहिए था। करमफल मानकर वह सब कुछ सह रही थी और जिन्दगी को ढोए जा रही थी।

लल्लू को शेफाली कई घरों में ले गई। गाँव के बाहर भी थोड़ा-बहुत घुमाया। एक जगह शेफाली ने लल्लू को चार केले खाने को दिए। लल्लू ने दो ही खाए, दो शेफाली ने खाए। काफी बड़े केले थे। दो खाने से पेट काफी भर सा गया था।

केले देखकर लल्लू को पार्वतीपुर का वह दृश्य याद आ गया जब वह गाड़ी में बैठा था और पैटमैन परिवार से विदा हो रहा था। पैटमैन की लड़की ने भी तो केले लाकर देने को कहा था। तब लल्लू ने इनकार किया था। दोनों जगह केला।

और दोनों ही लड़कियाँ थीं। उम्र भी बराबर ही होगी। एक का विवाह करने की जल्दी, दूसरी बाल विधवा। कैसी है जगह की रीति ! लल्लू ने मन को बरबस इस तरफ से हटाया।

केले का बंगाल में बड़ा महत्व है। शहर हो या देहात–बस कलकत्ता अपवाद है। कलकत्ता के आसपास भी यही हालत है। हर घर के साथ एक गड़हा जरूर होगा और उसमें साल भर पानी रहेगा। कुछ केले के पेड़ जरूर होंगे और एक कोने में बाँस जरूर लगाए गए होंगे। इन तीन के बिना वहाँ की गिरिस्ती पूरी नहीं मानी जाती। गड़ही में एक जोड़ा हंस, यानी बत्तख तैर रहा हो तो क्या कहने हैं !

केले का प्रयोग पौष्टिक आहार के रूप में या सब्जी के रूप में पूरे देश में होता है लेकिन बंगाल में केले का ही नहीं उसके पत्तों, छाल, तने तक की महिमा पूरे देश से ज्यादा है। पूजा और शुभ कामों में तो उसके बिना काम नहीं चलता।

पूरे देश में केले की कई जातियाँ हैं, उसके अलग-अलग स्वाद हैं तो गुण भी होंगे। बंगाल में केले की कई जातियाँ हैं। एक केला कजरीवन का कहा जाता है। वहाँ लोग बताते हैं कि देश भर की देहाती कहानियाँ और ढोलक पर गाए जानेवाले गानों में प्रसिद्ध कजरीवन वास्तव में बंगाल का कदली वन है। वन वह केले का है लेकिन उसमें कभी जंगली हाथी भी मिलता था। वहाँ एक केला ऐसा भी होता है जिसमें बड़े-बड़े बीज होते हैं। यह केला पार्वतीपुर स्टेशन के प्लेटफार्म पर भी मिल जाता है।

पार्वतीपुर स्टेशन के करीब की एक घटना लल्लू को आज तक याद है। माता-पिता को प्लेटफार्म पर छोड़कर उस दिन वह कुछ दूर एक गाँव की तरफ निकल गया था।

गाँव में किसी को साँप ने डस लिया था। कुहराम मच गया था। झाड़नेवाले बुलाए गए थे पर अब तक आए नहीं थे। तब तक एक बूढ़े को न जाने क्या सूझा, उसने केले के पत्तों और डंठलों का रस एक कटोरे में निचोड़ा और यही दो गिलास उस गरीब को पिला दिया जो अब मरा तब मरा था। उससे जहर उतर गया था। झाड़-फूँक करनेवाले आए और टोटके करके चले गए लेकिन मरीज तब तक चंगा हो चुका था।

लल्लू यह नहीं जानता कि यह असर उसी तरफ के केले में है या सब केलों में। यह भी वह क्या जाने कि साँप कैसा विषधर था ? बाद में लल्लू ने यह इलाज कभी सुना नहीं, किसी ने इसकी जाँच-पड़ताल भी नहीं की।

इसी तरह अपने गाँव के शुबराती चाचा की याद लल्लू को आज तक है। वह चिकवा थे, बकरे हलाल करते थे, बाद में हज कर आए तो जीव हत्या बन्द

कर दी। मांस-मछली खाना भी छोड़ दिया। लेकिन उनका एक गुण पूरे जंवार के लिए नियामत बन गया। वह हड्डी टूटने पर जोड़ने और मोच ठीक करने के उस्ताद थे। लोग कहते थे कि वह बटेर की टूटी टाँग भी बैठा सकते थे। वह चबूतरे पर बैठे-बैठे तसबीह चलाते रहते और लोग कोसों दूर से उनके पास दौड़े आते थे। इस काम का कभी उन्होंने एक पैसा नहीं लिया। जड़हन का भात पकवाकर जरूर लाने को कहते थे। उसे टूटी हड्डी के दर पर और सब तरफ दूर-दूर तक लेसकर ऊपर से मदार का पत्ता तीन दिन बँधवाते थे। हड्डी नरम होने के बाद बैठा देते थे और खपच्ची बाँध देते थे। तेरह दिन बाद मरीज एकदम दुरुस्त हो जाता था। एक आध के तो उन्होंने बकरे की हड्डी भी तराश कर लगाई थी। देखने में बेडौल जरूर हो गया लेकिन काम में कोई दिक्कत नहीं आई थी। शुबराती ने खूब जस कमाया। बहुत पुण्य लूटा लेकिन उनका गुन किसी ने न सीखा। शुबराती अपना गुन लिए कब्र में चले गए।

लल्लू का एक बार पुलिस लाठीचार्ज में बायाँ हाथ टूट गया था। पुलिस के डर से भाग खड़े होना भी जरूरी था। जल्दी से जल्दी सूबे की सीमा लाँघनी थी। अस्पताल में जाना, डॉक्टर के यहाँ जाना, रेल पर चढ़ना–सभी में जोखिम था। शुबराती चाचा कहाँ मिलते ? इसलिए एक स्काउट दोस्त से उल्टी-सीधी खपच्ची बँधवाकर पैदल भाग निकला था। घटना बहुत बाद की, तब की है जब लल्लू उत्तर प्रदेश में बसा था। लेकिन तब उत्तर प्रदेश कहाँ था, तब तो मुमालिक मुतहद्दा आगरा अवध था जिसे हिन्दी वाले संयुक्त प्रान्त भी कह लेते थे।

न सहे जाने लायक दर्द को भी दबाए वह तेज चाल से चला जा रहा था। यही कानपुर शहर से आगे झाँसीवाली सड़क पर था–कालपी अभी दूर था। पुखरांया के आसपास कहीं रहा होगा। बाईं तरफ एक गाँव पड़ता था रनिया। उस दिन वहाँ बाजार लगी रही होगी। यह पता चल रहा था। लेकिन देहाती बाजार दिन ढलते उठ जाती है सो उठ चुकी थी। अब वहाँ इक्का-दुक्का आदमी ही होंगे। उधर से कोई बूढ़ा किसान खुरपी हाथ में लिए जा रहा था। लल्लू एक जगह खड़े होकर कराह रहा था। करीब-करीब रोने सा लगा था। बूढ़े को दया आ गई। उससे पराई पीर देखी न गई। पास आकर सवाल पूछा।

तुरन्त उसने खपच्ची को पट्टी सहित खोलकर फेंक दिया। पास में एक भाड़ था जो दिन में भुजवे ने बाजार के लिए जलाया रहा होगा। अब वहाँ कोई न था लेकिन भाड़ अब भी गरम था। बूढ़ा लल्लू को उस भाड़ के पास ले जाकर बोला–'तुम तब तक इसी पर हाथ उलट-पलटकर धरो और खूब सेंक लो। मैं अभी दवाई लेकर आता हूँ। सब ठीक हो जाएगा।'

बूढ़ा थोड़ी दूर जाकर कुछ खोदने लगा। दो एक जड़ें निकालीं। ऊपर की पत्तियाँ तोड़कर फेंकते हुए किसी तरफ चला गया। कुछ ही देर में वह एक कटोरी और एक लुटिया में पानी लिए लौटा। कटोरी में ऊपर तक शायद वही जड़ महीन-महीन पिसी, उबटन जैसी धरी थी। उसने काफी उबटन तो लल्लू के हाथ में, जहाँ टूटा था वहाँ और यही चार अंगुल ऊपर नीचे लेस दी। करीब आधी दवा बची। उसमें पानी डालकर घोल दिया और कहा नाक दबाकर पी जाओ। लल्लू उसे पी गया। बेहद कड़वी थी–कुनैन भी कम कड़वी होती है। उधर हाथ पर का लेस जरा देर में सूख गया। लल्लू के हाथ का दर्द जाता रहा। तब से आज तक उस हाथ में कभी दर्द न हुआ। हड्डी ठीक बैठी न थी, जैसी थी वैसी जुड़ गई। हाथ कुछ टेढ़ा जरूर हो गया है लेकिन मजबूती में कोई फर्क नहीं है। लल्लू के बदन पर यों बहुत चोटें हैं। सब बीसों बरस बाद आज तक जरा सर्द हवा चलने पर पिराती हैं, टीस उठती हैं। अकसर वह कराहता है। मगर इस चोट में कभी दर्द नहीं उठा। गजब की दवा थी।

उस दवा का नाम, पहचान, अनुपात कुछ भी तो लल्लू नहीं जानता। वह बूढ़ा भी अब राम को प्यारा हो गया होगा। अब किससे पता लगेगा ! कौन जाने बूढ़े ने किसी को अपना गुण बताया भी होगा या नहीं ! बूढ़ा तो तुरन्त चला गया था। लल्लू रात वहीं बिताकर सबेरे रवाना हो गया था। बनजारे का पड़ाव था। एक पड़ाव पर जरा देर का साथ हुआ पर यह साथ क्या जिन्दगी भर भुलाए भूलेगा!

लल्लू को इसी तरह जगह-जगह आँख-कान की दवा, दाँत की दवा, घाव की दवा, जुकाम, सर्दी, न्यूमोनिया की रामबाण दवा जाननेवाले मिले हैं। कहीं इन सब ज्ञानियों का ज्ञान जमा हो जाता, जाँच कर उन्हें लिख-पढ़कर किताब में या बतकही के द्वारा गाँव-गाँव पहुँचा दिया जाता तो कितना उपकार होता! लेकिन यह काम कौन करेगा? लल्लू में तो अब इतना पौरुख नहीं, फिर पुरानी यादें न बिसरें, उनके चिह्न तो मिट जाते ही हैं। कभी यह काम होगा भी या नहीं–इस प्रश्न का उत्तर लल्लू को कहाँ मिलेगा।

उस दिन इतना सब लल्लू कहाँ सोच पाया था। फिर भी केले के रस की बात तो तभी से मन में समाई है। घूम-फिरकर लल्लू शाम तक घर आ गया। थोड़ी देर में भुजंग बाबू भी आ गए। कुछ देर तक बाहर पेड़ तले गाँववालों से बातचीत का सिलसिला चला। फिर घर में आकर भोजन किया। लल्लू के लिए पश्चिमी वैष्णवी इन्तजाम था।

रात में लेटने के बाद भी भुजंग बाबू और लल्लू में बात होती रही। सबेरे

तड़के नहा-धोकर पूजा-पाठ करके भुजंग बाबू ने लल्लू को उठाया। उसने भी नहा-धोकर कपड़े बदल लिए। दोनों ने जलखई की। झोला ठीक किया। उसके खाने-पीने को कुछ रख दिया गया। भुजंग बाबू का बक्सा तैयार था। एक आदमी ने सामान उठाया। सब स्टेशन आ गए। अब दोनों ढाका की गाड़ी पर सवार थे।

चिढ़ई तबीयत

ढाका के प्लेटफार्म पर पाँव रखने से पहले की ऐसी कोई बात नहीं थी जो याद रखने लायक थी। इस प्लेटफार्म पर कौन था जो भुजंग बाबू को नहीं जानता था। कई लोग पैर छूकर आशीर्वाद लेने के लिए लपक पड़े। कुछ ने उनका असबाब उतारकर प्लेटफार्म पर रख दिया। स्टेशन मास्टर और माल बाबू भी उनको सलाम करने आए थे। भुजंग बाबू ने अपना असबाब उन्हीं लोगों के जिम्मे छोड़ा। इत्मीनान था कि कोई-न-कोई उनके घर तक पहुँचा ही देगा। लल्लू की उँगली पकड़ी और स्टेशन से निकल पड़े। स्टेशन के एक बाबू को अपने घर की चाभी देते गए। लल्लू ने अपना झोला वहाँ न छोड़ा। दोनों जने चल लिए। भुजंग बाबू को जल्दी थी पंडित के सामने हाजिरी देने की। न जाने क्या बात है जो तुरन्त बुलाया गया था? उधर लल्लू का दिल बैठा था, न जाने दो बुजुर्ग मिलकर कौन-सी स्कीम बनाएँगे उसके खिलाफ ? न जाने कैसी फाँसी लगेगी।

पंडित जी के घर पर जाकर भुजंग बाबू ने दस्तक दी ! पंडिताइन ने दरवाजा खोला और सामने भुजंग बाबू को देखकर धोती का पल्ला सिर पर थोड़ा आगे खिसकाते हुए उन्हें अन्दर बुलाकर वहीं बरोठे में एक मोढ़े पर बैठने को कहा। झपटकर भीतर गईं और मुरब्बे के दो आँवले कटोरी में, पानी एक गिलास में लाईं। कटोरी भुजंग बाबू के हाथ में देकर गिलास अपने हाथ में लिए खड़े-खड़े बोलीं–'वह तो कहीं चले गए हैं। कल दिन भर आपको ओनाते रहे। आज तो लौटने में देर लगेगी।'

हाजिरी लग ही गई थी, भुजंग बाबू ने कटोरी भाभी के हाथ में पकड़ाकर पानी पीने के बाद कहा–'मैं तो घबरा गया था, स्टेशन से सीधे आ रहा हूँ। तो मैं घर चल रहा हूँ। शाम तक फिर आऊँगा। कोई खास बात हो तो पंडित जी को घर भेज देना। मैं कहीं जाऊँगा थोड़े ही। कोई खास मुसीबत पड़ गई है क्या ?' पंडिताइन ने इस समय कुछ ज्यादा कहना उचित नहीं समझा। 'अरे नहीं, यूँ ही बुला लिया होगा' कहकर टाल गईं। भुजंग बाबू भाँप गए कि कुछ ललुआ

का ही मामला है। फिर भी दो-एक बातें दोनों जगहों के हाल-चाल की बाबत पूछ-ताछकर वह चल ही दिए। पंडिताइन ने दरवाजा भेड़ा और भीतर जाते हुए ललुआ को पुकारा।

ललुआ घर में कहाँ था! उसने भीतर जाकर झोला एक खूँटी में लटकाया। उसी झोले में जेब की जायदाद भी डाल दी। एक रुपया जेब में रहने दिया। गुलेल निकालकर हाथ में ले ली। अम्मा बैठक में भुजंग बाबू से बात कर रही थीं। उसे मौका मिल गया था। दोनों की आँखें बचाकर दूसरे आम रास्ते वारे मोहरा से निकलकर एक-दो-तीन हो गया था। पंडिताइन को अब यह सब मालूम हुआ। बड़बड़ाती हुई बोलीं, कै साल का लड़का है, अभी आया नहीं कि फिर निकल गया। इसके घर में पाँव नहीं थमते। घुमक्कड़ी से इसका पेट कभी भरेगा क्या?

लल्लू ने शहर की दुकान से बना चबैना लेकर जेब में ठूँसा और शहर के बाहर निकल गया। कुछ दूर पर एक गाँव है श्री नन्दनपुर। छोटा-सा पुरवा है। लल्लू इसी तरफ निकल गया।

गाँव में पहुँचते ही क्या देखा कि राय चौधरी बाबू के घर के बाहर कुछ लोग जमा हैं। चीं-चीं मची है। राय चौधरी की आवाज सबसे बुलन्द सुनाई दे रही है। न जाने क्या माजरा है! लल्लू उधर ही चला गया।

राय चौधरी बाबू यों तो साधारण आदमी थे। खास बात एक थी लेकिन वह भी कोई बहुत अजूबा नहीं। राय चौधरी बाबू बैंगन से चिढ़ते थे। वह यह शब्द सुनना भी नहीं चाहते थे और लड़के उन्हें बैंगन दिखाकर या बैंगन कहकर चिढ़ाते थे।

हर गाँव में कोई-न-कोई ऐसा होता है जिसकी कोई-न-कोई चिढ़ लड़कों की पकड़ में आ जाती है। उस चिढ़ का मजे के लिए इस्तेमाल लड़के तो करते ही हैं, बड़े-बूढ़े भी करते हैं। लल्लू के अपने गाँव में तो ऐसे एक छोड़ दो थे। एक की चिढ़ थी राधेश्याम और दूसरे की थी करेला। अकसर उन दोनों के बीच आमने-सामने करेला-पूड़ी और राधेश्याम चिल्लाने का टूर्नामिंट हो जाता था। उसका मजा मालूम था लल्लू को, पर यहाँ मामला कुछ अधिक पेचीदा लग रहा था।

यों राय चौधरी बाबू की इस चिढ़ का इतिहास लल्लू को पहले से मालूम था। वह जगन्नाथ पुरी तीर्थ करने गए थे। वहाँ वाणी से झूठ का और भोजन में बैंगन का त्याग कर आए थे। त्याग भी ऐसा-वैसा नहीं। एक बार मुँह से झूठ निकल जाए या बैंगन का स्पर्श हो जाए तो दुबारा स्नान करें और कम-से-कम दस बार 'ओऽम नमो भगवते वासुदेवाय' का उच्चारण करें। बैंगन से कोई चीज

छू जाए तो वह भी उनकी नजर में अपवित्र हो जाती थी। लेकिन ऐसी चीज को छूकर नहाना जरूरी न था–एक और मन्त्रोच्चारण काफी था।

उनके यह दोनों त्याग दूर-दूर तक लोगों के लिए चिढ़ बन चुके थे। शरारती लड़के उन्हें घेरते और पूछते राय चौधरी दादा, सोना गाछी कोथाय? सोना गाछी कलकत्ता में धर्मतल्ला की ही तरह, वेश्यावृत्ति के लिए प्रसिद्ध है। उसका नाम पूरे बंगाल में कौन नहीं जानता! लेकिन क्रोध में आकर राय चौधरी बाबू लड़कों से कह बैठते–आमी जानी ना। लड़के हँसते हुए चल देते। तब तक राय चौधरी बाबू को अपने त्याग और प्रण का ध्यान आ जाता। वह दुबारा लड़कों को पुकारकर बुलाते और कहते–'जानता हूँ, बताऊँगा नहीं, क्या कर लोगे।' लड़कों का काम पूरा हो गया होता। राय चौधरी दुबारा स्नान करने के लिए चल देते। जाड़े के दिनों में यह चिढ़ उन्हें खास तकलीफ देती थी।

यही हाल बेचारे बैंगन का था। आज का मामला बहुत टेढ़ा हो गया था। पड़ोस के किसी घर में राय चौधरी के घर से दो-तीन फूल की थालियाँ माँगी गई थीं। तब तक किसी ने आकर कह दिया कि इन थालियों में बैंगन खाया गया है। राय चौधरी बाबू की खास हिदायत रहती थी कि उनके बरतनों में बैंगन न छुआया जाए। लोग खयाल भी रखते थे। लेकिन आज तो उनके घर के बरतन, उनका आँगन अपवित्र हो गया था। पड़ोसी ने लाख समझाया, लोगों ने समझाया कि ऐसा नहीं हुआ, भला कोई आपके साथ ऐसा कर सकता है ! लेकिन राय चौधरी मानने को तैयार न थे। दलील यह थी कि कोई मुझसे झूठ क्यों बोलेगा ? हँसी निरहंस में बदल चुकी थी। इसी की चीं-चीं मची थी। लल्लू इसी मजमे में पिलकर कुछ आगे की तरफ अपनी जगह बना चुका था।

जहाँ तक बैंगन की चिढ़ थी, बड़े-बूढ़े भी रस लेने में कम न थे। एक बार तो एक बूढ़े ने ठेलुहाई में यहाँ तक कह दिया था कि सोना गाछी में छोकरियाँ औरों पर तो फूल या कली फेंकती हैं लेकिन राय चौधरी पर वहाँ बैंगन फेंका जाता है और उसके बाद बेचारे बस्ती से भागकर गंगा स्नान करते हैं। ऐसी बातों पर चिढ़कर राय चौधरी बड़बड़ाते तो बहुत थे लेकिन बाद में मामला रफा-दफा और सब कुछ बदस्तूर हो जाता था। इस तुलना में आज का मामला काफी टेढ़ा हो गया था। बड़े-बूढ़ों की समझ में नहीं आ रहा था कि क्या करें, क्या कहें, मामला कैसे निपटे ?

काफी देर चौं-चौं मची। इसके बाद एक बूढ़े से न रहा गया। मजमे में घुसकर बोला–अच्छा भाई, मैं सब मामला ठीक कराए देता हूँ। मुझे निदान सूझ गया है। राय चौधरी का मुँह उसकी तरफ घूमा तो बाकी आँखें भी उसी ओर

मुड़ गईं। बूढ़े ने समझाते हुए कहा कि भाई जिसने तुम्हारी थाली मँगवाकर उसमें बैंगन रखकर खाया है तुम उसके घर की थाली मँगवाओ और उसमें गू रखकर खा लो।

एक दफे में तो यह बात राय चौधरी की समझ में न आई। कुछ देर बाद वह समझे तो हँसी रोकते हुए घर के भीतर घुस गए। पता नहीं उन्होंने स्नान किया या नहीं, घर के बरतनों को पता नहीं कैसे शुद्ध किया होगा! फेंके तो वे नहीं ही गए। राय चौधरी बड़ी देर घर से नहीं निकले। भीड़ छँट गई।

लल्लू को बहुत मजा आया। वह वहाँ से चला तो उसका दुख दूर हो चुका था। अब वह घर वाली बड़ी अदालत का फैसला सुनकर सजा काटने को तैयार था। वह जब घर लौटा तो बड़ी अदालत बैठकर फैसला कर चुकी थी। शायद यही तय हुआ था कि उससे बहुत कुछ कराना है इसलिए उस बीच डाँट-फटकार बन्द कर दी जाए। कहीं भाग गया तो फैसले पर अमल कैसे होगा! अम्मा ने उसे बड़े प्रेम से भोजन कराया और सुला दिया।

कयामत

दूसरे दिन कचहरी का फैसला सामने आ गया। पंडित जी ने उसे पुकारकर बुलाया। पंडिताइन भी वहीं थीं। पास में एक कुशासनी लपेटी धरी थी। बंगला अक्षरों में छपी एक दुर्गा सप्तशती, एक सन्ध्या की किताब, एक हवन विधि तख्त पर धरी थी। एक नारियल, कुछ सुपारी, चन्दन की लकड़ी, हुरसा, हवन सामग्री, कुछ कुश, सिन्दूर वगैरह भी आ गया था। पंडित जी कुशों की कुछ पेंती बनाकर रख चुके थे। लल्लू को आते ही समझाने लगे। देखो, मैंने भुजंग बाबू की सलाह लेकर तय किया है कि तुम रोज सबेरे चार बजे उठकर आध घंटे में फारिग होकर, नहाकर तैयार हो जाया करो। इसके बाद तुम्हें रोज सबेरे सन्ध्या करनी चाहिए, हवन करना चाहिए। अगली शुक्ल प्रतिपदा यानी सुदी परेवा से नौ दिन तक तुम दुर्गा पाठ कर डालो। नौ पाठ के बाद हवन होगा। मैं तुम्हें सब सिखा दूँगा।

इसके बाद सिखाने का काम शुरू हुआ वैसे ही जैसे नाटकों में रिहर्सल होता है—लल्लू को संस्कृत नहीं आती थी तो क्या हुआ! शुरू इससे हुआ कि आधी धोती पहनकर, आधी ओढ़कर कुशासनी पर पलथी लगाकर कैसे बैठा जाता है। इसके बाद मन्त्र और श्लोक कैसे पढ़ा जाता है, सिखाया गया। कई-कई बार अभ्यास कराया गया। दुर्गा सप्तशती कई बार जोर से पढ़वाकर सुनी गई। यही हाल सन्ध्या हवन मन्त्रों का हुआ। गायत्री मन्त्र कई बार पढ़ते-पढ़ते रट गया। उच्चारण हिज्जे और लयगति पर पंडित जी बहुत ध्यान देते थे। पंडिताइन का रामायण पाठ लल्लू ने सुना था। सचमुच वह पाठ सुनकर कोई भी अपनपौ खो देता था। पंडिताइन से पंडित जी ने कहा तुम अपने साथ पाठ में लल्लू को जब मौका मिले बैठा लिया करो। मैं लल्लू के लिए उर्दू हरफों में छपी तुलसी की रामायण ला दूँगा, उसी को पढ़ते हुए वह साथ देगा। ध्यान, हवन, संकल्प की पूरी विधि समझाई गई, पूछी गई। पंडित जी ने इतमीनान कर लिया कि लल्लू सब काम दुरुस्त कर लेगा।

पंडित जी को कोई भरम न था। वह मानते थे कि खाली दिमाग शैतान का घर होता है। शैतान को घर से भगाने का यही तरीका उन्होंने सोचा था कि

स्कूल तो लल्लू जाए ही, उसके अलावा खाली न बैठने पाए। उन्होंने बताया कि अभी कुछ दिनों में कृत्तिवास रामायण का पुछल्ला भी वह लगाने की सोच रहे हैं। इसके अलावा मौलवी मखदूम हसन से कह दिया है कि वह अगली पहली से रोज आएँगे और लल्लू को उर्दू-फारसी पढ़ाएँगे। एक घंटा वह बैठेंगे। उनके जाने के आधे घंटे के अन्दर श्रीमान भुजंग भूषण भट्टाचार्य आएँगे। वह अंग्रेजी और हिसाब पढ़ाएँगे।

मतलब यह कि सन्ध्या, गायत्री, हवन तो इब्तिदा थी इन्तिहा कहीं और थी। रिहर्सल में ही लल्लू की आधी जान निकल गई थी। ड्रामा शुरू होने पर क्या गति होगी—यह सोचकर वह काँप उठता था।

अभी तो सन्ध्या, हवन, दुर्गापाठ की ही बात थी। उससे लल्लू निपट लेगा। लेकिन बाद की भयानक मंजिल से बचने के लिए उसे कुछ करना पड़ेगा। वह जाल में फँसे पंछी की तरह तड़फड़ा रहा था।

वह कुछ करेगा जरूर लेकिन क्या करेगा ? किसी से सलाह-मशविरा करने का मौका नहीं। उसके जिगरी दोस्त कई हैं। सब एक से एक बढ़कर, सलाह देने में माहिर, उस्तादों के कान काट लेनेवाले। लेकिन वह तो सब छुट्टियों में बाहर गए होंगे। वह जल्दी काहे को लौटेंगे ? जब तक लौटेंगे तब तक लल्लू के पर सय्याद कतर चुका होगा। वह बाहर इन्तज़ार करेंगे कि लल्लू गुलेल लेकर आएगा और लल्लू यहाँ सोरह दूनी आठ पढ़ रहा होगा। वह सोचेंगे घर-घुसना हो गया। हाय राम कितनी लज्जा की बात होगी ! दो-तीन दिन भी न गया तो कैसे उन्हें मुँह दिखाएगा ! उसकी पीर घर में कोई समझने वाला नहीं था। ऐसी जिन्दगी से मौत भली। लल्लू पर सचमुच बड़ा सितम हो गया था। और जितना हुआ उससे कई गुना ज्यादा आगे होनेवाला था। अभी तो खेल शुरू नहीं हुआ, रिहर्सल चल रहा है। खेल शुरू हो जाने पर क्या होगा ! ऊपरवाला भी नीली छतरी के ऊपर से कुछ नहीं देखता, कुछ नहीं सुनता।

पंडिताइन पंडित जी को रोज ही समझाती थीं। देखो नए बछड़े को पहले घसीदा में नाधा जाता है। बाद में उसके कन्धे पर हल का जोठ या बैलगाड़ी का जुआ धरा जाता है। ऐसा न करना कि पहले ही दिन से यह सब लल्लू पर बोझ बन जाए और वह पोथियाँ नोच-नाचकर बराबर कर दे। वह अपनी तरफ से कोशिश करती थीं। लल्लू को प्यार से पास में बैठाकर उसके सिर पर हाथ फेरते हुए इन पोथियों और पूजा-पाठ के लाभ समझाती थीं। मौके-बेमौके लल्लू को बाहर खेलने-कूदने भी जाने देती थीं। लेकिन लल्लू का दिल बैठ चुका था। उसका कहीं मन न लगता था। एक तो दोस्त-मित्र अभी आए नहीं थे। दूसरे जब दिल

में तरंग न हो तो दिल रुलाया करेगा। माँ का प्यार उसे ऐसा ही लगता था जैसे कोई सामने एक भेंड़हा बाँधकर तब उसकी नजर के आगे किसी बकरी को बड़े प्यार से हरी पत्तियाँ खिलाए।

पंडित जी यह सब समझते-बूझते थे। वह हमेशा इसी उम्र के न थे। उन्हें भी अपना बचपना याद था। लेकिन लोक धर्म निभाने की मजबूरी थी। पंडिताइन की बात में हुँकारी भरते, लल्लू पर प्यार भी उड़ेलते और बीच-बीच में पंडिताइन को ताकीद भी करते जाते, 'देखो यह अनुष्ठान शुरू हो जाए तो इसमें बाधा नहीं आनी चाहिए। लल्लू पर निगाह तुम्हें रखनी होगी कि बीच अनुष्ठान में लल्लू कहीं उड़न छू न हो जाए। यह जिम्मेदारी तुम्हारी है।' मुहल्ले में कुछ जवान इसके लिए तैयार हो गए थे कि लल्लू कहीं नदारद होगा तो पल मारते खोज लाएँगे। वह लल्लू की रग-रग पहचानते थे, राई रत्ती से वाकिफ थे। 'रुई की तरह गति कै धुनाई' जैसे मुहावरों का सही मतलब तो उसकी पीठ भी पहचानती थी।

यह सब जान-बूझकर लल्लू का मन काँप उठता था। अकेले में वह अपनी गुलेल को गले लगाकर खूब रोता था। बाद में गुलेल फिर छिपाकर रख देता था। सोचता था–यह गुलेल भी अपने भाग्य पर रो रही होगी। किस मनहूस घड़ी में किस मरदूद के हाथों में पड़ गई है। लेकिन मेरी प्यारी गुलेल भी देखती होगी कि यह सब मैं अपने मन से नहीं कर रहा हूँ। मेरे बन्धन क्या वह नहीं देखती होगी। लोग कहते हैं कि मार के डर से भूत भागता है। सब जानते हैं कि मेरा मन शरीर की मार के डर से कभी नहीं दबा। ये लोग अपना नुस्खा बदल रहे हैं। भूत भगाने के लिए पोथियों की मदद लेते जा रहे हैं। है न कयामत ?

नेक मौलवी

कुछ पंडिताइन के समझाने से और कुछ भुजंग बाबू की सलाह मानकर पंडित जी कचहरी के फैसले के अमल के मामले में वाजिद रहकर भी कयामत के दर्द को लल्लू की बरदाश्त की हद के भीतर ले जाने को राजी हो गए थे।

अब स्कीम यह थी कि कैदी को चक्कर में तो डाला जाए लेकिन वैसे ही जैसे पंडिताइन कहती हैं। यानी जब तक दुर्गा पाठ का अनुष्ठान चले तब तक मौलवी मखदूम हसन न आएँ और भुजंग बाबू भी उसके बाद घर पर पढ़ाने आना शुरू करें। सन्ध्या हवन की कोई बात नहीं है। वह तो रोज जीवन भर चलना चाहिए—ब्राह्मण वंश के बेटे के लिए यह कोई भार नहीं है।

लल्लू यों तो भुजंग बाबू से काफी हिला था लेकिन पढ़ाई के मामले में वह कितने खौफनाक थे यह भी वह बखूबी जानता था। पढ़ाते समय भीगी हुई बेंत उनके हाथ का साथ कभी नहीं छोड़ती थी और पड़ने वाली पीठ की तरफ वह लपलप करके ऐसी झपटती थी कि चूहे की तरफ साँपिन भी उससे तेज क्या झपटती होगी। रहे मौलवी मखदूम हसन। उनके दम का जहूरा किसे नहीं मालूम था।

यों मौलवी साहब काफी नेक आदमी थे। मस्जिद से मिले मकान में ही रहते थे। पाँचों वक्त की नमाज अदा करते थे। जकात के पाबन्द थे। रोजे पूरे रखते थे। हज नहीं कर पाए थे लेकिन इरादा पक्का था कि खुदा ने बरकत की तो वह फर्ज भी जरूर पूरा करेंगे। दिन में कई मर्तबा दोहराते थे—अल्लाह सबका भला कर, सब तेरे बन्दे हैं। गुस्सा जरूर बहुत आता था। लेकिन इसको वह क्या करते! खुदा की मरजी, उसे यही मंजूर होगा। इसको भी वह क्या करते कि मिजाज अकीदे पर भारी पड़ता था। घर में बेगम थीं—डील-डौल में उनकी दूनी तो गरम मिजाजी में उनसे तीन गुनी। यों वह भी बेहद नेक, मजहबपरस्त थीं। सबके दुख में मदद करती थीं। छोटी-बड़ी मिलाकर नौ औलादें थीं। सबकी सब लड़कियाँ। इस बीच मुहल्लेवाले किसी और की आमद का इन्तजार कर रहे थे। ज्यादा देर

नहीं थी–बहुत लगेगा तो यही दो महीना।

इस मामले में मौलवी साहब कसूरवार बिलकुल न थे। वह तो चाहते थे कि एक लड़का हो जाए और बस हो, लेकिन अल्लाह ने उनकी न सुनी और रब की कुदरत तो देखिए। वह एक न आया। ये नौ ढेर हो गईं। अबकी शायद रब उनकी सुन ले। लड़के की ख्वाहिश इतनी जोरदार थी कि चढ़ती उम्र में एक बेगम के रहते एक और शादी भी कर ली थी लेकिन खुदा की मर्जी, वह भी पहली बार में एक लड़के के बजाय दो जुड़वाँ लड़कियाँ बड़ी बेगम की गोद में देकर खुद कब्र में लेट गईं और अब हस्ब के मैदान में इंसाफ का इन्तज़ार कर रही हैं। इसमें भला मौलवी साहब का दखल कहाँ था !

मौलवी साहब के दाढ़ी थी, होनी ही चाहिए। इसको भी वह क्या करते कि बाल घने नहीं थे और दाढ़ी एकदम गाय की दुम जैसी रह गई थी।

इस मुहल्ले के लड़के बहुत शैतान थे, न किसी को मानते हैं, न कुछ समझते हैं, उनसे खुदा ही समझेगा। मौलवी साहब से छेड़खानी करते उन्हें शर्म भी नहीं आती थी। लिहाज तो उन्हें किसी का छू ही नहीं गया था। तीन-चार जमा होते और छेड़कर कहते–ओ मौलवी मुखेदुम, क्या खुदा की कुदरत, जैसा नाम वैसा रूप, अल्ला हो अकबर। मौलवी छड़ी लेकर दौड़ते तो सब तितर-बितर हो जाते।

मौलवी साहब की हुलिया कभी न बदली। ताजिन्दगी। सिर पर एक ऊँची दीवार की कपड़े की गोल टोपी, आँखों पर मोटे शीशों वाला चश्मा जिसकी एक कमानी टूट गई थी, और शीशा तागे से बाँधकर कान में लपेटा जाता था। अलीगढ़ कट पाजामा पिंडलियों से ऊपर तक, पाँवों में स्लीपरनुमा चट्टी, बदन पर कुरते के ऊपर शेरवानी जिसके बटन अकसर खुले ही रहते थे।

वह घर के पास के मिडिल स्कूल में उर्दू-फारसी पढ़ाते थे। बंगाली बच्चों के तलफ्फुज से उन्हें बहुत शिकायत थी। यही लड़के उन्हें परेशान भी करते थे। इसके अलावा मस्जिद में कुछ बच्चे-बच्चियाँ जमा हो जाते थे। उन्हें भी मौलवी साहब रोज बिला नागा पढ़ाते थे।

एक तारीफ मौलवी साहब की दूर-दूर तक थी। तिलावते कलाम पाक के लिए वह दूर-दूर से बुलाए जाते थे। कुरान शरीफ का पाठ वह बहुत लवलीन होकर करते थे। आयत ऐसे बोलते थे कि सुननेवाले मुग्ध होकर बिना कुछ समझे भी यों सुनते रहते मानों सँपेरे की बीन पर नाग झूम रहा हो।

इतने सब गुणों की चर्चा सुनने के बाद भी लल्लू अपनी याददाश्त को क्या करे। लल्लू को वह दिन आज तक याद है जब उसने मिडिल स्कूल की अँगनई में शेरवानी का नाच देखकर ताली बजाई थी और मार खाई थी।

शेरवानी का नाच कैसा ? इसकी भी एक कहानी है।

मिडिल स्कूल के दर्जे में जब मौलवी साहब शेरवानी के सब बटन खोले कुर्सी पर बैठते तो दोनों बगली जेबें कुर्सी के दाएँ-बाएँ लटक आती थीं। कुर्सी वह मेज से एकदम सटा लेते थे तब बैठते थे। खड़े होकर वह पढ़ाते नहीं थे। तख्ता सियाह का उन्होंने कभी इस्तेमाल नहीं किया। लड़के एक-एक दो-दो करके कोई दाहिने कोई बाएँ आता। मेज पर कापी या किताब रखता, कुर्सी से सटकर मेज पर झुककर खड़ा होता और कुछ पूछता या कापी जँचवाता। मौलवी साहब मोटा चश्मा मेज के करीब रखने के लिए सिर झुकाए रहते थे।

बंगाली लड़के उन्हें हैरान करना ही चाहते थे। इसलिए स्कीम बन गई। एक दिन दो लड़के एक दाएँ और दूसरा बाएँ आकर कापी जँचवाने लगे। इसी बीच उन्होंने या किसी और ने मौका पाकर इनकी दोनों जेबों में एक-एक मेढक रख दिया। इसके बाद का हाल सभी सोच सकते हैं।

दोनों लड़कों को धकियाया गया, कुर्सी को वह धक्का लगा कि वह लुढ़क गई। मौलवी साहब फर्श पर धम्म से गिरे। लेकिन जेबें जो थीं उछलती रहीं। मौलवी साहब उठकर चिल्लाते हुए नाचने लगे। जेबें उनके नाच पर अलग ताल दे रही थीं। दर्जे का हँसी के मारे बुरा हाल था। लाहौल विला कूवत अल्ला विल्ला और ऐसी ही कई चीखें सुनकर कई मास्टर और दूसरे दर्जों के लड़के दौड़ पड़े। काफी मजमा हो गया था।

मौलवी साहब का नाच रुकता ही न था। आखिर दो मास्टरों ने उन्हें जबरदस्ती पकड़ा। वह बुरी तरह हाथ-पैर पटक रहे थे। किसी तरह उनकी शेरवानी उतारकर अँगनाई में फेंकी गई। तब जाकर मौलवी साहब को जरा सुकून मिला। वह कुर्सी पर तो न बैठे, खड़े-खड़े हाँफने लगे। हेडमास्टर साहब उन्हें अपने कमरे में लिवा ले गए। जाते-जाते मौलवी साहब मेरी शेरवानी मेरी शेरवानी चिल्ला रहे थे।

उधर अँगनाई में शेरवानी अभी नाच रही थी। नाच क्या था, पूरी जुगलबन्दी थी। लल्लू मौलवी साहब के दर्जे में नहीं था। लेकिन जुगलबन्दी वह भी देख रहा था। बीच में उसने ताली भी बजाई थी। उसे ताली बजाते मौलवी साहब ने भी देख लिया था। उनकी राय लल्लू के बारे में तभी से बेहद खराब थी।

शेरवानी का नाच तो बाद में रुका। जब दोनों मेढक रिहा हुए तब यह बिना टिकट का दोहरा तमाशा खत्म हुआ। तब तक शेरवानी धोबी के यहाँ जाने के काबिल हो गई थी। उस शेरवानी का ऐसा भाग पहली बार जगा था।

लेकिन उससे क्या होता है ! अब वही मौलवी मखदूम हसन लल्लू को रोज घर पर पढ़ाने को आने थे। वह तो अभी से आने को तैयार थे। नेक आदमी तो थे ही। अनुष्ठान के नाम पर उनके आने की तारीख टल गई। मजहब की बात पर वह भी उज्र कैसे करते ! लल्लू के लिए यही राहत गनीमत थी, आगे सांसत का महासागर था। वह किसी अन्धे की तरह अपनी किस्मत की राह टटोल रहा था, उसकी लकड़ी खो गई थी। गुलेल कोई अन्धे की लकड़ी थोड़े ही हो सकती थी।

माला टूट गई

दुर्गा पाठ के अनुष्ठान का आखिरी दिन आ गया। पाठ पूरा हो गया था, हवन भी लगभग पूरा हो चुका था। बस पूर्णाहुति बाकी थी, उसके बाद शान्ति पाठ, काम पूरा। दुर्गा माता कृपा करेंगी।

पूरे नौ दिन पंडित जी सबेरे से मोढ़ा डालकर बैठते। लल्लू की एक-एक क्रिया, एक-एक शब्द पर ध्यान देते। बीच-बीच में बताते चलते। उनकी निगरानी में कोई गड़बड़ी हो ही कैसे सकती थी!

अंग्रेजी के एक लेखक ने कहा है कि जब तक कोई अपनी आजादी गँवाने पर उतारू न हो, वह दूसरे किसी की आजादी छीन नहीं सकता। वह बात पंडित जी पर पूरी-पूरी घट रही थी। लल्लू की आजादी कम करने के लिए वह अपनी आज़ादी गँवा चुके थे। सबेरे से बँधेज बैठते थे। उनका अपना पूजा-पाठ नाम मात्र को रह गया था। यों भी कुछ लोग मुहल्लेवालों को जगाकर सबेरे की नमाज में भेजने का फर्ज इस मुस्तैदी से पूरा करते हैं कि अपनी नमाज अदा नहीं कर पाते। लोग खुद को सुधारने में लग जाएँ तो दुनिया को कौन सुधारे ? दुनिया को सुधारना ज्यादा जरूरी है। एक अपने को सुधारने से क्या होगा ? ऐसे लोग स्वार्थी नहीं होते।

तो अब पूर्णाहुति होने जा रही थी। इसी समय यज्ञ में पशुबलि का विधान है लेकिन वैष्णव पच्छिमी हों या पूर्वी, पशुहिंसा नहीं करते। वह बलिपशु के मुंड का काम जटा समेत नारियल से लेते हैं। वही यहाँ होने जा रहा था। लल्लू के छोटे से हाथ में नारियल, हवन सामग्री आदि अम्मा पकड़वा चुकी थीं। पूर्णाहुति का मन्त्र उसने बोलना शुरू कर दिया था। स्वाहा बोलते ही यह सब हवन कुंड में गिरना था।

इसी बीच एक ऐसी घटना हो गई जिसे कोई सोच भी न सकता था।

अंगनई में दो आमने-सामने की दीवारों पर एक धन्नी रख ली गई थी। वह हवन कुंड के ऊपर पड़ती थी। नीचे अंगनई में हवन कुंड से कुछ दूर एक परात

धरा था जिसके किनारे मँजते-मँजते कुछ धारदार हो गए थे। परात के पास एक हँसिया, घास काटनेवाली नहीं बल्कि वह जिससे बंगाल की तरफ साग, भाजी, मछली वगैरह काटी जाती है, एकदम अवंठ से सटी धरी थी।

अचानक न जाने कैसे मूस, बहुत बड़ा, नेवले के बराबर शायद उसी धन्नी या कहीं और से ऐसा गिरा कि परात के अवंठ या हँसिया की धार से टकराया। ऐसा टकराया कि धड़ रह गया परात में और सिर कटकर पूरे जोर से उछला और हवन कुंड में जा गिरा।

लल्लू के मुँह से स्वाहा निकला ही था। उसके हाथ की सामग्री हाथ में ही थी। इसी बीच यह घटना हो गई।

पंडित जी की जोर की आवाज़ डाँट जैसी सुनाई पड़ी, ठहरो अब हवन कुंड में कुछ नहीं पड़ेगा। पूर्णाहुति हो गई। मन्त्र प्रभाव से देवी ने खुद ही पूर्णाहुति ले ली। हवन हो गया। अब शान्ति पाठ करो और उठो।

पंडित जी समेत सब लोगों के रोयें खड़े थे। कैसे हुआ, क्या हुआ, किसी की समझ में नहीं आ रहा था। परात में तो खून भरा ही था, अंगनई में भी फैल गया था। परात, हँसिया माँजी धोई गई। अँगना धोकर साफ किया गया।

राम गुलाम की पंडिताई के लिए इससे बड़ी चुनौती क्या होती? लड़के ने जीवन में पहली बार मन्त्र बोला, उसका यह फल। वह काँप उठे। मन का क्रोध दबाकर वह बोले–बेटा मेरी बस एक बात जीवन भर मानना। आज से कभी कोई मन्त्र, कोई पाठ, विधि-विधान से संकल्प ध्यान सहित, आचमन या पूर्णाहुति का योग देकर न उठाना। न जाने मन में क्या भाव हो, किसका बुरा हो जाए। अब इन किताबों को तुम सिर्फ किताब मानकर जब मन हो तो पढ़ना। और देखो कल से सन्ध्या हवन भी बन्द। गायत्री का भी जप तुम कभी न करना। उस मन्त्र का अर्थ, किसी दिन मेरे पास बैठना मैं तुम्हें समझा दूँगा।

लल्लू का वह हाल जैसे अन्धे को दो आँखें मिल जाएँ। उसे अच्छी छुट्टी मिली। उसे क्या गरज थी गायत्री का अर्थ समझने की। वह अपनी तकदीर के इस मोड़ पर आ पड़ा।

पंडित जी अपने कौल के पक्के थे। लल्लू को ठीक याद है कि बाद में उसके घर में क्या हुआ था। पुरोहित जी उसे गुरु मन्त्र देने जा रहे थे। अपने और उसके सिर पर अँगौछा डालकर वह कान में गायत्री सुनाने जा रहे थे। उसी समय पंडित जी ने जोर से पुकारकर कहा था–ठहरिए, गुरुमन्त्र देने की जरूरत नहीं। गायत्री उसे आती है, जप उसे करना नहीं है।

लेकिन यह तो बाद की बात है। उस दिन पंडित जी का मन विकल हो

उठा था, आत्मा तड़प रही थी, पंडिताइन अपनी रुलाई बड़ी मुश्किल से रोक पा रही थीं।

अचानक पंडित जी के मन में कोई विचार उठा, कोई संकल्प जगा, उनकी भौंहें तन गईं। उन्होंने गरजते हुए कहा—अब मैं अपनी मन्त्र साधना से सब ठीक करूँगा।

वह नहा-धो तो चुके ही थे। अभी तक एक बूँद जल उनके गले के नीचे नहीं उतरा था। उन्होंने पूजन सामग्री वाली अपनी अलमारी खोली। उसमें से निकला हजारा यानी वह माला जिसमें गुरिया 109 नहीं 1081 होती हैं। दस मालाओं के बराबर एक माला। वह अब खुद मन्त्र शुरू करने जा रहे थे। उनका मन्त्र जप अखंड चलना था, निर्जल निराहार—कब तक, कौन जाने ?

कोठरी में आसन बिछ गया। लोटे में पानी आ गया। दरवाजा भेड़ दिया गया। भीतर संकल्प और ध्यान के बाद मन्त्र जप चलने लगा। हाथों में हजारा चल रहा था और मुँह में था गायत्री मन्त्र। उसमें कोई बाधक बनता, ऐसी शक्ति किसमें थी।

पूरा दिन बीत गया, पूरी रात बीत गई, दूसरे दिन की दोपहरी आ गई। लल्लू एक छिन को घर से बाहर न गया था। अम्मा भी निर्जल, निराहार थीं। लल्लू को कुछ खिलाने की कोशिश उन्होंने की थी लेकिन चूहे वाली घटना से वह खुद इतना डर गया था कि दो घूँट पानी मुश्किल से उसके गले के नीचे से उतरा था।

अचानक कोठरी का दरवाजा भड़ाक से खुला। पंडित जी मुँह लटकाए बाहर निकल रहे थे। आँखों में आँसू लटक रहे थे। पंडिताइन ने बहुत पूछा तो रुक-रुककर बोले—मन्त्र अब खंडित हो गया, माला टूट गई। मेरा कोई बस नहीं चलेगा।

पंडित जी ने घर को चिट्ठी लिखी। ताऊ जी का जवाब आया, उसमें बुआ की भी राय लिखी थी। बुआ निरक्षर थीं। उनकी तरफ से ताऊ ने ही सब लिख दिया था। दोनों ने पंडित को जमकर फटकारा था। बड़े पंडित बनते हो। इतने जरा से बच्चे पर तुम्हें दया न आई। तुम आदमी नहीं जल्लाद हो। इस उम्र के बच्चे पर कहीं ऐसा बोझ डाला जाता है। पंडिताइन को भी फटकार मिली। तुम भी कैसी हो, बच्चे की नटई कटे और तुम देखती रहो। ऐसा पतिव्रत किस काम का? राम गुलाम पर तो धरम और मन्तर का पिशाच सवार है, जो अनरथ न करें सो थोड़ा। दुनिया उबीधा चलते हैं। तुम तो कुछ सोचो-समझो। कुछ सतरें लल्लू को भी लिखी थीं। लिखा था बहुत प्यार दिखाकर कि ये लोग मेरे ललुआ की जान ले लेंगे। इधर गाँववाले, उधर माँ-बाप—बेचारा कैसे जिएगा! भगवान ने एक

औलाद दी वह भी इनकी आँखों में खटक रही है। बेटा अबकी तुम पर कुछ जोर-जबरदस्ती हो तो फौरन हमें बैरंग चिट्ठी डालना। हम तुरन्त आएँगे और तुम्हारे माँ-बाप को ठीक कर देंगे। हम दोनों फकीर हो जाएँगे, हमारा बेटा भीख माँगकर जी लेगा लेकिन यह सब नहीं सहेगा। ऐसी पंडिताई में पिलिया मूते। ताऊ जी ने भी लिखा था–'पाँव फूँक-फूँककर धरना, मन्त्र का आँगन बहुत टेढ़ा होता है।'

अब पंडित जी क्या करते! उनकी आवाज बन्द हो गई थी। पंडिताइन भी चुप थीं। सब गुड़ गोबर हो गया था लेकिन उस गुड़ का कोल्हू वह अपने को ही मानती थीं।

इतना पंडित जी ने जरूर जीवन भर निभाया कि उस दिन के बाद कभी गायत्री मन्त्र का जाप उन्होंने भी नहीं किया। वह माला जपते जिन्दगी भर रहे लेकिन गायत्री के बजाय मन्त्र था–'ओऽम नमो भगवते वासुदेवाय।'

टाँग टूट गई

लल्लू क्या किसी की भी यह उम्मीद नहीं थी कि उन चौबीस घंटों के घटनाक्रम का या ताऊ जी की चिट्ठी का इतना असर पड़ जाएगा जो जिन्दगी भर के लिए लल्लू को मनमानी करने की छूट मिल जाएगी। फिर भी काफी असर हो चुका था। अत्याचार की धार टूटी न हो अब गोठिल हो ही चुकी थी।

ताऊ की चिट्ठी आने के पहले भी, माला टूटने के बाद पंडित जी कुछ गुमसुम थे। उन्होंने मूस की घटना और माला टूटने की घटना कई लोगों को बताई थी। भुजंग बाबू और मौलवी मखदूम को भी बताई थी। जिसने भी सुना, दस को सुनाया और कुछ नमक-मिर्च लगाकर सुनाया। बात लल्लू के हमउम्र लड़के-लड़कियों में भी पहुँच गई थी। बड़े लोग कुछ सोच-विचार में पड़ गए थे। लड़के लल्लू से कतराने लगे थे। इसे खौफ तो नहीं कहा जा सकता था लेकिन कुछ तो था ही।

जिस दिन माला टूटी उसके दूसरे दिन पंडित जी भुजंग बाबू के घर पर बैठे कुछ बतिया रहे थे। बातचीत का विषय कुछ भी रहा हो। कौन जाने। अचानक मस्जिद की तरफ से कोई हाँफता हुआ आया। बाहर से पुकारकर पूछा—क्या पंडित जी यहाँ हैं। भुजंग बाबू ने दरवाजा खोला और बताया कि हाँ हैं। पंडित जी भी तब तक निकलकर बाहर आ चुके थे।

उस आदमी ने बदहवासी में कहा कि मौलवी साहब गिर पड़े हैं, टाँग टूट गई है। बैठालनेवाले बुलाए गए, वह खपच्ची वगैरह बाँधकर चले गए हैं। चारपाई पर लिटा गए हैं। हिलने तक को मना कर गए हैं। मौलवी साहब बुरी तरह झल्लाए हुए हैं, बड़बड़ा रहे हैं। सबको जद्‌द बद्‌द कह रहे हैं। बेगम ने मुझसे कहा पंडित जी को खबर दो। बुला लाओ। मैं भागा हुआ पंडित जी के घर गया। वहाँ वह थे नहीं। लल्लू की अम्मा को खबर देकर इधर-उधर पता लगाता घूमा। अब यहाँ आया हूँ। मुझे तो यह भी नहीं मालूम था कि भुजंग बाबू भी घर से लौट आए हैं। नहीं तो वहाँ से सीधे यहीं आता। लल्लू की उँगली पकड़े उसकी अम्मा मौलवी के यहाँ पहुँच गई हैं। वह घर के भीतर बेगम को ढाढ़स बँधा रही हैं। आप लोग

भी फौरन चलिए। इतना कहकर वह जैसे आया था वैसे ही फुर्ती से चला गया।

पंडित जी ने सिर पर हाथ धर लिया। भुजंग बाबू ने समझाया, 'इस तरह कैसे काम चलेगा। अभी तो फौरन चलिए बाद में सोचा जाएगा।'

भुजंग बाबू ने घर में ताला भी न लगाया, यों ही पड़ोसी को सहेज दिया। दोनों चल खड़े हुए। थोड़ी ही देर में मौलवी के घर पहुँच गए। लल्लू घर के बाहर ही दिख गया था।

मौलवी को देखने पर पता चला कि चोट पाँव पर तो थी ही, मन पर भी पूरे जोर से लगी थी। वह मस्जिद के जीने पर चढ़ रहे थे, ऊपर पहुँचते-पहुँचते खड़भड़ाकर नीचे आ गए थे। इस बुढ़ापे में यह चोट जरूर दुखदायी बात थी। आँखों की रोशनी कम थी। इसलिए अड़गड़ाना, फिसलना सब सम्भव था, सुगत था, उसमें कोई अनहोनी बात न थी। पर यह सोचने से न क्लेश कम होना था, न पीर।

अपनी आदत से मौलवी मजबूर थे। उन्हे वहम सवार था। वह लानत भेजते जा रहे थे। जरूर कुछ बदमाश लड़कों ने साजिश की है। वह मेरी टाँग तोड़ना चाहते थे। बरसों से मिन्नत माँग रहे थे। उन्होंने ऊपर जीने पर मटर बिछा दिए थे। मटर न होगी। मसूर होगी। तभी मेरा पैर जोर से बहका था। खुदा गारत करे उनको। पैर बँधा था, उठने-बैठने से मजबूर थे, लेकिन जुबान खुली थी, आज़ाद थी। पूरे बदन की ताकत जुबान में आ बसी थी। वह अपना जोर दिखा रही थी।

कोई उन्हें कैसे समझाता, कैसे चुप कराता! लोगों ने समझाने की बहुतेरी कोशिश की। यह भी बताया कि वहाँ एक दाना मटर या मसूर का नहीं मिला। इस पर वह और जोर से बमक पड़े थे, 'तुम सब लोग साजिश में शामिल थे। बाद में झाड़ू लगाकर दाने फेंक दिए गए हैं। मुझे बनाने चले हो। मुझे सब मालूम है। एक-एक के पेट का हाल जानता हूँ।'

यह था मरीज का हाल जब दोनों जने घर में दाखिल हुए।

उधर आँगन में बेगम की आवाज़ और ज्यादा जोर से आ रही थी। उन्हें चिन्ता यह सवार थी कि ये अपाहिज हो गए हैं, मुझे नौ मुँह देखने हैं, नौ पेट पालने हैं और वह लड़के नहीं, लड़कियाँ हैं। दसवाँ आनेवाला है। मेरा क्या हाल होगा। लल्लू की अम्मा और पड़ोस की दीगर औरतें जितना ही समझातीं बेगम की आवाज़ और ज्यादा बुलन्द होती जाती। बाहर भीतर अजीब हौलदिल करनेवाला हिसाब चल रहा था। इस कुहराम के बीच मौलाना शकील अहमद भी आ गए थे।

तभी छोटी-सी घटना हो गई, मौलवी को बड़ी देर से हुक्के की तलब लग रही थी। मौलाना को देखकर उन्हें मौका मिला। सोचा मौलाना के लिए आएगा। मैं भी लेटे-लेटे अपना अमल पूरा कर लूँगा। सो अन्दर की तरफ पुकार दिया–'मौलाना साहब आए हैं, जरा हुक्का भिजवाना।' मौलाना साहब स्टूल पर बैठ चुके थे।

भीतर किसी लड़की को हुक्का तैयार करने का काम सौंपा गया। बेगम की बुलन्द आवाज़ मौलाना की आमद सुनकर रुक गई थी। अचानक अन्दर से कुछ फूटने की आवाज़ आई। शायद लड़की के हाथों से गिरकर चिलम फूट गई थी। बेगम गुस्से में चीख उठीं–'तुझे काली माई खा जाए।'

मजहबपरस्त मुसलमान की अँगनई से हिन्दुओं की देवी को बुलाया जाए, तिस पर सगी औलाद को खा जाने का न्यौता, सुनकर सभी को बहुत अजीब लगा। सबसे ज्यादा मौलाना को अखरा, औरों को भी बुरा लगा।

कोई कर क्या सकता था ! मुसलमानों में कोई देवी-देवता हैं नहीं। आखिर ऐसे काम के लिए किसे बुलाया जाए ! हिन्दुओं में तो कैसा भी मौका हो, हर जरूरत के लिए एक नहीं कई-कई देवी-देवता हैं।

आखिर दुर्जनपुर के ठाकुर जालिम सिंह बनारस से बुलाकर मकबूलन का नाच भी तो कभी शिव, कभी हनुमान, कभी भगवान राम की तस्वीर के सामने पूजा करने के बाद शुरू कराते थे।

ज़रूरत पड़ने पर दूसरे मजहबों के लोग भी उन्हीं हिन्दुओं के देवताओं से काम ले लें तो बेजा क्या है ! कालीमाई को इस न्यौते से क्या एतराज हो सकता था! वह तो छुआछूत भी नहीं मानतीं। हिन्दुओं को एतराज हो तो हुआ करे। दूसरी बात यह कि गुस्सा बड़ी खरी चीज़ है। इसमें अपने-पराए का होश किसे रहता है ! ईमान अकीदत अपनी जगह, मिजाज अपनी जगह, उस पर चढ़ जाए गुस्सा। तब सोच-विचार कर बोलने का सवाल ही कहाँ उठता है !

सबके मन में यह विचार कौंध रहा था कि लड़कियों की इतनी लम्बी कतार, आमदनी का ठिकाना नहीं, मिजाज बिगड़ेगा नहीं तो क्या होगा ! लेकिन ऐसी बात मौलवी से कहकर कौन बिगाड़ करता ? वह कहते थे कि अल्लाह देता है तो इन लोगों का पेट पिराता है। बेगम अलग खफा होतीं–लोग मेरी कोख पर अरसाते हैं। सबसे ज्यादा ऐसी बातें भुजंग बाबू सोचते थे, लेकिन कहते कभी न थे। एक बार कहीं कहा तो जवाब पाया था–'आप सरिस चाहहिं जग कीन्हा।'

मौलाना उस माहौल में नए थे। वह कुछ बेखौफ भी थे। उनका मान-सम्मान भी बहुत था। वह खुद भी कुछ ऐसा ही सोच रहे थे। आखिर लड़कियों

की कतार की बात कह ही बैठे। मौलवी ने अल्लाह की देन कहकर उन्हें चुप कराना चाहा। बच्चों की मारफत बात की भनक भीतर तक पहुँची होगी। या यों ही सही बेगम भी इस समय भीतर के दरवाजे के बन्द पल्ले पीछे कान लगाए थीं।

मौलवी की दलील सुनकर मौलाना को ताव आ गया। एक साँस में न जाने क्या-क्या कह गए–'अजीब बेतुकी दलील है ! अल्लाह ने सूरज दिया, धूप दी तो क्या छतरी नहीं तानी जाती, छाँह में नहीं बैठा जाता ? अल्लाह ने बादल दिए, बरसात दी तो क्या छप्पर नहीं छाओगे, परनाला नहीं लगाओगे ? अल्लाह ने दरिया दी तो क्या नहर नहीं निकालोगे, बाढ़ से बचाव का इन्तज़ाम नहीं करोगे ? खुदा की देन अकलमन्द के लिए बरकत, बेअक्ल के लिए इल्लत है। कुरान शरीफ को भी इल्म और अक्ल की रोशनी में पढ़ा और समझा जाना चाहिए। कुरान मुसलमानों के लिए नहीं इंसानों के लिए है।'

मौलाना बहुत बड़ी बात कह गए थे। भुजंग बाबू को इस तरह से अपने मत के लिए इस ताईद की उम्मीद न थी। उन दिनों इस चर्चा को लोग बेसूद मानते थे। बात दुतरफा बस आई-गई हो जाती थी। लेकिन लल्लू को आज मौलाना की बातें रह-रहकर याद आती हैं। रही मौलवी की मुसीबत उसे मुहल्ले के 20-25 घरों के हिन्दू-मुसलमानों ने आपसी मेलजोल से बाँट लिया था। उन दिनों दुख बाँट लेने का दस्तूर जो था। फिर भी मौलवी को बकुली के सहारे लँगड़ाकर चलने लायक होने में वक्त लगा।

दिन यों बदले

पंडित जी के लगाए बन्धनों में से लल्लू के लिए अब सिर्फ एक बचा था–यानी भुजंग बाबू से अंग्रेजी व हिसाब पढ़ने का बन्धन। लेकिन उससे लल्लू को कोई खास डर नहीं था। पहले तो वह भुजंग बाबू से बेहद हिला था, वह उसे अच्छी कहानियाँ सुनाते थे। दूसरे भुजंग बाबू भी खुद यह पसन्द नहीं करते थे कि बच्चों को स्कूल और घरों में कैद करके किताब का कीड़ा बना दिया जाए। वह खुद अपने दर्जे के बच्चों को घूमने-फिरने, देखने-सुनने, खेलने-कूदने और नए तजुर्बे करने की सलाह देते रहते थे। बच्चों के खेल वह बहुत चाव से देखते थे। बच्चों की आपबीती वह बहुत रुचि लेकर सुनते थे। अकसर उसी में से लिखने का काम दे देते थे। उसी से हिसाब बनाकर हल कराते थे। भुजंग बाबू की यह आदत उस जमाने के बुजुर्गों को रास नहीं आती थी। पंडित जी भी उन्हें झक्की मानते थे। लेकिन लोग करते क्या ? भुजंग बाबू की विद्या उन सबके लिए मजबूरी बनकर सामने आ जाती थी।

एक दिन यों ही पंडित जी से भुजंग बाबू की चखचख भी हो गई। थे तो दोनों मास्टर लेकिन दो रकम के थे। भुजंग बाबू अपनी बात पर अड़े थे। लल्लू दूर से सुन रहा था।

भुजंग बाबू कहने लगे–अरे बाबा, किताब कोई भी हो, उसमें क्या लिखा होता है ! किसी आदमी ने अपने वक्त की दुनिया में जो तजुर्बे अपनी जिन्दगी में किए, वही तो लिख दिए और किताब हो गई। बहुतों ने तजुर्बे किए, कुछ न लिखा। वे तजुर्बे देखनेवालों ने लिखे। उनकी भी किताब हो गई। लेकिन दोनों तरह की किताबें तजुर्बे के नाम पर अधूरी है। कोई आदमी अपने एक दिन का भी पूरा तजुर्बा पूरा-पूरा बयान नहीं कर सकता। बताने में बहुत कुछ छूट जाता है, छोड़ भी दिया जाता है। दूसरे का तजुर्बा देखनेवाला कहाँ तक पूरी बात बताएगा ! सुनकर लिखनेवाला और फिसड्डी हो गया। इसलिए किताब का कोई असर नहीं पड़ता जब तक जिन्दगी के तजुर्बे से तालीम न हो। राम हो या

सिकन्दर या नेपोलियन, उन्होंने क्या पहले अपनी जीवनी पढ़कर उस तरह की जिन्दगी बिताई ! जीवनी पढ़कर कितने उस तरह की जिन्दगी बना पाते हैं !

वह पंडित जी को समझाने लगे। तुम बेकार लल्लू के पीछे पड़े हो। वह यों ही जहीन है, पढ़ने में तेज है। इम्तहान में अच्छे नम्बर लाता है। अकसर अव्वल आता है। तब उसके लिए तुम रोज की कसरत को कायदा क्यों बनाना चाहते हो ? तालीम को डंड बैठक या अखाड़े की कुश्ती क्यों बनाते हो ? कृष्ण और राधा को तुम्हारी तरह के दो टीचर मिल जाते तो गीता न होती, सूरसागर न होता, चैतन्य महाप्रभु न होते।

आखिर में भुजंग बाबू एक कहानी सुना बैठे। उन्होंने बताया कि अंग्रेजी के किसी बड़े कवि ने एक कविता लिखी है—शैलट की लैडी। एक औरत थी। उसे शाप था कि खिड़की से बाहर सड़क पर नजर डाली तो सत्यानाश हो जाएगा। बिना बाहर का हाल जाने उसका मन कैसे माने ! उसने खिड़की के सामने एक बड़ा-सा आइना रख लिया उसके बाद वह बाहर सड़क न देखकर भीतर की तरफ आईने को टकटकी लगाए देखा करती थी। तुम बच्चों को उसी औरत जैसा बनाना चाहते हो। किताब आईने से ज्यादा नहीं हो सकती।

तय यह पाया गया कि हफ्ते में एक दिन यही इतवार, इतवार लल्लू पूरा दिन भुजंग बाबू के घर पर बिताए। इतना काफी था। इसमें लल्लू की आज़ादी कहाँ कम होती थी ! दो-एक दिन में माँ जी और शेफाली भी आ गईं। वह ढाका आती जाती रहती थीं। दोनों नहीं, तो एक यहाँ रहती ही थी। लल्लू की और चाँदी हो गई।

माँ जी और शेफाली पढ़ी-लिखी तो साधारण ही थीं लेकिन पढ़ने-लिखनेवालों का सम्मान बहुत करती थीं। वह बंगाल का क्रान्तिकारी दौर था। चटगाँव शस्त्रागार पर कब्जा, हडसन की हत्या, सिंपसन की हत्या की चर्चा घर-घर में थी। सीता, कल्पना के नाम औरतों की जुबान पर थे। अनुशीलन समिति के आदेशों को घरों में बिना उज्र माना जाता था। भुजंग बाबू के यहाँ ढाका और काठालबाड़ी में अकसर क्रान्तिकारी कार्यकर्ता आते और शरण ही नहीं सम्मान भी पाते थे। इन लोगों की इज्जत पंडित जी भी करते थे। एक कार्यकता धूर्जटि सान्याल उधर अकसर आते थे। सिर पर बड़े-बड़े बाल जिनमें कंघी का शायद ही कभी प्रवेश होता हो, मुँह पर छोटी-सी दाढ़ी, देह पर एक फतुही, धोती, डेढ़ आने की चप्पल जोड़ी—एक चदरिया साथ में। गाँव-गाँव घूमते, क्रान्ति का सन्देश देते; आशुकवि भी थे, गायक भी। लोग कहते थे कि वह बहुत पढ़े-लिखे थे। घर-दुआर, नौकरी को लात मारकर इस जोखिम भरे काम में आ जुटे थे। उनके पाँव में बिवाई देखकर कभी शेफाली

कुछ हँसी थी तो माँ जी की डाँट पड़ी थी। ये ऋषि-मुनि के पैर हैं, मखमली कालीन पर घुँघरू बाँधकर नाचनेवाले पैरों से इनका मिलान न करो। उनके सिर पर दुनिया धूल उड़ाती है, इनकी धूल सिर पर लगाई जाती है।

लल्लू को यह बात आज तक याद है।

इधर पाँच दिन यानी गाँव से चिट्ठी आने के यही पखवारे बाद एक दिन लल्लू अपनी उछल-फाँद का अध्याय पूरा करके घर पहुँचा तो क्या देखता है कि बैठक में वही अपने गाँववाले मौलवी साहब बैठे हैं। उसकी जान सूख गई। कहीं पिता जी ने उन्हें तो नहीं बुला लिया है। डरता-डरता भीतर घुसा तो देखा कि अंगनई में अम्मा बुआ से बातें झल रही हैं। बुआ देखते ही शाम को चरकर घर लौटी रँभाती गैया की तरह उसे बछवा मानकर अपनी गोद में सीने से चिपकाकर–'हाय मेरे पुतवा, हाय मेरे बछवा' कहते हुए रो पड़ीं। बड़ी देर तक चूमा, पुचकारा। अम्मा की ही नहीं, मौलवी साहब की भी आँखें तर हो गई थीं।

लल्लू गोद से उतरकर आया तो उसके होश गुम थे। क्या हुआ, कैसे हुआ ?

काफी देर बाद पंडित जी आए तो वह भी यह सब देखकर ठक रह गए। पैर छूते हुए बोले–दिदिया चिट्ठी तो डलवा देतीं। आखिर बात क्या है ? बुआ कुछ बोली नहीं।

मौलवी साहब की जुबानी किस्सा यों मालूम हुआ। तुमने यहाँ से न जाने क्या लिखा कि ये लल्लू के लिए हुड़कने लगीं। रात में भी लल्लू का नाम लेकर चौंकती थीं, मैं तो खैर रोज जाता ही था तुम्हारे घर। ताऊजी भी मुझसे लल्लू की ही बात करते थे। मुझे उधर रंगपुर के पास वाले पीर साहब की मजार पर एक पुरानी मनौती पूरी करने आना था। सो एक दिन मैंने कह दिया कि मैं आठ-दस दिन के लिए उधर ही जा रहा हूँ। तुम्हारे लल्लू को देखकर आऊँगा। इतना सुनना था कि ये चलने को तैयार हो गईं। किसी के रोकने से न रुकीं। हारकर इन्हें लेता आया। मैं तो शाम की गाड़ी से रंगपुर जा रहा हूँ। कल से उर्स है। लल्लू का मन हो तो वह भी चले। लल्लू तुरन्त तैयारी में जुट गया। उसे मौलवी साहब के साथ जाने से कौन रोक सकता था !

चार दिन बाद लल्लू को लेकर मौलवी लौटे तो घर में कुछ अजीब फैसले हो चुके थे। काफी देर तक तो लल्लू आँखें फाड़-फाड़कर चारों ओर देखता रहा। कैसी अजगैनी हो गई है!

अब असली बात का पता चला। हड़कने-चौंकने की बात तो ठीक ही थी। बुआ ने यहाँ की चिट्ठी के जवाब में लिखा था कि कोई बात पड़े तो बैरंग चिट्ठी

डाल दे। लिखवा तो दिया लेकिन मन में पीर उठी कि चिट्ठी पढ़ावेगी किससे? भइया कौन जाने पूरी बात बताएँ या न बताएँ ! लल्लू की चिट्ठी पूरी भी छिपा सकते हैं। अब बुआ को इस उमर में पढ़ने-लिखने की ललक सवार हुई। यह भी तय किया कि नागरी में लिखना-पढ़ना सीखेंगी। लल्लू को नागरी आती है, वह बुआ को लिखेगा। बुआ पढ़ लेंगी। पड़ोस की बुढ़ियों ने सुना तो ठिठोली की–'अब बूढ़ी मैना पढ़ेगी।' इस पर बुआ अकड़ गईं। 'क्यों नहीं पढ़ेंगी। कोई सिखानेवाला मिल जाए तो दो माह में चिट्ठी लिखने-बाँचने लगूँगी। चार महीने में रामायण अर्थ सहित न बाँचने लगूँ तो कहना।'

लेकिन बुआ पढ़ें किससे ? नागरी न ताऊ को आती थी न मौलवी को। मौलवी को सिर्फ उर्दू-फारसी आती थी। रहे ताऊ, उनको उर्दू और मुड़िया दो ही आती थीं। थोड़ी-बहुत बंगला भी जानते थे। लिखते बंगला भी उर्दू हरफों में थे। वह भाई को उर्दू अक्षरों में, पंडिताइन को मुड़िया में ही चिट्ठी लिखते थे। जुबान होती थी अवधी। बुआ ने छोटे भाई से आँचल पसारकर कहा : 'मुझे चार महीने यहाँ रख लो। मुझे तुम कुछ पढ़ा दो। बीच-बीच में ललुआ पढ़ाएगा। मैं तुम्हारी सब रोटी-पानी सँभाल लूँगी।'

पंडित बहुत दुखी थे। ये लोग चले आए। भइया के खाने-पीने का इन्तजाम क्या हो गया होगा? यह सवाल पंडिताइन के मन में भी था। दिदिया के आगे यह कहने की हिम्मत किसी की न पड़ी। जवाब मिला मौलवी के लौटने पर–'अरे बाबा, स्टेशन के रास्ते में लल्लू की मौसी की ससुराल पड़ती है। देवरानियों, जेठानियों से घर भरा है। वहाँ कहते हुए आया हूँ। लल्लू की मौसी बड़ी लड़की के साथ चलने को तुरन्त तैयार होने लगी थी। शाम तक कोई उन्हें जरूर पहुँचा आया होगा। तुम फिक्र न करो। अब ऐसा करो। मैं तो वापस जाता हूँ। तुम लल्लू की अम्मा को मेरे साथ भेज दो। ये दिदिया अपने लल्लू के साथ कुछ दिन रह लें। और वहाँ दोनों बहनें कुछ दिन साथ रह लेंगी। लल्लू की मौसी का जब मन होगा उन्हें उनके यहाँ पहुँचा दिया जाएगा। लड़की अगर चाहेगी तो कुछ दिन मौसी के साथ भी बाद में रह लेगी।'

इसी तफसील के मुताबिक तैयारी की जाने लगी। फैसले पर अमल दरामत हुई। पंडित जी लल्लू और लल्लू की बुआ के साथ स्टेशन तक गए थे।

उसके बाद घर के काम-काज सलीके से निपटाने के साथ बुआ ने तख्ती में वह लौ लगानी शुरू की कि लोग देखकर दाँतों तले उँगली दबाने लगे। लोगों ने यह भी देखा कि बुआ का मन भाई के पास कम लल्लू के पास बैठने में ज्यादा सुखी रहता है।

बुआ अपनी जिद की पक्की निकलीं। चार माह में उन्होंने प्रण पूरा कर दिखाया।

लल्लू के सिर से भार उतर गया था। सिर का सनीचर उतर गया था। पैरों का सनीचर उतारनेवाले हार मान चुके थे।

और अब वह पुराना लल्लू थोड़े ही था ! वह भी तो एक छोटा-मोटा शिक्षक हो गया था।

एक बात सोचकर लल्लू को बहुत मजा आ रहा था। हिन्दी इलाके से बुआ हिन्दी सीखने बंगाल आई थीं। भुजंग बाबू ने इसके लिए अचरज नहीं माना। हिन्दी पढ़ने के लिए पहले किसी युनिवर्सिटी में इन्तजाम नहीं था। सबसे पहले शान्ति निकेतन में हिन्दी विभाग–हिन्दी भवन खुला–तब कहीं और खुला। हिन्दी अखबारों का बीज बंगाल में ही पनपा था। हिन्दी हर स्कूल में हर लड़के को पढ़ाई जाएगी यह नियम हिन्दी इलाकों में तो आज भी नहीं है लेकिन मद्रास और श्रीलंका में यह नियम बरसों चला है।

पंडित जी ऐसी बातें सुनकर कह देते थे–'उपजहिं अनत अनत छवि लहहीं।' लेकिन ऐसी बातें सुनकर लल्लू को तुलसी बाबा की दूसरी सतर याद आती थी–'तुलसी तहाँ न जाइए, जहाँ आपनो धाम।'

सच क्या था कौन जाने! बुआ यह सब सुनकर हँस पड़ती थीं। लल्लू को गोद में उठाकर प्यार करने लगती थीं।

गाँव की चर्चा आने पर बुआ छोटे भाई और लल्लू के आगे भी बड़बड़ाने लगती थीं–उस गाँव के मनइन की बुद्धि पर पाथर परिगे हैं। बटिया परिगै, ई नान्हें से लरिका की तईं अस नियाव। सबकै अक्किल बुद्धि चरै चली जात है। जसकस सोचत नहीं हैं। जस तस फैसला होइ जात है। बनत बड़े तीरन्दाज हैं। हमका पढ़ावै वाला कोऊ दस गाँव मा न निसरा। बुद्धि का हुआँ अजीरन है। ऐंचाताना की तरह सब टेढ़ बाकुल देखत हैं। कमल बसात पिंडोर से सुगन्ध निकासि लेत हैं, जोंक भैंसी के थन मा लागि जाय तो रकते पियै का पावत है। सबके दोखु देखत देखत उइ सबै दोखी होइगे हैं। कहत रहैं मोरे लिलार बिद्या नहीं है। यहौ कउनों बात भै। उनकी हिये कपार की दूनों फूटी हैं और बनत हैं सब बड़े मुखिया, अफलातून बनत हैं। राम जाने उनके मुकद्दर कै दलिद्दर कब मिटी। अइसिउ के तो गंवई गाँव हैं। का उनका कउनों अउर भगवान बनाइस है? हमका तो हुआं पहुँचे भर दियौ, सब बुढ़ियन का बटोरि कै खरी खरी कहब। कोऊ कै का लेहै? काहू के बसी न अहिन जौन डेराई। वह तो कहो नछत्तर नीक रहा। हमरे भइया के गरह कटिगे और हमार कटिगा अग्यान।

मीयादी बुखार

इस बीच एक बार लल्लू को मीयादी बुखार चढ़ गया। अब घर में बुआ भी उस दौर से बाहर आ चुकी थीं जब फूँक-झाड़ने या टोना-टोटका करने की बात सोची जाती। लल्लू को अस्पताल भेजा गया, जहाँ उसे भरती कर लिया गया।

लल्लू के बारे में बुआ को यह परेशानी नहीं थी कि क्रिस्तान मेमों के हाथ का वह पानी कैसे पिएगा, विलायती ढंग की रोटी कैसे खाएगा? इन बन्धनों से वह छुटकारा पा चुकी थीं।

बच्चों का वार्ड था। लल्लू के लिए यह तजुर्बा नया था। अस्पताल में मरीज का नाम गायब हो जाता है। सभी नम्बर बोलते हैं। उसका नम्बर दस था। कोई कहता नम्बर दस की चादर बदलो, कोई दस नम्बर का पाट रखवाता तो कोई दस नम्बर का बुखार नापती, उसे गोली खिलाती। यह दस नम्बर न जाने कैसे लल्लू के लिए जीवन भर का साथी हो गया। जेल में वह दस नम्बर कैदी रहा। बाद में उसे अस्पतालों में हमेशा दस नम्बर ही मिला। छात्र संघर्ष समिति से उसका रिश्ता था जिसका दफ्तर कलकत्ता में 10, भवानीदत्त लेन पर और बम्बई में दस लेमिंगटन रोड पर था। खैर, यह तो बाद की बात है, उस समय लल्लू यह कहाँ जानता था।

अस्पताल में पहली ही रात में कई तरफ से मौतों के बाद कुहराम मचने की आवाज़ें आईं। तब वह दिल कड़ा करना न जानता था। एक आध मरीज़ ऐसे मरे जिनका कहीं कोई न था। उनके मरने पर नर्स, वार्ड ब्वाय, डॉक्टर भी खुश हुए। छात्रों के पढ़ने के लिए बढ़िया ताजी लाश मिल गई। लल्लू के मन में लरिकई का एक भाव जागा। उसने सोचा कि वह जब मरे तो किसी तरह उसकी लाश ऐसे ही पढ़ने के काम आ जाए। उस घटना को पचास वर्ष बीत चुके हैं लेकिन लल्लू आज भी वह साध मन में जोगाये जी रहा है।

कुल मिलाकर बुआ की सबसे बड़ी चिन्ता यह थी कि उनका ललुआ डर न जाए, उसका दिल दहल न जाए। नियमानुसार किसी एक को मरीज के साथ

रहने की इजाजत थी लेकिन बुआ का धरम अब भी वहाँ दिन-रात रुकने में बाधा डालता था। फिर घर का काम-काज भी था। इस काम के लिए शेफाली आ गई। बुआ जाती रोज थीं–शाम 4 बजे से 6 बजे के बीच और इस बीच शेफाली को घर जाने की छुट्टी मिल जाती थी।

शेफाली लल्लू को तमाम किस्से-कहानी मन बहलाने के लिए, कभी जबानी, कभी किसी किताब से पढ़कर सुनाती थी। कभी-कभी बंकिम, शरत, रवीन्द्र का कुछ सुनाती थी।

रवि ठाकुर की एक कविता का लल्लू को आज तक ध्यान है। उसका भाव कुछ इस प्रकार है–'धर्म में पाप पुण्य गिनाया गया है लेकिन वह मनुष्य की राय है, वह ईश्वर या कुदरत की राय नहीं। प्रकृति पवित्र है, तब वह पापी को जीवन क्यों देती है, सूर्य की धूप क्यों देती है, खड़े होने की भूमि क्यों देती है, वर्षा क्यों देती है। साँस के लिए हवा क्यों देती है। ईश्वर क्यों पापी को पैदा करेगा, क्यों पाप भाव पैदा होने देगा, क्यों पाप करने की शक्ति देगा ? हर पैदा होनेवाला शिशु साबित करता है कि ईश्वर अभी मनुष्य बनाने से ऊबा नहीं है। उसकी नजर में कोई मनुष्य पापी नहीं है। किसी मनुष्य के किसी काम को पाप कहते ही हम ईश्वर को पापी कह देते हैं।

लल्लू ने शेफाली से यह कविता कई बार सुनी थी। एक दिन उसने बुआ को यह सब सुनाया। बात बहुत तीखी थी। पुराने विश्वासों पर इससे करारी चोट क्या होगी ! बुआ तिलमिला उठीं–लेकिन चिढ़ी नहीं। इस सत्य ने उन्हें झकझोर दिया।

एक दिन पंडित जी बरोठे में थे। पंडित जी और भुजंग बाबू यों ही बात कर रहे थे। दोनों जने अस्पताल में लल्लू को देखने गए थे, लौटते समय साथ बुआ थीं इसलिए इधर ही चले आए थे। कुछ देर बात करने की इच्छा रोकी न जा सकी थी। बुआ मुहारे लाए कान लगाए खड़ी थीं।

बात ले-देकर स्त्रियों की दीन दयनीय दशा पर आ टिकी थी इसलिए बुआ की उसमें विशेष रुचि थी।

बुआ अवध की थीं जहाँ लड़की पैदा होते ही घरवालों, रिश्तेदारों, जंवारिवालों के चेहरे उतर जाते हैं। लड़की का जन्म बड़े अभाग का फल माना जाता है। पुरुष ही नहीं, स्त्रियाँ भी यही मानती हैं। हिन्दी भाषा में अपमानजनक गालियों की खान है–वस्तुओं तक को गाली दी जाती है लेकिन हर गाली स्त्री की बेइज्जती से सम्बन्धित है। भुजंग बाबू ने सवाल उठा दिया था कि आखिर साला और साली क्यों गाली है, देवर, ननद और जेठ शब्द क्यों गाली नहीं है ? किसी

की माँ, बहन, बेटी की बेइज्जती का इरादा बताकर उसे अपमानित करनेवाला आखिर भरे चौराहे पर खुद को इज्जतदार कैसे मानने लगता है ? यह कैसी रीति राम और कृष्ण की जन्मभूमि में है। स्त्रियाँ भी शादी-ब्याह में इसी किस्म की गालियाँ गाती हैं। स्त्रियों की तरफ हमारी भावना का पता उन्हीं से लगता है। मंच पर स्त्रियों की इज्जत की शान बघारनेवाले इस ओर नजर नहीं डालते। बुआ को यह सुनकर सचमुच बड़ी लाज लगी कि आम बोल-चाल में हिन्दी न बोलनेवाले भी गालियाँ हिन्दी में ही देते हैं।

हिन्दी इलाकों में राजनीति ने स्त्रियों का इस्तेमाल किया, आर्य समाज ने स्त्रियों की पढ़ाई-लिखाई का प्रबन्ध किया, विधवा विवाह भी कराए लेकिन यह हीनता मिटाए न मिटी। देहातों में स्त्री आज भी पशु से बदतर बरताव पाती है।

पर्दा का मतलब बड़ों के लिहाज से बहुत आगे बढ़कर कहाँ तक पहुँच गया है। अखबारों में छपा है कि एक ही स्टेशन पर लौटकर आई दो बारातों की दुलहनें तक बदल गई हैं। मेलो-ठेलों में सोई स्त्री भी पति, जेठ, ससुर का नाम नहीं ले सकती थीं। तब अच्छी मुसीबत हो जाती है।

बुआ को भी याद आया कि एक जगह कीर्तन में एक औरत बराबर बड़े प्रेम से मगन होकर 'काली मर्दन कंस निकन्दन चम्पू के चाचा राधेश्याम' कह रही थी क्योंकि उसके पति का नाम देवकीनन्दन और भतीजी का नाम चम्पू था। एक और मुसलमान घर में नमाज के अन्त में रहमतुल्ला की बीवी 'अस्सलाम आलैकुम शहनाज के अब्बा' कहती थीं। पोंगापन की यह हद बुआ की देखी हुई थी जिसका जिक्र भुजंग बाबू कर रहे थे।

इस बात का सिलसिला यों नहीं चला था। एक महात्मा जी ने उस भूमि को पवित्र किया था।

भुजंग बाबू के गाँववाले घर में और यहाँ वाले घर में एक महात्मा जी कभी-कभी आया करते थे। जब भी आ जाते, उनके लिए इन्तजाम हो जाता। माँ जी के लिए वह गुरुदेव भगवान थे। उनके साथ दो-एक शिष्य भी कभी-कभी आ जाते थे। घर का एक कमरा आश्रम बन जाता था। इस कमरे में स्त्रियों का प्रवेश मना रहता था। गाँव में तो घर-घर उन्हें गुरु माननेवाले थे। इसलिए उनके ठिकाने कई थे लेकिन इस शहर में उनका एक ही ठिकाना था। माँ जी तो उस कमरे के बाहर ही भूमि पर सिर रखकर प्रणाम करतीं, वहाँ की धूल माथे पर लगातीं। गुरु जी प्रसाद देहरी पर रख देते, उसे माँ जी उठा लेतीं और एक बार फिर देहरी पर सिर रखतीं। गाँव में तो महात्मा जी रास्ता चलते तो दूर से ही स्त्रियाँ राह छोड़ देती थीं लेकिन शहर में यह कहाँ सम्भव था, उधर महात्मा जी

का प्रण कि स्त्री छू न जाए, उसकी छाया छू न जाए, उस पर नजर न पड़े। जैसे-तैसे उनकी तपस्या निभती थी। वह भी दुखी थे, माँ जी भी। धरती पर बहुत पाप बढ़ रहा है।

स्त्रियों को शरीर से इतना दूर रखनेवाले तपस्वी का मन न जाने क्यों बराबर स्त्रियों के बारे में सोचता था। उन्हें यह फूटी आँख नहीं सुहाता था कि स्त्रियाँ क्रान्तिकारी बनें, संगीत, नृत्य में भाग लें, नाटक में रोल लें। शान्ति निकेतन की सह शिक्षा के वह दुश्मन थे। इस पाप के कारण धरती को वह रसातल में जाते देख रहे थे। उनका विश्वास था कि इसी पाप के कारण बड़ी लड़ाई हुई, भूकम्प आया। उनसे कौन पूछता, कैसे पूछता कि पाप किया रवीन्द्र ने तो लड़ाई के बम यूरोप पर क्यों बरसे, पाप हुआ बंगाल में तो भूडोल से क्वेटा, दरभंगा कैसे तबाह हुए ?

महात्मा की कृपा

एक बार भट्टाचार्य परिवार और पंडित परिवार महात्मा जी के आश्रम भी गया था। तब बुआ यहाँ नहीं थीं, पंडिताइन गई थीं। महात्मा जी भी मुफलिस थे लेकिन कहे बाल ब्रह्मचारी जाते थे–औरों के लिए निन्दा उनके लिए प्रशंसा थी।

वहाँ ऐसा जान पड़ा कि महात्मा जी को शेफाली और लल्लू–खास तौर पर दोनों का साथ होना बेहद नापसन्द है। कभी शेफाली दो चोटी करती तो महात्मा को बुरा लगता, रंगीन धोती पहन लेती तो धर्म घायल होता। कभी-कभी तो उसके हाथ में दो-दो सोने की चूड़ियाँ भी महात्मा जी को अखर जातीं। लल्लू कभी जूते उतारने पर डाँटा जाता, कभी नेकर पर बँधी पेटी के लिए। शेफाली में एक बुराई यह भी थी कि वह सब लोगों में बैठती-उठती, बोलती-बतलाती थी। वह अकसर कहती कि बंकिम बाबू ने बंगभूमि की ताकत में स्त्रियों को बराबर का हिस्सेदार बनाया। उनके आनन्दमठ में वन्देमातरम् है। पहले यह गीत केवल बंगाल के लिए था। 'सप्तकोटिकंठ, द्विसप्तकोटि कर' लिखा गया था। बंगाल की जनसंख्या तब स्त्री-पुरुष मिलाकर सात करोड़ थी, बाद में 'त्रिंशकोटि द्वित्रिंश कोटि' लिखकर वह गीत देश का गीत बना दिया गया–उसमें भी पुरुष-स्त्री बराबर के भागीदार हैं। शरद बाबू ने जिन्दगी भर यही तो लिखा कि पुरुष ने स्त्री को कितना हीन बना दिया है। रवीन्द्र ने शरद की नारी को वहाँ से उठाकर सरोजनी नायडू बनने का रास्ता दिखाया। महात्मा जी को तो रवि ठाकुर के नाम चिढ़ थी। सरोजनी ब्राह्मण कन्या गैर देश, गैर भाषा, गैर जाति में विवाह करें–हरे-हरे, शिव-शिव। वह चाहते थे कि शेफाली के हाथ डंडे जैसे दिखें, सरकंडा हों, विधवापन उसके चेहरे और कपड़ों से झलके। शेफाली अकसर कह देती–पुरुषों पर तो यह नियम नहीं लागू किया जाता कि अविवाहित, विवाहित या विधुर जो भी हों उसके चिह्न धारण करें, बीच बाजार उसकी नुमाइश करते चलें, तो स्त्री ही ऐसा क्यों करे ? किसी फार्म में पुरुष से पत्नी का नाम नहीं भरवाया जाता, तब स्त्री पर ही पति का नाम भरने की मजबूरी क्यों है ? इतनी ही बात क्या सहने लायक थी जो

शेफाली ने इतना और जड़ दिया–अच्छे महात्मा हैं। उपदेश में कहते हैं–सब परमेश्वर के रूप हैं, वह घट-घट वासी है, कन-कन में है, उसकी इच्छा बिना पत्ता नहीं हिलता। तब उसकी इच्छा मुझे और लल्लू को जैसा बना रही है उस पर क्रोध दिखाकर क्या आप अपने भगवान का अपमान नहीं कर रहे हैं ? हम पापी हैं तो भगवान दंड देगा–आप कौन हैं बीच में आनेवाले, उसके खासुलखास ? इस पर महात्मा जी ने कह दिया–दंड तो तुम्हें दिया ही गया है जो विधवा हो गई हो। यह लड़का भी दंड पाएगा। महात्मा की यह कटुवाणी शेफाली से न सही गई। उसकी आँखें छलछला आईं। वह आश्रम में एक दिन और न रुकी। कसम खा ली कि इस आश्रम में कभी पाँव न धरेगी। महात्मा जी ने भी रोका नहीं। पंडित परिवार शेफाली को लेकर चला आया था। भुजंग बाबू को रुकना था–माँ जी का कोई अनुष्ठान पूरा होना था। माँ जी को यह सब बहुत बुरा लगा था। भुजंग बाबू शेफाली और लल्लू को लाकर पछताए थे।

बुआ जी को यह पूरी कहानी पहले ही लल्लू और शेफाली सुना चुके थे। महात्मा जी आए हैं यह उन्हें मालूम था। इसीलिए सारी बातें गौर से सुन रही थीं। पंडित जी और भुजंग बाबू की बातों का सूत-कपास वह दोज रही थीं। काफी देर बाद उसका पता चला।

महात्मा कल ही आए थे।

आश्रम वाली घटना के बाद से उन्हें बराबर यही जान पड़ता है कि शेफाली जान-बूझकर जिद से उनके नियम तोड़ रही है। उनकी तपस्या भंग हो रही है। उनके कमरे में कोई और भी लालटेन रख जाए या उठा ले जाए तो वह जोर से पुकार बैठते थे–क्या शेफाली यहाँ आई थी, बड़ी दुष्ट है।

कल उन्होंने शेफाली की ओर पीठ करके, उस पर बिना नजर डाले भी उसे उपदेश देने की ठान ली थी। बोले–शेफाली, तुम्हारे रंग-ढंग, तुम्हारे केशों की चोटी, जूड़ा, आदि तुम्हारे कपड़े और चपल आँखें मुझे अच्छी नहीं लगतीं। वह आगे कुछ कहते, शायद धर्म का उपदेश करते लेकिन इसी बीच शेफाली बोल उठी–आपकी नजर में सुहाऊँ भी क्यों ? इसमें क्या भलाई है। आपकी नजर में अच्छी न लगूँ इसी में मेरा और आपका कल्याण है।

इतनी बड़ी बात सुनकर माँ जी तड़प उठी थीं। भुजंग बाबू से शिकायत हुई थी–भुजंग बाबू की शेफाली को शह थी। वह चाहते थे कि शेफाली अपना विधवापन भूली रहे। लल्लू से शेफाली का साथ उन्हें अच्छा लगता था, वह जानते थे दोनों में अच्छी पटरी बैठती है। जब से बुआ आई थीं, एक त्रिकोण बन गया था, भुजंग बाबू और खुश थे। इसलिए शिकायत सुनने के बाद वह महात्मा जी

के कक्ष में गए, सोचा था, उन्हें समझा-बुझाकर मामला रफा-दफा कर दूँगा। दोनों में बातें हो रही थीं।

महात्मा जी को शेफाली और लल्लू का साथ बहुत अखरता था। महात्माओं की आम आदत है कि वह स्त्री-पुरुष के साथ हल होनेवाली हजार जरूरतों को भुलाकर सिर्फ एक ही तरफ नजर डालते हैं। उन्होंने जब से सुना था कि शेफाली रोज अस्पताल जाती है तब से वह बहुत चिन्तित थे। वहाँ तो लल्लू ही नहीं अनेक पुरुष होंगे, डॉक्टर मरीज, कर्मचारी। हरे-हरे, भुजंग बाबू क्या करते हो ? कुछ सोचते-विचारते नहीं, कौन जानता है कि कब किसका पैर अँधेरे उजाले पड़ जाए।

इधर शेफाली महात्मा जी के लिए कुछ फलाहार एक थाली में लेकर दीवार ओट से कमरे की देहरी के पास खिसकाने के लिए आई थी। संयोग की बात, आखिरी वाक्य उसके कान में पड़ गया।

और वह तड़प उठी, महात्मा हैं कि पाप की पिटारी, आखिर सबको समझते क्या हैं ? वहीं से गरजकर बोली–'महात्मा जी ! मेरी तो खैर उमर ही ऐसी है जिसमें लोगों के पाँव फिसलते हैं, अँधेरे उजाले पड़ते हैं। पुराने जमाने में अँधेरे उजाले पाँव पड़े तो पुराण में गाथाएँ लिखी गईं, रासलीलाएँ गाई गईं। समाज को रस मिला, उपदेश भी मिला। आज पाँव अँधेरे उजाले पड़ता है तो कहानी, उपन्यास, नाटक, बाइस्कोप बनते हैं। मुश्किल तब आती है कि जब आपकी उम्र में और आपके भेस में लोगों का पाँव अँधेरे उजाले पड़ता है। तब बात किसी के कहने लायक नहीं रह जाती। इसलिए आप अपने पाँव सँभालिएगा। मुझे मेरी राह चलने दीजिए।'

इतना कहकर वह तीर की तरह तेजी से घर के अन्दर घुसी और झोला उठाकर अपने ललुआ की सेवा करने अस्पताल पहुँच गई।

उधर महात्मा जी मृगचर्म, कंघा, कमंडल समेटने लगे थे। वह तुरन्त यहाँ से जाने के लिए उठ खड़े हुए थे। माँ जी की ग्लानि को कौन समझता ! उनकी अनुनय विनय बेकार गई। उन्होंने सिर पटक लिया। महात्मा जी को ध्यान आया। कृपाभाव के कारण ही उनका इतना अपमान हुआ था। अब वह दुर्वासा के अवतार थे। हथियार नहीं थे, नहीं तो परशुराम बन गए होते।

शेफाली के पहुँचने के काफी देर बाद पंडित जी और बुआ वहाँ पहुँची थीं। इस बीच शेफाली लल्लू को सारा हाल-चाल बता चुकी थी। पंडित जी के सामने बुआ को यह किस्सा सुनाने की हिम्मत शेफाली या लल्लू की कैसे होती ? बुआ को यह कहानी अब घर आने के बाद बरोठे की वार्ता से मालूम हुई थी।

यों अस्पताल में ही बुआ की चतुर आँखें बहुत कुछ भाँप गई थीं। थोड़ी

देर बाद भुजंग बाबू आए तो उनका मुँह लटका था। उधर शेफाली और लल्लू बहुत मगन थे, बात-बात में हँस रहे थे। भुजंग बाबू ने आते ही लल्लू से हाल-चाल पूछा था तो लल्लू ने कहा था–'हाल अच्छा है, चाल खराब है, चलन और ज्यादा खराब है, जो कुछ भगवान करता है, अच्छा करता है।' महात्मा जी के चले जाने की बात भुजंग बाबू ने थोड़ी देर में बता दी थी, बुआ जी जान गई थीं कि दाल में कुछ काला है। आज पंडित जी और बुआ भुजंग बाबू के घर जानेवाले थे–महात्मा जी का दर्शन करने, उनकी वाणी सुनने, पुण्य कमाने। सो अवसर चला गया। हाथ मलने से कोई लाभ न था। पछतावा बुआ और पंडित जी को भी हुआ ही था।

माँ जी की क्या दशा होगी, घर लौटने पर उसे क्या व्यवहार मिलेगा–यह शेफाली ने कल्पना की आँखों से देख लिया था। उधर बगल में बेड पर कोई उर्दू की कविता पढ़ रहा था–

यह तो मुमकिन है किसी रोज खुदा हो जाए,
नहीं मुमकिन है मगर शेख का इंसां होना।

शेफाली ने तय कर लिया था कि आज रात भर वह अस्पताल में ही अपने ललुआ के पास रहेगी। मौका मुहाल देखकर तीनों बुजुर्गों को भी यह बात भा गई। छह बजे शाम की घंटी बजने के बाद तीनों बुजुर्ग सीधे इधर चले आए थे।

बरोठे की बतकही में मगन दोनों पुरुष चिन्ता के महासागर में दो तरह की लहरों के बीच डूब उतरा रहे थे। विषय एक था। दिशाएँ दो। कहीं तिनके का सहारा नहीं मिल रहा था।

बुआ मुहारे खड़ी थीं। उनकी गति तीसरी थी। अब वह पढ़ी ही नहीं थीं, कढ़ी भी थीं।

अचानक उन्हें ध्यान आया कि मैं भी कैसी हूँ। इतनी देर से गपाष्टक सुनने में लगी हूँ। एकदम लल्लू हो गई। इन लोगों को कुछ जलखई, कुछ पनपियाव भी तो देना चाहिए था।

गुरु का प्रताप

पनपियाव के बाद तीनों जने घर में ताला डालकर भुजंग बाबू के घर की तरफ रवाना हुए–आखिर माँ जी का भी हाल-चाल तो लेना था।

भुजंग बाबू के घर पर हाल जैसा होना था वैसा ही था।

माँ जी की आँखें अंगारे की तरह लाल थीं। कपूत और कपूती के लिए अपनी कोख को कोस रही थीं। उन्हें नरक जाना मंजूर था, इस घर में एक बूँद जल लेना उनके लिए मानो माहुर खाना था। कोई कुछ भी कहता तो वह बात उन्हें बान की तरह लगती थी।

तीनो जने उन्हें समझाने-बुझाने में लगे थे और वह थीं जो सब कुछ त्याग महात्मा जी के आश्रम में जाने और वहीं पूरा जीवन बिताने का इरादा बराबर जता रही थीं। सबसे अधिक अचरज माँ जी को बुआ पर था। बाल विधवा, धरम-करम में लगें, अगला जनम सुधारें–यहाँ पढ़ने-लिखने को आई हैं। ललुआ के प्यार में वह बँधी हैं इसी को सांसारिक माया मोह कहा जाता है। बुढ़ापे में भी ममता ने घेर रखा है। कैसी बातें करती हैं, मुझे समझाने चली हैं। वह रहें मायाजाल के कूप में, मुझे अपना परलोक नहीं बिगाड़ना है। गुरु का अपमान मैं सह नहीं सकती।

बात किसी तरह बन नहीं रही थी। पर शायद विधाता को कुछ करना मंजूर था सो इसी बीच न जाने कहाँ से अटकते-भटकते धुर्जटि बाबू इधर आ टपके।

माँ जी घर के चूल्हे, बरतनों में हाथ लगाने को राजी न थीं। इसलिए बुआ ने वह धन्धा सँभाला। घर के लोगों के लिए न सही, यों उनके पेट में भी तो कुछ जाना ही था, लेकिन धूर्जटि बाबू के लिए तो प्रबन्ध करना ही था। माँ जी पानी न पीने, घर का कुछ न छूने की प्रतिज्ञा पर अटल थीं।

अब बातचीत पंडित जी, धूर्जटि बाबू और भुजंग बाबू के बीच चल रही थी। माँ जी निकासी दरवाजे के पास अपनी गठरी बाँधे बैठी थीं और बुआ जी चौके के भीतर अदहन-पानी में लग गई थीं। दोनों बुढ़ियों के कान उसी बतकही

में लगे थे–यह और बात थी कि दोनों मन दो तरह के थे। एक में ममता थी, दूसरे में विराग; एक को इस बतकही से चिढ़ लग रही थी, दूसरे को प्रीति।

पूरी राम कहानी सुनने के बाद धूर्जटि बाबू ने ऐसी बातें कह दीं कि अब माँ जी को रोके रखना असम्भव था।

धूर्जटि बाबू ने शेफाली के खिलाफ एक शब्द भी नहीं कहा। उल्टा वह महात्मा जी के बारे में कहने लगे। उन्होंने कहा कि इस देश के साधु-महात्मा विचित्र हैं। कहने को वह संसार, माया-मोह त्याग देते हैं लेकिन इच्छाओं के जंजाल में गृहस्थों से कहीं ज्यादा फँसे रहते हैं। पग-पग पर वह हानि-लाभ देखते हैं, सुख-दुख में उतराते हैं। उनकी यश कामना तो भयानक होती है। अपने आगे दूसरे साधु-महात्माओं को भी दो कौड़ी का कहते हैं और कहलाते हैं। परनिन्दा और अपनी प्रशंसा सुनने का उन्हें व्यसन होता है। जगत गुरु, दुनिया में सबसे ऊपर–इससे कम कोई अपने को कहलाना नहीं चाहता। अपनी तारीफ सुनते-सुनते वह अन्धा हो जाता है, उसका दिमाग कुन्द हो जाता है। उसमें किसी और की बात में सत्य खोजने की ताकत जाती रहती है। उसके कानों में दिन-रात अपनी प्रशंसा गूँजती है, सिर पर अपनी महिमा का भूत सवार हो जाता है। यह बीमारी न होती तो इतने साधु समाज को बदल डालते, देश का कायापलट कर डालते। लेकिन ये इतने साधु हैं, वह कितने साधु हैं? मूर्खों को ठगने के लिए मोहिनी भाषा बोलते हैं। अपना जीवन अकारथ करके दूसरों को बरबाद करते हैं।

बात इतना आगे बढ़कर भी यहीं न रुकी। वह बोले–यह बीमारी राजनीति, समाज, शिक्षा संस्थाओं में भी धँसी है। अंग्रेज शासन ने उसका लाभ उठाकर हमें गुलाम बना लिया है। वह भी कहता है अपने मुँह से अपने गुण बखानो, दस लोगों से अपने गुण कहलाओ, दूसरों से अपने को ज्यादा काबिल, ज्यादा भला साबित करते रहे तो ऊँचा पद पाओगे। चुनाव में भी यही सब होता है। ऐसा करो तभी जीतोगे। सोना पुकार-पुकारकर बताता नहीं कि वह कहाँ है। वह कभी अपने गुण बताने नहीं दौड़ा जाता। उसे खोजा जाता है। लेकिन आज के समाज में गुण नहीं खोजा जाता, गुण को दस दरवाजों पर दौड़ाया जाता है, जाओ, ग्राहक को खोजो। ऐसे में 'गली-गली गोरस बिके मदिरा बैठ बिकाय।' यह सन्त लक्षण नहीं है। सन्त तो अपने गुण अपने कान से सुनना भी पसन्द नहीं करते। यह तो रावण का दरबार है जहाँ सब 'अस्तुति करहिं सुनाय सुनाई।'

अब भला माँ जी के लिए रुकने का सवाल कहाँ उठता था! कुएँ में तो भाँग पड़ी ही थी, अब करेला नीम पर चढ़ गया था। माँ जी को ऐसी बातें सुनकर घोर पाप लगा था।

फिर भी वह अपनी तकदीर को सराह रही थीं। गुरु महाराज की बड़ी कृपा जो ये बातें शेफाली और ललुआ के आगे नहीं हुई, नहीं तो उनका दिमाग सातवें आसमान पर होता। वह और भी किसी मान के न रहते।

धूर्जटि बाबू को अधिक देर रुकना नहीं था। आज रात उनके लिए पुलिस का खतरा ज्यादा था। वह तड़पड़ कुछ खा-पीकर अँधेरे में किसी ओर निकल गए।

माँ जी ने भी इस बीच कुछ अत्याचार अपने ऊपर कर लिया। गुरु महाराज की तस्वीर के आगे सिर झुकाए काफी देर लेटी रहीं, पश्चाताप करती रहीं, फिर वहीं अगरबत्ती जलाई, दीया जलाया। श्री हरि शरणम् का कई बार उच्चारण किया।

बुआ जी इसी बीच थाली लगाकर वहीं पहुँच गईं। भोजन तो पच्छिमी वैष्णव बना था। इसलिए गुरु जी को समर्पित करने में कोई दिक्कत न हुई। अब माँ जी क्या करतीं। गुरु जी का प्रसाद था, लेने से इनकार करतीं भी तो कैसे? उन्होंने प्रसाद पाया, आचमन किया। मुँह पोंछकर अलग बैठ गईं। गठरी भी इस बीच निकास से खिसकती-खिसकती गुरु जी की कोठरी की देहरी तक चली आई थी।

माँ जी की नजर कुछ बदल गई थी। गुरु जी के प्रसाद की ही महिमा रही होगी। बुआ बातचीत में शामिल न हुई। वह सबको खिलाकर खुद कुछ टूँग-टाँगकर–शेफाली के लिए भी कुछ बनाकर रसोई-बरतन साफ करने पर जुट गई थीं।

अब बातचीत से नतीजा यह निकल रहा था कि माँ जी फिलहाल आश्रम नहीं जाएँगी। वह कल सबेरे गाँव चली जाएँगी। लेकिन शेफाली को गाँव नहीं ले जाएँगी। इस फैसले को थोड़ी-बहुत नाही-हाँ, ऊँच-नीच के बाद सबने मान लिया था। यों भी दो में से एक को गाँव में रहना ही था। शेफाली को कुछ खाने को देने अकेले बुआ अस्पताल गईं। शेफाली और लल्लू को पूरे किस्से की जानकारी थी।

सबेरे बुआ को काठालबाड़ी पहुँचाने भुजंग बाबू गए और रात तक लौट आए। अब शेफाली का अधिक समय लल्लू के पास या बुआ के पास ही बीतता था। लल्लू अस्पताल से घर आ गया। दोनों घरों का भोजन-पानी अकसर एक ही रसोई में होता था और इसके लिए पंडित जी का घर ही चुना जाता था।

सवाल के जवाब

काठालबाड़ी से भुजंग बाबू की वापसी के बाद बुजुर्गों की बतकही में अजीब मोड़ आ गया था। यों तो कोई खास बात न थी। महात्मा जी अकसर आते थे चले जाते थे। यों भी साधु बहता पानी, गंगा जल की भाँति होता है। जहाँ जब तक रमा-रमा, न रमा चल दिया। धूर्जटि का आना-जाना भी लगा रहता था। यों उसमें जोखिम की बात जरूर थी लेकिन उसकी फिक्र सबको नहीं सिर्फ पंडित परिवार और भुजंग बाबू को होती थी। बाकी लोग हमें इससे क्या कहकर छुट्टी पा लेते थे। मुखबिरी करने की साध न किसी में कभी थी, न अब पैदा हुई थी। वह जाने, उनका काम जानें। माँ जी भी आती-जाती रहती थीं। अकेले शेफाली का ढाका में रहना भी कोई गैर मामूली नहीं था। दो घरों की एक में रसोई से किसी का क्या लेना-देना! बुआ दोहरा बोझ खुशी से उठाती थीं। शेफाली और लल्लू की चंचलता, साथ, घुमक्कड़पन, शरारत और तीखी जुबान भी ज्यों की त्यों ही थी। ढाका शहर था, कोई देहात न था। वहाँ ऐसे कोई ये ही दो न थे, बहुतेरे थे। चर्चा सुनकर कोई न कान बन्द करता था, न हरे-हरे कहता था।

फिर भी इस बार में कुछ नई गूँज थी। सब कुछ वैसा था जैसा सदा होता था लेकिन सच पूछा जाए तो वैसा न था। शेफाली और लल्लू की जुबानी बात लड़कों-लड़कियों में पहुँची। भनक बुढ़ियों को मिली तो बुआ के घेराव शुरू हो गए। बुआ की जबान पर शब्द आया 'चोरकट महात्मा' तो बुढ़ियों को मसाला मिला। दुतरफा बात का बतंगड़ बनने लगा। कोई माँ जी का हमदर्द तो कोई महात्मा जी का, खुलकर शेफाली और लल्लू का कोई तरफदार न था। बुआ भी न थीं। परन्तु वह चोरकट शब्द कह चुकी थीं जिसका उन्हें पछतावा न था इसलिए बुजुर्गों की बतकही में दो दिशाएँ अपने आप हो गईं। कुछ लोग महात्मा जी के चरित्र में भी खोंच लगाने लगे थे। सबसे ज्यादा विरोध धूर्जटि बाबू का था। उन्हें ऐसे मामलों में दखल देने की क्या दरकार थी। ले-देकर सारा पाप उनकी झोली में डाल दिया जाता था।

पंडित जी लोगों को यों भी मुँह न लगाते थे, इसलिए वह इस बवंडर से बाहर थे। फिर भी बवंडर था और तगड़ा था। भुजंग बाबू का दिमाग किसी दूसरी दुनिया में रहता था। बुआ ने कई बार टोका भी, भइया तुम्हारा मन बहुत तावत मूँदत जान पड़ता है, कुछ तो कहो। वह कुछ न कहते एक जबरदस्ती की खीस निपोरते और टाल जाते।

सच पूछा जाए तो भुजंग बाबू के मन की इस उतार-चढ़ाव का सबसे ज्यादा फायदा लल्लू और शेफाली को हुआ। वह ज्यादातर उनके आसपास रहते थे। घूमना-फिरना लगभग बन्द हो गया था। भुजंग इन लोगों को अंग्रेजी अच्छी सिखाने पर और ये लोग सीखने पर तुल गए थे। मन लग जाए तो क्या मुश्किल है। ये लोग दो मास में अंग्रेजी लिखने, पढ़ने, बोलने लायक हो गए थे। कहीं कोई मुश्किल प्रयोग होता तो पूछ लेते और ऐसा समझते कि दुबारा पूछना न पड़ता। दोनों आपस में अंग्रेजी में ही बात करते थे। भुजंग बाबू ने उनको जोन ऑफ आर्क, फ्लोरेंस नाइटेंगेल, राबिनहुड, नेपोलियन, नेल्सन, कैसाब्लांका की कहानियाँ सुनाई थीं, पढ़वाई थीं। उनसे लिखवाई भी थीं। गुलिवर की यात्राएँ पढ़ने को दी थीं और उसमें जो व्यंग्य की गहराई थी, वह भी समझा दी थी। दोनों समझ चुके थे कि भुजंग बाबू को काहे की चिन्ता है। चिन्ता की अँगीठी शेफाली अपने को मानती थी जिसमें भुजंग बाबू जल रहे थे। वह कभी कुछ कहते न थे।

एक दिन बुआ के आगे वह बिखरा मन समेटकर कुछ कह बैठे। यह भी ध्यान न रहा कि लल्लू, शेफाली को हटा दें। बच्चों के सामने ऐसी बातें क्या कही जाती हैं! लेकिन धारा उमड़ चली थी, वह रोके न रुकी।

भुजंग बाबू ने जो कुछ कहा उसमें सार था। काठालबाड़ी शहर नहीं, देहात है। माँ जी शेफाली को अब फूटी आँखों देखना पसन्द नहीं करेंगी। गाँव भर में वह अब तक बुढ़ियों के बीच तिल का ताड़ बना चुकी होंगी। उन्होंने यह भी कहा ही होगा कि मैंने सिर चढ़ाया है, बिगाड़े दे रहा हूँ। शेफाली पर, मुझ पर, लल्लू पर, धूर्जटि बाबू पर या किसी पर कैसा भी कलंक लगा देना उनके लिए बाएँ हाथ का खेल है। उनके लिए तो बस जो कुछ है वह महात्मा जी हैं। काठालबाड़ी से कुरीग्राम तक हर घर में महात्मा जी की जजमानी है। उनसे कंठी बँधवाए लोग हैं। सबके वह गुरुदेव भगवान हैं। वह पूरा इलाका अब धूर्जटि बाबू का दुश्मन बन चुका होगा। ऐसे में बेचारों पर कब कौन-सी मुसीबत न आ जाएगी। ऐसे साधुजन पर यह संकट मेरे कारण आया है। दूसरा सवाल शेफाली का भी है, अब वह गाँव कैसे जाएगी ? जाएगी तो लोग क्या-क्या नहीं कहेंगे। फिर वह चुप रहकर सहनेवाली लड़की नहीं है। कहीं फिर तीखा जवाब दे दिया, और दे ही देगी,

तो क्या होगा?

इतनी बात हो चुकने पर बुआ ने अपने गाँव का लल्लू कांड भुजंग बाबू को सुना डाला। भुजंग बाबू को यह जानकर सन्तोष हुआ कि डूबती नाव में वह अकेले नहीं और भी कोई है। अब हाथ-पैर मारनेवाले एक नहीं, दो हो गए। यों भी उन्हें पंडित परिवार पर बेहद विश्वास था।

फिर भी दुख दूर न हुआ, शायद दूना हो गया। भरे जी से छाती पर हाथ रख कर, करीब-करीब कराहते हुए बोले–बहन, और सब तो ठीक है, जैसी बनेगी हम निपट लेंगे, ललुआ भी निपट लेगा, मर्द बच्चा है। दुनिया बहुत बड़ी है। लेकिन शेफाली तो औरत जात, बाल विधवा है। कोई सहारा मिलनेवाला नहीं। अभी पहाड़ सी जिन्दगी बाकी है। हमारी आँख बन्द होने के बाद क्या होगा ? भुजंग बाबू यह कहकर चुप हो रहे। बोलने के लिए कुछ बचा न था।

सन्नाटा तोड़ा शेफाली ने जो अब तक चुप बैठी सब कुछ सुन रही थी। उसने कहा–चिन्ता न करो, मुझे भी काशी, अयोध्या भेज दो। पुरी, तिरुपति, कामाख्या में मुझे ले जाओ, देवदासी बनवा दो। तुम्हें छुट्टी मिल जाएगी, सुख से मरोगे। इसके अलावा तुम लोग हमारे बारे में सोच ही क्या सकते हो? कुछ सोच सकते तो तुम्हारे पूर्वज जौहर क्यों होने देते, सती प्रथा क्यों शुरू करते? तो चलो न मुझे भी फूँक दो। कह देना भोजन पकाते समय जलकर मर गई।

इतनी कड़ी बात सुनकर भुजंग बाबू को रुलाई आ गई। बुआ उन्हें वैसे पुचकारकर चुप कराने लगीं मानो तीन मास के बच्चे को चुप करा रही हों। बड़ी देर बाद उनके आँसू थमे। इतना जरूर हुआ कि कुछ कह डाला था इसलिए मन का बोझ हलका हो गया था।

ऐसा नहीं कि भुजंग बाबू का यह संकट लोगों की समझ से बाहर था। मुहल्ले के सभी समझदार लोग इस पहलू पर गौर करने लगे थे। शेफाली को गाँव में भेजा जाए, यह तो किसी की राय न थी। वह पढ़े-लिखे, अपने पाँव पर खड़ी होने के लायक बने, यह भी आम राय थी। लेकिन इसके बाद भी सिर पर कोई छाया, सहारे की कोई थूनी, सबको औरत जात के लिए यह कमी सामने दिखाई पड़ रही थी और इस जगह सबकी सूझबूझ को पूर्ण विराम लग जाता था।

कभी-कभी एक आध ब्रह्मसमाजी, आर्यसमाजी दबी जुबान से विधवा विवाह का सुझाव देते थे। यह बात उस सनातनी वातावरण में सभी को नागवार गुजरती थी। पंडित जी और भुजंग बाबू के लिए यह बात विषपान जैसी थी। वह यह कभी पचा न सकते थे। शेफाली के सामने यह सुझाव रखने की किसी की हिम्मत न थी। कौन ठिकाना था, न जाने वह क्या कह बैठे?

त्योहारों की खोट

लल्लू का कुछ ऐसा अभाग कि उसके घर में होली-दीवाली दोनों त्योहारों को खोट लग गई थी। दीवाली के बारे में उसने सिर्फ सुना था। तब उसकी माँ भी इस घर में नहीं आई थी। उसके एक चाचा यानी पिता से बड़े और ताऊ से छोटे, लड़कों की उम्र के ही थे, बाबा की उँगली पकड़कर, राजा का कोट और बाजार की रोशनी देखने गए थे। लौटते ही चारपाई पर पड़े, सिरदर्द हुआ, आँखें लाल पड़ीं, जोर का ताप चढ़ा और कुछ घंटों में ही सब कुछ हो गया। बुआ उस रात का हाल दीवाली की हर रात में रो-रोकर सुनाती थीं। सबका खयाल था कि किसी मन्त्र जगानेवाले की मूठ लग गई होगी—तब से इस घर में लक्ष्मी-गणेश पूजन बन्द था। लल्लू को मुहल्ले के लड़कों के बीच मन न छोटा करना पड़े इसलिए ढाका में यह इन्तजाम कर दिया गया था कि चूरा, खील, बताशा पहले ले आए जाएँ। नए कपड़े तो बनते न थे, हाँ दूसरों के घर में जलकर बुझी दीयालियाँ लेकर एक गठरी में बाँधकर रख दी जाती थीं और उन्हीं को अगले साल जलाकर रोशनी कर ली जाती थीं। पड़ोसियों को स्थिति मालूम थी। वह जान-बूझकर पुराना दीया-दीयाली भेज देते थे। काजल पारने के लिए भी पुराने दीये में पुरानी रुई की बाती का ही इस्तेमाल होता था। वह दीया तुलसी के पास रख दिया जाता था। रात में दीवाली की रोशनी देखना लल्लू के लिए मना था। शाम से ही वह घर में कैद हो जाता था।

होली खोटी होने की घटना उसे याद है। उसका एक छोटा भाई था—लल्लू को बहुत प्यारा। साल भर का नहीं था पर वह बहुत चपल था। उसे चेचक निकल आई—शीतला। लल्लू को पहले कभी निकल चुकी थी—जिसकी उसे याद है। तब तक पंडित जी के घर में टीके का प्रवेश नहीं हुआ था। चेचक हो जाने पर तो कोई भी दवा-दारू नहीं करता था। नीम की पत्ती, रोज घर में धुली चद्दर बदलना, धोबी को कपड़े न देना, बाल न बनवाना, हाथ-पैर धोकर आग में सेंककर जाना, मालिन से फूल मँगवाना—सब कुछ नियम से हो रहा था। दुर्गा पाठ भी बैठा दिया

गया था। बीच में ही उसकी दोनों आँखें चली गईं। ताऊ जी ने रोते हुए भगवती माँ से अरदास की थी–मैया, इसे जिया लो, अन्धा ही सही, मेरे ललुआ की छाँह में अन्धा भी जी लेगा। लेकिन भगवती ने एक न सुनी। जिस दिन सबेरे तड़के प्राण निकलते समय उसके दाहिने हाथ पर बीस आने रखकर गोदान कराया गया उसके पहले रात को होली जल चुकी थी। सबेरे घरों में रंग खेलने की तैयारी हो रही थी।

ललुआ भाई की बीमारी पर विक्षिप्त था। अन्त समय ऊपर छत पर लालटेन जलाए पढ़ रहा था। तीन दिन बाद उसका चहर्रूम का इम्तहान शुरू होनेवाला था। माँ के मुँह से एक हलकी चीख निकली कि उसी समय पंडित जी ने रोक दिया। खबरदार, ललुआ का इम्तहान है। जो गया वह गया, ललुआ का खयाल करो। खुद जाकर जीने का दरवाजा बन्द करके अपनी ओर की साँकल लगा आए। जल्दी-जल्दी इन्तजाम किया। दस-पाँच पड़ोसियों को चुपके-चुपके बताकर उसे बाँध-बूँधकर लेकर निकल गए। तब जाकर साँकल खुली। अम्मा ने कुछ बताया नहीं, फिर भी लल्लू समझ तो गया ही था। वह फिर छत पर चला गया, पढ़ता ही रहा। सब लोग लौटे तो उनमें भुजंग बाबू भी थे। उसे समझाने लगे। समझाने को अब बचा ही क्या था ! उसी दिन से घर में होली गायब हो गई।

इम्तहान के दिन भुजंग बाबू ने उसके स्कूल के मास्टरों को पहले से बता दिया था। मास्टरों ने सब लड़कों को ताकीद कर दी थी ताकि कहीं कोई गलती से ललुआ से उसके भाई की बाबत बात न छेड़ दे। लड़के उसे मुरझाए, रुआँसी आँखों से देखते लेकिन कुछ कहते न थे।

गरीब नेवाज के मन में इन दो त्योहारों की कलक बुढ़ापे तक है। उसने ये घटनाएँ बाद में अपनी पत्नी को भी नहीं बताईं। बाद में आनेवाले छोटे भाई भी इन घटनाओं के बारे में कुछ नहीं जानते। इसलिए अब सभी होली, दीवाली दोनों त्योहार बड़े जोश-खरोश से मनाते हैं। एक काम गरीब नेवाज ने और किया। अपने ब्याह के बाद आनेवाले दोनों भाइयों को उसने टीका लगवाया। चेचक व हैज़े का टीका, डॉक्टरी दवा, जच्चा की अस्पताल में तीमारदारी, बीमार की अस्पताल में भरती–इन सब धरमनाशक कामों के लिए पंडित परिवार में उसकी जिद कारगर हुई। अम्मा को भी उसकी बात रखनी पड़ी। उसका सबसे छोटा भाई अस्पताल का है। उससे बड़े भाई के पैदा होने के पहले ईसाइन नर्सों को वहीं बुला लाया गया था। उन्होंने सब काम किया। हाँ, उस समय घर भर धोया गया था, हवन भी हुआ था। बरहों, छठी, काँटेदार डाल, सौरी के दरवाजे पर अँगीठी, हरीरा,

अजवाइन की पुटकी डालकर उबाला पानी उसके बाद से उस घर से गायब हो गया था।

लेकिन होली और दीवाली त्योहारों से उसका भी मन उचट गया था। अब तक उचटा है। वह दोनों त्योहारों पर सबेरे तड़के घर से निकल जाता है और पूरा दिन किसी वीराने में बिताने के बाद आधी रात गए घर लौटता और बिस्तर पर लुढ़क जाता है।

इस बार ढाका में जब बुआ थीं तब एक घटना और हो गई जिसने दशहरा त्योहार भी ले डाला। यों तो बंगाल में दुर्गा पूजा का ही जोर है लेकिन ढाका में दशहरे का अच्छा मेला लगता था। इस मेले में रामलीला तो होती ही थी, सजी-धजी दुकानों की भी बहार रहती थी। आतिशबाजी भी होती थी। एक तरफ कव्वाली, दूसरी तरफ नाच-गाने का भी शामियाना लगता था। सब काम जनता के दम पर होता था। ऐसे कामों में सरकार की मदद न होती थी, सब जुगाड़ सहकार का था।

बुआ ने जिद की कि ललुआ को मेला दिखा लाओ। भुजंग बाबू, पंडित जी, लल्लू और शेफाली गए मेला देखने। रामलीला के किनारे ऐसी जगह पर प्रबन्धकों ने उनको चार कुर्सियों पर बैठा दिया जहाँ से बाद में आतिशबाजी भी देखी जा सके। आतिशबाजी तो दिन ढलने के बाद होनी थी। अभी लीला चल रही थी। शेफाली और लल्लू को वहीं बैठाकर अपने सामान बाकी दो कुर्सियों पर रखकर दोनों मित्र किसी तरफ चल दिए। लल्लू का ध्यान रखना, कहीं जाने न देना–यह ताकीद शेफाली को करते गए।

लल्लू हजरत और शेफाली के मान के ! रिश्ते में तो वह बुआ थी लेकिन घर में इतनी बड़ी बुआ के मुकाबले यह बुआ कुछ ठीक न जँचती थी। इसलिए लल्लू उन्हें दीदी ही कहता था। दीदी से लल्लू ने चिरौरी की–थोड़ा घूम आऊँ, जल्दी लौटकर आ जाऊँगा, तुम चिन्ता न करना। दीदी का मन पसीज गया, लल्लू चल खड़ा हुआ।

कव्वाली और गाने-बजाने से पंडित और भुजंग बाबू दोनों को परहेज था लेकिन लल्लू को इससे क्या परोजन। बुजुर्ग लोग हिन्दू हों या मुसलमान–अगर पढ़े-लिखे थे तो इन चीज़ों से दूर रहते थे। इनमें तो गरीबों, पिछड़े लोगों की ही भीड़ जमा होती थी।

पहले वह नाच-गाने वाले शामियाने की तरफ गया। कलकत्ते की किसी मुनव्वर का नाच होनेवाला था। वह घुँघरू बाँधे बैठी थी। सारंगी, तानपुरा, हारमोनियम वाले सुर साध रहे थे, तबले पर हथौड़ी की मार पड़ रही थी। लल्लू

को उस दृश्य से हमेशा ऊब लगती है। इसके बाद अलाप से भी ऊबता है। उसे तो नाच की भी अदाएँ नहीं भातीं। वह तो बस तबले पर दाढ़ीवाले उस्ताद जी की उँगलियों का नाच देखना पसन्द करता है। सबसे अच्छा उसे तब लगता है जब तबलची के हाथ और नाचनेवाले के पाँव सम पर आते हैं। ऐसा लगता है मानो किसी मजदूर ने लकड़ी का गठ्ठर सिर से उतारकर जमीन पर फेंक दिया हो। ऐसे मौके पर मजदूर के मुँह से हाय, हे राम, अल्लाह जैसी कोई आवाज भी आती है। महफिल की वाह-वाह का लल्लू इस आवाज से अकसर मिलान करता है। संगत का अर्थ उसने अब तक सिर्फ संग्राम समझा है। उस दृश्य में अभी बहुत देर थी और लल्लू में सब्र न था। इसलिए रोआँदार बिछौना आँखों से कुछ देर टो कर वह वहाँ से चल खड़ा हुआ।

इसके बाद वह कव्वाली वाले शामियाने में घुसा। वहाँ कोई एक मशहूर कव्वाल अपने साथियों सहित हर तरफ से भावलीन होकर, बाजों की ताल पर गाते, एक सतर कई तरह तोड़कर-मोड़कर भाव बनाते हुए सुना रहे थे, इतना जोर लगाकर कि पसीना-पसीना हो चुके थे। शुरू उन्होंने फारसी के शेर से किया था, फिर उर्दू की कई गजलें कही थीं। उसमें तो लल्लू को सिर्फ इतना याद है कि उन्होंने किसी के चाँद जैसे मुखड़े को धर्म के प्रकाश के समान और लम्बे काले बालों को गुनाह की सियाही के समान मानकर कहा था–'मुझे तो दोनों से है अकीदत, कभी हूँ काफिर कभी मुसलमाँ !' लोगों ने वाह-वाह कहकर ये सतरें बार-बार दोहरवाई थीं। इसके बाद वह जनरुचि का खयाल करके एक कव्वाली बंगला में सुनाने लगे। कव्वालों में यह भी रिवाज आम है कि बीच-बीच में इधर-उधर की कविताएँ भी समेटते हुए फिर अपनी असली लय पर आ जाएँ। इस तरह के फेर फार में एक बार उन्होंने दो सतरें कही थीं–'एक सूजे बाँधा आछा सहस्रटिमन, एक काजे सौं पियाछे सहस्रजीवन'; बाद में एक सतर और घसीटी गई थी–'आसुव सहस्त्रबाधा, वासुअप्रलय।' तब लल्लू नहीं जानता था कि ये सतरें रवि ठाकुर रचित बन्दे मातरम् गीत की हैं। देश में बंकिम बाबू का बन्देमातरम्, उसका भी पहला पद अकसर गाया जाता है, लेकिन यह बन्देमातरम् गीत भी लल्लू को सुनने में अच्छा लगा था।

कव्वाली तो रात भर चलती थी। तब तक लल्लू कैसे रुका रह सकता था! बार-बार बताया जा रहा था कि आखिरी कव्वाली होगी, गमेहुसेन लेकिन लल्लू के मन में अबेर का भय समाया हुआ था। इसलिए मन मारकर यहाँ से भी निकला। थोड़ा-बहुत मेला देखे बगैर कैसे लौटता ! इसलिए एक ओर चल दिया। नजर सामने नहीं, इधर-उधर थी।

मेले के इन्तजाम में घुड़सवार पुलिस भी लगी थी। आगे एक अफसर, पीछे चार घुड़सवार। इस प्रकार के दल इधर-उधर आ-जा रहे थे।

न जाने कैसे क्या हुआ कि पुलिस के एक घोड़े की बाईं नाल लगी टाप एकदम लल्लू के दाहिने पाँव पर आकर बैठ गई। घुड़सवार ने रास इतनी जोर से खींची कि घोड़े की गरदन दोहरी हो गई थी और तुरन्त ही घोड़ा कई फुट पीछे की ओर चला गया था। फिर भी जो होना था, हो चुका था।

मेले में तहलका मच गया, कुछ भगदड़ भी मची। दस-पन्द्रह लोग दौड़ पड़े। पुलिस को सभी खरी-खोटी सुनाने लगे। आँखें नहीं हैं, अन्धे हो गए हैं, वर्दी का नशा है, हुक्काम का जुनून है, अंग्रेज का राजा बेटा है। लाल पगड़ी जो न करे सो थोड़ा। सभी लल्लू के तरफदार थे, पुलिस की तरफ कोई न था। लेकिन इससे तो लल्लू के पाँव का घाव मिटना न था।

एक ने लल्लू को गोद में उठाया, जैसे दो मास का बच्चा उठाया जाता है। निकट ही एक डॉक्टर साहब का सफाखाना था। उन्होंने तुरन्त मरहम-पट्टी की। कुछ दवा खाने की दी। तब तक डॉक्टर सुई लगाने के शौकीन न होते थे। साथ आए लोगों में से कोई कुछ देने लगा तो डॉक्टर ने साफ मना कर दिया। ऐसे केस में पैसे लूँगा ? डॉक्टर क्या इंसान नहीं होते !

लोग लल्लू को लेकर लौटने लगे तो डॉक्टर ने एक पुड़िया में पाउडर रोज घाव धोने के लिए, एक दवा लगाने के लिए, कुछ रुई-कुछ पट्टी बाँधने के लिए, कुछ दवा खाने के लिए अच्छी तरह समझाकर साथ के लोगों को दी और लल्लू की गाल पर चपत लगाकर बड़े प्रेम से बोले—कोई फिकर नहीं, चार दिन में ठीक हो जाएगा, बहादुर बच्चा है।

उधर मेले में बात इधर से उधर जाने में बहुत समय नहीं लगता। पंडित जी और भुजंग बाबू कहीं भी रहे हों, उन्हें यह खबर सुनाई दे गई कि कहीं पुलिस के घोड़े से कोई बच्चा कुचलकर बुरी तरह घायल हो गया है। उन्हें तुरन्त अपने लल्लू का ध्यान आया और वह चल पड़े।

धक्का-मुक्की करते इधर वह दोनों कुर्सियों के पास पहुँचे और इधर लल्लू को लेकर लोग पहुँचे। शेफाली को काटो तो खून नहीं। वह तो अपराधिन बनी सिर झुकाए खड़ी ही थी। लल्लू को इस हालत में कोई डाँटता-फटकारता क्या ? डॉक्टर की दवा समझ-बूझकर ले गई।

अभी रावण वध नहीं हुआ था। आतिशबाजी का इस हालत में इन्तजार करना सम्भव ही कहाँ था ! सवारी का इन्तजाम हुआ। सब जने वापस हो लिए। घर पर बुआ ने भुजंग बाबू और पंडित जी की जो आवभगत की वह उन्हें जिन्दगी

भर याद रही होगी।

वह दिन ऐसा बीता कि लल्लू के लिए जिन्दगी भर के लिए दशहरा भी बेकार हो गया। बाकी उससे छोटे लोग इस त्योहार में भी पूरी रुचि लेते थे।

हाँ दशहरा आने पर उसे मेले का सहकार ही नहीं अपनी चोट के सिलसिले में अनजाने लोगों का, भीड़ का सहकार भी याद आता है, किसी का स्वार्थ न था, सिर्फ मानवता थी–उसी की जरूरत है।

लल्लू के लिए बंगाल के प्रभाव से, ले-देकर, अब एक ही त्योहार सरस्वती पूजन का रह गया था। पैरों में सनीचर, मन में फितूर और त्योहार के रूप में सरस्वती पूजन, क्या जोड़-गाँठ हो चुकी थी।

नोट के बाद

शेफाली की तीमारदारी और बुआ की दुआ के बल पर लल्लू पूजा की छुट्टी के बाद स्कूल जाने लायक हो गया था।

ढाका के स्कूलों का हाल-चाल अजीब था। वहाँ मेडिकल कॉलेज था, डिग्री कॉलेज भी था—दोनों क्रान्तिकारियों के गढ़ थे। फाँसीघर से भाग करके आ जाए तो क्रान्तिकारी उनमें शरण पाता था और पुलिस क्या अंग्रेज फौज तक की हिम्मत फाटक के भीतर झाँकने की न पड़ती थी। इनके फाटकों से सौ गज रकबे के बाहर नित नया कांड होता था जिसमें अकसर सरकार की लाडली पुलिस को ही नीचा देखना पड़ता था। दुकानदार, ग्राहक, ग्वाले, घसियारे सभी क्रान्तिकारियों के मुरीद थे। पर यह इलाका शहर से जरा बाहर पड़ता था।

शहर के भीतर जो सातवें दर्जे तक का देसी वर्नाक्यूलर फाइनल स्कूल था, वह भी राष्ट्रीयता का गढ़ था। इसके हेडमास्टर पंडित जी थे। इस पद पर पंडित जी की नियुक्ति किसी अफसर या सेठ की कृपा से नहीं हुई थी। कभी पंडित जी ने एक मन्दिर के चबूतरे पर 20-25 लड़कों को पढ़ाना शुरू कर दिया था जिनके घर से उनके लिए सीधा आ जाता था। वही बढ़कर यह स्कूल हो गया। अब इसमें कई मास्टर थे लेकिन हेडमास्टर पंडित जी के रहते और कौन हो सकता था! जमीन स्कूल के नाम एक मुसलमान तमाकू वाले ने खैरात कर दी थी। इमारत का निर्माण दान से हुआ था। इसीलिए कमरे अलग-अलग रकम के थे। किसी पर धन्नी, किसी पर स्लीपर तो किसी पर खपरैल या छप्पर। दो कमरे कच्चे भी थे। स्कूल के हाते में एक पक्का कुआँ, एक नीम का पेड़ मय चबूतरा, एक हैंडपम्प भी था। पंडित जी के रहने के लिए एक कोने में सड़क की तरफ लोगों ने घर बनवा दिया था जिसका एक मुहार स्कूल की तरफ, दूसरा सड़क पर खुलता था। कुछ दूर पर दो चपरासियों के रहने के लिए भी कोठरियाँ बनी थीं। स्कूल में एक पैसा सरकार का नहीं लगा था, सरकार से मदद भी नहीं मिलती थी। हाँ मान्यता दिलाने में एक इंस्पेक्टर साहब ने मदद जरूर की थी जिसका सभी

अहसान मानते थे। एक गैर सरकारी हाई स्कूल था, उसी में भुजंग बाबू पढ़ाते थे। लल्लू जिस स्कूल में पढ़ता था वह अन्य विषय और अंग्रेजी भी पढ़ानेवाला आठवें दर्जे तक का स्कूल था। इन दोनों स्कूलों के मैनेजर और हेडमास्टर दबे देशप्रेमी भी थे। कांग्रेस को चन्दा देकर रसीद न कटवानेवाले और ऊपर से खैरख्वाही दिखानेवाले। वह हाथ-पैर बचाकर चलते थे, फूँक-फूँककर पाँव धरते थे, आ बैल मुझे मार कहना अक्लमन्दी नहीं समझते थे। यही सलाह वे सबको देते थे। मौलवी साहब प्राइमरी स्कूल में पढ़ाते थे। इस पूरे झुरमुट में एक बड़ा शानदार मिडिल स्कूल भी था जिसमें सिर्फ गोरे और अधगोरे ही पढ़ते थे। वहाँ के लड़के-लड़कियाँ आम काले बच्चों से दूर रहते थे, हेडमास्टर साहब पूरे लाट कमंडल थे। कम लोगों ने उनकी सूरत कभी देखी होगी।

अब स्थिति यह थी कि छमाही इम्तहान हो चुके थे, उसके बाद सालाना खेल-कूद वगैरह सब स्कूलों में हो रहे थे। दीवाली के पहले दो दिन स्कूल खुलने थे। उन्हीं में नतीजा सुनाकर छुट्टी होनी थी। उसके बाद कुछ दिन स्कूल खुलते और बड़े दिन की छुट्टी हो जाती जो उन दिनों 20 दिन की होती थी। इसके बाद नए साल में 2 जनवरी को स्कूल खुलने थे।

रंगपुर के डिग्री कॉलेज में इसी मौके पर पूरे इलाके की आखिरी प्रतियोगिताएँ होती थीं। उनमें एक थी भाषण प्रतियोगिता, जिसमें आठवें दर्जे से नीचे के छात्रों को अंग्रेजी में बिना तैयारी उसी समय बताए विषय पर बोलना होता था। इस प्रतियोगिता की तारीख कुछ ऐसी पड़ती थी कि उसके अगले दिन दीवाली की छुट्टी शुरू हो जाती थी।

इत्तिफाक यह कि इस बार उसमें जाने के लिए ढाका से जिन दो विद्यार्थियों का नम्बर आया वह दोनों एक ही स्कूल के थे। उनमें एक था लल्लू और दूसरा उसी के स्कूल का एक और लड़का। दोनों को मास्टरों ने कई बार बुलवाकर पक्का किया था। पहले से उन्हें स्कूल में रंगपुर आने-जाने का किराया और पाँच-पाँच रुपए फाजिल खर्च के लिए दे दिए गए थे और हुकुम था कि सबेरे की गाड़ी से जाना, बोलना, रात की गाड़ी से लौटना। मतलब यह कि उन्हें एक ही दिन स्कूल जाकर छुट्टी मनानी थी। इससे बढ़िया बात लल्लू के लिए क्या हो सकती थी !

उस बीच एक खास घटना हो गई थी। डिग्री कॉलेज को देखकर अंग्रेज को बुखार आ ही जाता था। एक दिन यह बुखार कुछ बढ़ गया। कुछ दूर चौराहे पर रात में एक बेगुनाह देहाती को क्रान्तिकारी समझकर दो अंग्रेज फौजियों और पाँच पुलिसवालों ने डंडा, लाठी, बूटों से इस बेरहमी से पीटा कि उसकी खोपड़ी फट गई, हाथ-पाँव टूट गए, दो एक पसलियाँ टूटीं, दाँत टूटे। वह बेहोश होकर

गिर पड़ा तब भी पिटाई न रुकी। बाद में फर्ज अदायगी के लिए वह अस्पताल ले जाया गया जहाँ उसे मुर्दा घोषित कर दिया गया। पोस्टमार्टम या तो हुआ नहीं, या उसकी रपट किसी को बताई नहीं गई। घरवाले चीखते-चिल्लाते रहे, लाश उन्हें दी नहीं गई। पुलिस के घेरे में कहीं ले जाकर पता नहीं, क्या कर डाला गया।

सबेरे अखबारों की सुर्खी, जनता में चर्चा और डिग्री कॉलेज के छात्रों का रोष। दो घंटे के भीतर चार सतर की एक नोटिस न जाने कहाँ से छपकर गली-गली में बँट गई। 'जनता से इस कायरता की उम्मीद न थी। वह कमीने अत्याचारी सही-सलामत जिन्दा चले गए। जिन्होंने वह सब देखा और देखते रहे– उन्हें लानत है। ढाका को इस पाप का प्रायश्चित करना होगा।'

हालत कितनी गम्भीर थी इसका अन्दाज सबको लग गया। अंग्रेज अफसर या तो भाग गए या घरों में बन्द हो गए। पुलिस थानों, चौकियों के भीतर बन्द हो गई। कलकत्ता तक खबर पहुँचते देर न लगी। शाम तक यह शाही हुक्म आ गया कि इस वर्ष दीवाली और बड़े दिन की छुट्टी एक में मिल जाएगी, उसके बाद स्कूल 2 जनवरी को खुलेंगे।

जनता का क्रोध इससे दबता क्या और उभर आया। रात भर में मेडिकल कॉलेज, डिग्री कॉलेज के विद्यार्थियों की बैठकें हुईं। छोटे स्कूलों के लड़कों के गोल भी बैठे। सबेरा होने से पहले फिर एक नोटिस शहर में बँट चुकी थी। उसमें लिखा था–दीवाली के पहले जो दो दिन स्कूल-कॉलेज खुल रहे हैं उनमें से पहले दिन विरोध में आम हड़ताल। सब स्कूल कॉलेज बन्द होंगे, पूरा बाज़ार बन्द रहेगा, एक भी सवारी नहीं चलेगी। सिर्फ मेडिकल कॉलेज मरीज़ों की सेवा के लिए खुला रहेगा, उसकी एम्बुलेंस भी सड़कों पर आएगी और जाएगी। पुलिस या फौज की गाड़ी दिखाई दे तो फूँक दो। कोई पुलिस या फौजी सड़क पर आए तो जिन्दा जला दो। कहीं लाठी चार्ज या फायरिंग हुई तो ढाका जिले में एक भी थाना या चौकी नहीं बचेगी। यों हड़ताल शान्तिपूर्वक होगी। हड़ताल के अगले दिन स्कूल-कॉलेज खुलेंगे, सब काम बदस्तूर होंगे। लोगों को इन नोटिसों में धूर्जटि बाबू की गन्ध आने लगी थी।

अभी उस दिन के आने में चार दिन बाकी थे, इसलिए तैयारी शुरू हो गई। सरकार भी अकड़ गई। चेतावनी दी गई। उन दो दिनों के लिए सब स्कूल-कॉलेज खुले रहेंगे। हड़ताल करनेवालों पर कार्रवाई होगी।

सबसे पहला कदम पंडित जी का उठा। उन्होंने अपने स्कूल में तीन दिन पहले से दीवाली की छुट्टी बोल दी। किसी ने पूछा तो कह भी दिया–'अच्छी धौंस गाँठते हैं, यहाँ क्या किसी का दिया खाते हैं।' डिग्री कॉलेज में तो हड़ताल होनी

ही थी। बाज़ार बन्द होने में किसी को शक न था। सवारियाँ भी नहीं चलेंगी, यह तय था।

सवाल रह गया अन्य स्कूल-कॉलेजों का, उसके लिए छात्र प्रबन्ध करने पर जुट गए। लल्लू के स्कूल में चंडाल चौकड़ी तगड़ी थी। वहाँ हड़ताल मुकम्मिल होगी, हेडमास्टर दब्बू हुआ करें। इस चंडाल चौकड़ी ने भुजंग बाबू वाले स्कूल को बन्द कराने का जिम्मा ले लिया। वह कोई मुश्किल काम न था। भुजंग बाबू हड़ताल वाले दिन के दो दिन पहले छुट्टी लेकर शेफाली सहित पंडित जी के घर आ बसे। शहर में ऊँट बदनाम वह जानते थे। धूर्जटि बाबू का नाम उनके साथ जुड़ ही जाता था। काहे को बवंडर उठे। जो होगा देखा जाएगा।

बचा वही शानदार अधगोरा स्कूल। साथियों ने लल्लू से कहा–'अबे तू तो अंग्रेजी बढ़िया बोल लेता है। उस स्कूल को बन्द कराने तू ही जा।' वह भाषण मुकाबले के दूसरे पहलवान को भी खोजने लगा लेकिन वह मौका मुहाल देखकर उड़न छू हो गया था। हड़ताल के दिन वह खोजे न मिला। खैर लल्लू का साथ देने के लिए एक मंडली तैनात कर दी गई।

उस स्कूल के हेडमास्टर साहब जरूरत से ज्यादा उस्ताद निकले। स्कूल दिन में 10 बजे खुलता था। साढ़े नौ बजे सबेरे जब लल्लू मंडली उस स्कूल के फाटक पर पहुँची तो देखा स्कूल का फाटक बन्द, भीतर से ताला लगा। भीतर पूरी चहल-पहल। सब लड़के-लड़कियाँ हाजिर, मास्टर साहब मौजूद, हेडमास्टर के कमरे के सामने स्टूल पर बैठा वर्दीधारी चपरासी ऊँघता हुआ नहीं, अटेंशन। या तो सबको रात में बुलाकर सुला लिया गया था, या सब मुँह अँधेरे दाखिल हो गए थे। खैरख्वाही यों दिखाई जाती है।

लल्लू मंडली क्यों हार मानती ! आसपास के लोगों को जमा करके उसने गिरोह बढ़ाया। एक लोहार को बुलाकर ताला भड़ाक से तोड़वाया, फाटक खोलकर सब अन्दर घुसे। सब लड़के-लड़कियों को घसीटकर बाहर निकाला, एक आध से हाथापाई हुई। गोरे, अधगोरे विद्यार्थी भी कोई हड़ताली कहलाना न चाहते थे। लेकिन थोड़ी फजीहत के बाद सब बाहर आए। यों हर दर्जे में दो-तीन कहीं छिपकर-छुपककर बच भी गए होंगे। सबको बाहर लाने के बाद फाटक पर एक कतार बाँधे सब खड़े–कैसे कोई भीतर जाएगा ! दो-चार लोग पूरी चहारदीवारी पर गश्त भी लगाने लगे। जब चार बज गए और टीचर निकल-निकलकर जाने लगे तब यह पहरा हटा।

हेडमास्टर साहब का घर हाते में ही था। वह भी कमरे में ताला लगवाकर निकले और क्वार्टर की ओर चले गए। चपरासी ने सभी दरवाजों में ताला लगा

दिया। भीतर से कुछ लड़के-लड़की भी खीस निपोरते बाहर आए मानो जगत जीतकर लौटे हों।

इन लोगों ने बाहर आकर दूसरों को कुछ बताया तो सब चीखने-चिल्लाने और लल्लू मंडली को कोसने लगे। इन्हें अंग्रेज राज में अफसर बनने की लालसा थी इसलिए लल्लू को नापसन्द करते। यह तो जानी-मानी बात थी। बुरी लगनेवाली बात यह भी कम न थी कि यह फटेहाल काला लड़का–नेटिव–गन्दे स्कूल में पढ़कर उनसे अच्छी अंग्रेजी क्यों बोले। लेकिन नई नाराजगी का कारण कुछ और था।

बात यह थी कि हेडमास्टर साहब अपनी किमियागीरी दिखा ही गए। पुलिस या तो उन्होंने बुलाई नहीं, या उनके बुलाने से आई नहीं। उन्होंने दिन में कई बार मास्टरों से मशविरा किया। हर दर्जे में हाजिरी रजिस्टर भेजकर हाजिरी बुलवाई और बाद में रजिस्टर अपने कमरे में मँगवा लिए। वहाँ उन्होंने अपनी लाल कलम से हर गैरहाजिर के सामने एक रुपया स्पेशल जुर्माना लिख दिया। यों तो उस युग में एक रुपया भी बड़ी चीज़ थी लेकिन सवाल कैरियर का था–माँ-बाप क्या कहेंगे! सब लल्लू को नोंचने लगे। लल्लू ने कड़कती हुई अंग्रेजी में कहा–'रात भर सब्र करो, सबेरे के पहले मैं सब ठीक करा दूँगा।' लल्लू भी जानता था कि कुछ करना पड़ेगा। नहीं तो कल दस बजते ही यह सब लिखित माफीनामा दाखिल कर देंगे जिसका हेडमास्टर जोर-शोर से प्रचार करेगा।

क्या करना है, यह तय करने में देर न लगी। फाटक खुला ही था। ताला टूट चुका था। वहाँ तक कोई अपनी शामत बुलाने के लिए आया न था। लल्लू मंडली रात 11 बजे भीतर घुसी और सीधे चपरासी के कमरे पर पहुँची। इन्हें देखकर वह कुछ चिल्लाने को हुआ तो एक आवाज़ कड़की–'आवाज निकली तो गोली मार दूँगा।' मंडली में किसी के पास तमंचा तो क्या गुलेल भी न थी। लेकिन चपरासी की घिग्घी बँध गई, उसकी जोरू की भी आवाज़ बन्द हो गई। चपरासी से कहा गया–'चाभी का गुच्छा लो और लालटेन लेकर साथ चलो।' उससे हेडमास्टर के कमरे का ताला खुलवाया गया। ताला लल्लू ने अपने हाथ में ले लिया। भीतर देखा तो कोई रजिस्टर न था, हाँ खूँटी पर हेडमास्टर साहब अपना हैट जरूर लटका छोड़ गए थे। वह हैट निकाल लिया गया और हेडमास्टर की कुर्सी भी बाहर ले आई गई। इसके बाद दफ्तर का ताला खुलवाया गया। वहाँ से हाजिरी रजिस्टर गिनकर सबके सब बाहर निकाले गए। लालटेन की रोशनी में उन्हें खोलकर देखा तो जुर्मानेवाली बात सही पाई गई। कुछ कागज़ात व रजिस्टर भी निकाल लिए गए। दफ्तर बन्द करवा दिया गया। हेडमास्टर का कमरा खुला छोड़

दिया गया।

बाद में लॉन में रजिस्टर व कागजात का ढेर लगा, उसके ऊपर कुर्सी रखकर ऊपर हैट विराजमान किया गया। उसके बाद एक लत्ता लेकर लालटेन के तेल से भिगोकर नीचे रखकर दियासलाई की जलती तीली दिखा दी गई। सब कुछ राख हो जाने तक सब लोग वहीं मौजूद रहे, चपरासी को हिलने न दिया गया। बाद में हेडमास्टर की मेज पर इनकलाब जिन्दाबाद, बन्देमातरम् लिखकर चपरासी को पकड़े फाटक तक लाए। फाटक में हेडमास्टर के कमरे वाला ताला बन्द करवाया। चपरासी से 'भारत माता की जय' कहलाई और कहा, 'जाओ सो जाओ, सबेरे से पहले साँस न लेना।' शायद उसने ऐसा ही किया होगा।

सब काम निपटाकर लल्लू जी घर आए। किसी को, शेफाली को भी, कुछ न बताया। भोजन करके रात में चैन की नींद ली। सबेरे तड़के उठकर नहाया-धोया और चल दिए। सबको मालूम था ही, किसी को बताना न था। अपने भाषण-साथी के घर जाकर उसे साथ लिया और सबेरे की गाड़ी पर बैठ गए रंगपुर के लिए। लल्लू निश्चिन्त थे, रात तक लौटेंगे, जो कुछ होगा नए साल में होगा। तब देखा जाएगा।

अगले दिन सब स्कूल बदस्तूर खुले, रिजल्ट बँटे, छुट्टी बोली गई लेकिन इस अधगोरे स्कूल का हाल अलग था। वहाँ न हाजिरी हुई, न पढ़ाई। सब बौखलाए से घूम रहे थे। हेडमास्टर की हालत अजीब थी। कभी कमरे के भीतर जाते, कभी बरामदे में तो कभी लॉन में चहलकदमी करते। किसी से बोलते तो मानो काट खाते थे।

बड़ी देर बाद उनकी सेहत सुधरी। वह अपने कमरे में बैठे। घंटी बजाकर चपरासी को बुलाया और एक गिलास ठंडा पानी पिया। इसके बाद मेम टाइपिस्ट बुलाई गई। उसे कुछ चिट्ठियों का इमला बोला जाने लगा। चपरासी से पूछताछ कर चुके थे। वह बेचारा कहाँ तक कुछ न बताता ! और किसी को तो पहचानता न था लेकिन लल्लू को कौन नहीं पहचानता था !

पहली चिट्ठी कलकत्ते के बड़े दफ्तर के सबसे बड़े हाकिम को लिखाई गई जिसमें अपनी मुस्तैदी और लोगों की शरारत का विस्तार से रोना रोया गया था। दूसरी चिट्ठी लल्लू के स्कूल के हेडमास्टर को लिखाई गई। तीसरी चिट्ठी भुजंग बाबू के स्कूल के हेडमास्टर को लिखाई क्योंकि उनकी समझ में लल्लू भुजंग बाबू की बात बहुत मानता था। इसके बाद वह एक चिट्ठी पंडित जी के नाम लिखवाने चले लेकिन दो जुमले लिखवाकर रुक गए। इसके बजाय उन्होंने भुजंग बाबू से सम्बन्धित चिट्ठी में ही दो जुमले बढ़वा दिए और उसकी एक नकल इंस्पेक्टर

के दफ्तर भेजने को कह दिया। इतना काम करने में वह थक गए। मेम साहब से कह दिया कि तुम अपने दस्तखत से चिट्ठियाँ आज ही रवाना कर देना। इसके बाद वह घर चले गए।

शहर में किसी को न रात की घटना का पता था, न इस सब गाथा का। शहर में हालत आम दिनों जैसी थी। शाम तक लल्लू रंगपुर में अपना काम खत्म कर चुका था। वापसी यात्रा में अभी काफी देर थी।

रंगपुर से लल्लू की वापसी से पहले अधगोरे स्कूल के हेडमास्टर साहब अपनी मेम साहब, एक पुत्र, एक पुत्री और खानसामा सहित पूरे तामझाम से स्टेशन पहुँचकर पहले दर्जे के डिब्बे में सवार हो चुके थे। उन्हें भी अब नए साल में ही लौटना था।

यह पुरस्कार

रंगपुर में उस दिन से एक दिन पहले एक छोटी बस आकर उस छोटे शहर के लिए तमाशा बन गई थी। यह बस चन्द्रनगर से आई थी।

चन्द्रनगर भारत में था, बंगाल में था। वहाँ अंग्रेज का नहीं, फ्रांस का राज था। वहाँ के किसी बड़े शानदार स्कूल के दस बच्चों–यही छठे-सातवें तक के भीतर की कक्षाओं में पढ़ रहे–सात लड़कों और तीन लड़कियों–की एक टोली इस बस में स्कूल की तरफ से बंगाल घूमने भेजी गई थी। साथ में एक मिस और एक चपरासी था। बस के भीतर जरूरत की सब सामग्री थी। रंगपुर का इलाका घूमने के बाद वह कविराज के दरवाजे पर रुकी थी। वहाँ से कविराज और कविराज पूत ने उसी बस में बैठकर बस को डिग्री कॉलेज पहुँचा दिया था। मिस की आचार्य घोष से बात हुई। इस पूरी टोली का रहन-सहन एकदम फ्रांस का, मातृभाषा फ्रेंच थी। अंग्रेजी टूटी-फूटी बोल-समझ ली जाती थी–उसमें भी शब्दों का उच्चारण फ्रांसीसी होता था। टोली के दो बच्चे–एक लड़का, एक लड़की–फ्रांस में जनमे थे, तीन चन्द्रनगर में फ्रांसीसी माँ-बाप की सन्तान थे, शेष अधगोरे थे जैसे शेष भारत में एंग्लो इंडियन होते हैं वैसे ही फ्रेंको इंडियन। कहने के लिए पूरी टीम गोरी टीम कही जाती थी। आचार्य घोष इनकी बान या वाणी से चिढ़ने कतरानेवाले जीव न थे। उन्होंने पूरी टीम को दोपहर तक कॉलेज में टिकने की सुविधा दी और शाम के कार्यक्रम में सबको आमन्त्रित कर लिया। शाम को ही वह डिबेट थी जिसके लिए लल्लू अपने साथी को लेकर आए थे। डिबेट ठीक 3 बजे शाम को शुरू होनेवाली थी। कॉलेज के टीचर और बड़े दर्जों के लोग तैयारी में लगे थे।

समय के करीब एक घंटा पहले लल्लू और साथी ने हाल में प्रवेश किया। एक बड़े बोर्ड पर मुकाबले में शामिल बच्चों का नाम अंग्रेजी अक्षर क्रम से लिखा था। लल्लू का नाम काफी नीचे था। उन लोगों के लिए अलग सीटें लगी थीं। तीन तरफ निर्णायकों के लिए मेज-कुर्सी लगी थी। पौने तीन बजे एक ब्लैक बोर्ड

पर से पदा हटाकर विषय सामने कर दिया गया, भाषण अंग्रेजी में होने थे। लल्लू की बहुत तबियत थी कि कविराज पूत और वह अलग-अलग बैठें लेकिन इस समय वह सम्भव न था। कविराज पुत कुछ डरा, कुछ सहमा-सा बैठा था। खास मेहमानों के लिए तो अलग सीटें थीं ही। विदेशी टोली के लिए भी अलग सीटें थीं–हाँ कविराज और कविराज पूत को भी उन्हीं सीटों पर जगह मिल गई थी। समय से कुछ मिनट पहले ही हाल भर गया था। निर्णायक अपनी सीटों पर थे। अध्यक्ष आए, द्वार पर आचार्य घोष ने अगवानी की। माला पहनाई। पूरा हाल खड़ा हो गया। वह आकर कुर्सी पर बैठे, आचार्य घोष बगल में बैठे, हाल के लोग भी बैठे, कार्यवाही शुरू हो गई। कार्यवाही अंग्रेजी में हो रही थी।

आचार्य घोष ने अपने संक्षिप्त भाषण में उस विदेशी टोली का खास तौर पर जिक्र किया। उन्होंने उपस्थित जनता को बताया कि फ्रांस के शासक साम्राज्यवादी हों लेकिन वहाँ की जनता स्वतन्त्रताप्रेमी है, विश्व में सबसे बड़ी क्रान्तिकारी है। वहाँ की धरती के कण-कण में क्रान्ति का सन्देश है। स्वतन्त्रता, बन्धुता, समता के आदर्श उन्होंने विश्व को दिए हैं। वहीं विश्व की प्रथम राज्य क्रान्ति हुई और शताब्दी के भीतर वहाँ की जनता कई बार क्रान्ति कर चुकी है। ये क्रान्तियाँ किसी विदेशी शासन के खिलाफ नहीं स्वदेशी शासन के खिलाफ की गईं। तानाशाही के खिलाफ ही नहीं जनतन्त्र में चुने गए शासन के खिलाफ भी की गईं। वहाँ की जनता कानून को मनुष्य का शासक नहीं, दास मानती है। वहाँ फ्रीडम नहीं, लिबर्टी शब्द पूज्य है जिसका अर्थ है–मन, शरीर, वाणी, क्रिया और भावना की स्वतन्त्रता–उसी के लिए वहाँ बराबर क्रान्ति की जाती है। हाल कई बार तालियों की गड़गड़ाहट से गूँजा था।

अध्यक्ष थे शान्ति निकेतन के एक आचार्य। उनकी ओर मुड़कर आचार्य घोष बोले–मैंने तो धूर्जटि को इस पद के लिए बुलाया था, पर वह खोजे न मिले, इसलिए आपको कष्ट दिया। आपने अन्तिम समय में स्वीकृति देकर कृतार्थ किया। एक निर्णायक की कुर्सी भुजंग बाबू के लिए थी, वह भी आ नहीं सके। लल्लू को ये दो नाम इस रूप में सुनकर कुछ विस्मय हुआ। उसे इन नामों से अपनी निकटता पर अभिमान होने लगा। अब उसमें विदेशी टोली से निकटता पाने की साध थी।

डिबेट के सब बच्चे बोल लिए। हर एक को दस मिनट में अपना भाषण पूरा करना था। हर भाषण के अच्छे चुटीले वाक्यों पर तालियों की गड़गड़ाहट होती थी। आचार्य घोष और अध्यक्ष भी ताली बजाकर उत्साहवर्धन करते थे। ताली बजाने में सबसे ज्यादा उत्साह विदेशी टोली दिखा रही थी। भाषणों के बाद

तीनों निर्णायक उठकर एक अलग कमरे में अपना मीजान बैठाने चले गए।

इस बीच क्या हो ? आचार्य घोष ने उँगली के इशारे से गोरी मिस को बुलाया। वह मंच पर आईं। उन्होंने आचार्य घोष और अध्यक्ष के बीच में पीछे खड़े होकर झुककर कानाफूसी के रूप में दोनों से कुछ बात की और वापस लौटकर अपनी सीट पर बैठ गईं। उनसे बोलने का आग्रह किया गया होगा जो उन्होंने नहीं माना लेकिन अपनी टोली के दो बच्चों को कुछ बोलने की इजाजत दे दी। अध्यक्ष ने यही घोषणा की। एक लड़का बोला और एक लड़की। इन लोगों की अंग्रेजी विचित्र थी, कभी क्रिया गायब तो कभी विभक्तियाँ, अकसर फ्रेंच व्याकरण लग जाती थी। अंग्रेजी शब्दों का उच्चारण भी विचित्र था–इंग्लैंड हो गया इंगलंड, मैथमेटिक्स हो गई मातमाती। गरीब नेवाज की बातें शायद दोनों को बहुत भायी थीं लेकिन उसका नाम बोला गया–गारी नेवा। आचार्य घोष ने जिस शहर को पेरिस कहा उसे ये पैरी कहते थे। इनकी भाषा में सिंह था सीं और घोष था सिर्फ गो।

विषय पर तो वह क्या बोलते! वह तो प्रतियोगिता में आए न थे। लड़का बराबर जो देखा-सुना उसकी प्रशंसा, धन्यवाद, आभार यही सब करता रहा और बार-बार श्रोताओं को हँसाता, ताली बजवाता रहा। लड़की बाद में बोली। उसे कुछ और कहना ही था सो उसने एक पते की बात कह दी।

उसने कहा–हमारे देश को क्रान्ति की भूमि सभी कहते हैं लेकिन एक और खास बात है जिस पर लोगों की नजर नहीं जाती। हमारी धरती प्यार की धरती है। हमें पैदा होते ही सबको प्यार करने की बुद्धि मिल जाती है। हम बहुत खाते हैं, हर समय खाते हैं, सड़क पर चलते-चलते खाते हैं लेकिन सेब को हाथ में लेकर बड़े प्यार से उसे देखते और कुतरते हैं। हमारे यहाँ ईंट, पत्थर एवं खम्भे से प्यार किया जाता है। प्रतिमाओं का हम लोग आलिंगन करते हैं। चूमते हैं। संगीत सुनकर नाच उठते हैं, पेड़ों-बैलों को गले लगाते हैं। जानवरों के गले में हाथ डालकर उन्हें गाना सुनाते हैं। हम सूरज, चाँद, बारिश ही नहीं लहर, सितारों, किताबों तक को प्यार से देखते हैं। वह सब हमारी भाषा समझते हैं। हमें वह भी प्यार के बदले प्यार देते हैं। हमारे पालतू जीव और पेड़ तो हमारे दुख-सुख को पहचानते हैं। उसमें साझा बँटाते हैं, गलती होने पर क्षमा मँगवाते हैं, माँगते हैं। बेजा क्रोध पर एतराज करते हैं। दुनिया के और लोग पेड़-पौधों, जानवरों को पालना, उन्हें खाद-खाना देना, उनका लाभ उठाना, उनसे डरना, उन पर कुढ़ना शायद बेहतर जानते होंगे। आप लोग तो दुनिया के सबसे पुराने माली, किसान, ज्योतिषी, और चरवाहे हैं लेकिन हम उन्हें प्यार करना और उनसे प्यार पाना सबसे

बेहतर जानते हैं। हमारा यह अनन्त प्यार ही हमें अथक क्रान्तिकारी बनाता है। क्रान्ति की आग एक बार लग जाए तो बुझती तब है जब अन्दर-बाहर जलाने लायक कुछ भी न बचे।

जज लौट चुके थे। सभापति ने रिजल्ट सुना दिया। पहला इनाम गरीब नेवाज को मिला था, दूसरा खुलना के एक विद्यार्थी को। तीसरा जैसोर की एक लड़की को। इनाम में एक-एक तमगा, कुछ किताबें और एक-एक सर्टीफिकेट था। जिले के कुछ नम्बर जोड़े गए थे—पहला नम्बर ढाका का तो था ही, एक ही स्कूल का हो गया इसलिए बड़ी-सी शील्ड लल्लू के स्कूल को मिली। बच्चों ने मंच पर आकर पुरस्कार लिए और वहीं रख दिए। यह सब लाद-फाँदकर बच्चे कहाँ ले जाते। घोषणा हो गई कि यह सब तुम्हारे स्कूल से तुमको मिलेगा। उन्होंने यह भी इच्छा प्रकट कि लल्लू के स्कूल में एक सभा करके पुरस्कार दिया जाए, वह भी उसमें पहुँचेंगे। आचार्य घोष ने अपनी ओर से भी प्रतियोगियों को किताबों के पुरस्कार दिए। एक विशेष पुस्तक पैकेट उस फ्रांसीसी लड़की को भी दिया जो उसने सबकी भाँति मंच पर आकर लिया तो लेकिन तुरन्त ही मिस की आँख के इशारे की ओर से बेपरवाह होकर उसने वह पुरस्कार भारत-फ्रांस की जनता के बीच स्वतन्त्रताप्रेमी क्रान्तिकारी प्यार के रिश्ते के लिए उसी कॉलेज की लाइब्रेरी को उपहार में दे दिया।

रह गया काम धन्यवाद देने का। यों तो यह काम आचार्य घोष करते लेकिन गोरी टोली का लिहाज करके उन्होंने यह काम नगर के जाने-माने वैद्य कविराज के सुपुर्द किया।

कविराज मंच पर आए तो बड़ा लम्बा भाषण कर गए। पहले उन्होंने रंगपुर की महत्ता बताई। फिर भारत पर बोले। इसके बाद क्रान्ति समझाने लगे। वह स्वतन्त्रता को आत्मा-परमात्मा तक ले गए। फ्रांस पर वह कुछ न बोले यही गनीमत थी। इसके बाद प्यार पर भी बहुत कुछ कह गए।

लेकिन कुछ काम की बात भी वह कह गए। उन्होंने वैद्यक का सिद्धान्त बताया। जड़ी-बूटियों का भी मन होता है, उनके भी मन के भाव होते हैं। जीवों और मनुष्यों के मन के भाव से उसका तालमेल न बैठे तो दवा असर नहीं करती। सिर्फ चारा, भोजन और खाद से कोई जीव, मनुष्य या पेड़-पौधा स्वस्थ, फुर्तीला काम-लायक नहीं रह सकता जब तक प्यार और भाव का तालमेल न हो। अधिकतर रोगी दवा से नहीं ठीक होते, दवा लगती ही नहीं है। उन्हें वैद्य के व्यवहार, वैद्य की वाणी से जीने की इच्छा, स्वस्थ रहने की साध मिले, इसके बाद ही दवा असर करती है। यह बात माली, किसान और पशुपालक को गाँठ बाँध

लेनी चाहिए। कविराज पूत को अचम्भा था कि पिता की जरा-सी खोपड़ी में इतनी बातें कहाँ से आ गईं।

कार्यक्रम समाप्त हो गया। अब लल्लू के क्या कहने! काले-गोरे सभी उसकी तरफ लपक रहे थे। बड़े लड़कों ने उसे कन्धे पर उठाया था। लेकिन आचार्य घोष ही सबसे पहले उसकी पीठ थपथपाने आए थे। दूसरा नम्बर अध्यक्ष का था।

अब लल्लू को पता चला कि कानाफूसी और बतकही से बात ज्यादा तेज फैलती है। उसने पिछली रात में जो कुछ किया वह किसी अखबार में तो छपा न था। लेकिन लगता है बात यहाँ तक आ गई थी। आचार्य घोष ने उसकी पीठ थपकते हुए अध्यक्ष से अंग्रेजी में कहा था–'और यही वह ढाका वाला लड़ाकू बदमाश है।'

सबसे बुरा हाल था गोरी मिस साहब का। वह ऊपर से हँस-हँसकर बात करती थीं। भीतर से परेशान थीं। उन्हें साफ दिखाई दे रहा था कि बच्चों को बेजा दिशा मिल रही थी। बच्चे कोई देशी बच्चे तो थे नहीं जो कान उमेठकर दो बेंत लगाने से दब जाएँ, चुप हो जाएँ। अब वह खुद इस टोली से अलग होना चाहती थीं। यह भी हो सकता है कि और कोई बात रही हो लेकिन उन्होंने जो रुख अपनाया उससे आम लोग समझे यही।

जलपान आदि के बाद भीड़ छँट गई, डिबेट के लड़के भी इधर-उधर हो गए। लल्लू मय साथी इस टोली के साथ उछल-कूद में लगा था। कविराज पूत उनमें न था। भूत वाली घटना के बाद से उसे लल्लू से डर लगने लगा था। आज का दृश्य देखकर तो वह एकदम गुमसुम हो गया था। अब वह लल्लू का साथी नहीं बन सकता था।

गोरी मिस साहब ने आचार्य घोष से विनती की–मुझे कुछ काम है, अगर आप इन बच्चों को घुमाने का इन्तजाम कर दें तो बड़ा अहसान हो। बस और चपरासी रहेंगे ही। किसी को साथ कर दीजिए।

आचार्य घोष ने इसे अध्यापक की काम-चोरी माना लेकिन एक तो औरत फिर विदेशी। उनकी हामी मिलते ही मिस ने अटैची सँभाली और बच्चों से टाटा किया। चलते-चलते वह इतना कहती गईं–देखिए यह बस मुझे कलकत्ता के चौरंगी के यंग वीमेन क्रिश्चियन एसोसिएशन के फाटक पर 23 दिसम्बर को मिल जाए। इन बच्चों को बड़े दिन पर अपने घर पहुँचना है, और वह स्टेशन की तरफ चली गईं।

मिस को बच्चों से, बच्चों को मिस से छुट्टी मिली। कविराज को पूत के साथ ढाका जाना ही था। उन्हीं को टोली सौंप दी गई। आचार्य घोष ने भुजंग

बाबू को चिट्ठी लिख दी। वह निश्चिन्त भाव से बोले–भुजंग बाबू के लिए यह प्रबन्ध बाएँ हाथ का खेल है। लल्लू और साथी को भी ढाका तक के लिए उसी बस में जगह मिल गई। गोरे, अधगोरे, काले तो बड़े होते हैं। बच्चे हिल-मिलकर एक होना जानते हैं, बशर्ते बड़े दीवारें न खड़ी करें।

नई नायक

बस ढाका में सीधे पंडित जी के स्कूल पर जा रुकी। यों टोली के स्कूल के प्रिंसिपल ने जगह-जगह वैसे ही स्कूलों के प्रिंसिपलों के नाम, कहीं अंग्रेज अफसरों के नाम पहले से पत्र भेज दिए थे ताकि असुविधा न हो। मिस भी लिफाफों का एक बंडल टोली को देती गई थीं। लेकिन ढाका में उसकी जरूरत न पड़ी। बच्चे भी देशी ढंग के इन्तजाम का सुख लूटना चाहते थे। वह पंडित जी के यहाँ हो गया। भुजंग बाबू शेफाली को लेकर वहीं आ गए। उनको चिट्ठी दी गई। भुजंग बाबू के लिए यह इन्तजाम सचमुच बाएँ हाथ का खेल था।

भुजंग बाबू ने तुरन्त लल्लू और शेफाली को दौड़ा दिया। कहा कि शुभ्रा को बुला लाओ। वह भुजंग बाबू की पुरानी शिष्या थी। कन्या विद्यालय में पढ़ाती थी। वह आई तो उसे टोली की नायकी सौंप दी गई। अभी दो दिन तो टोली को ढाका ही घूमना था। यह भी तय हो गया कि लल्लू और शेफाली टोली के साथ जाएँगे। टोली के बच्चे खुशी से नाच उठे। वापसी कैसे होगी यह चिन्ता टोली के बच्चों ने दूर कर दी। हम कलकत्ता से तीनों को रेल में बैठाकर तब रवाना होंगे। गाड़ी छूटने पर हम प्लेटफार्म पर से विदा देंगे। शुभ्रा नाम टोली के बच्चों को कभी बोलते न बना–उन्होंने मैडम कहना शुरू कर दिया। शेफाली का नाम इतनी देर में ही घिस-पिटकर शेफा हो गया था। और गरीब नेवाज यानी लल्लू हो गया था लालू। कविराज अपने पूत को भी टोली के साथ भेजना चाहते थे। लल्लू का भी यही मन था। लेकिन कविराज पूत खुद ही कतराया, राजी न हुआ। कविराज ने ढाका में अपने काम पूरे किए और बाप-पूत रंगपुर लौट गए।

तय समय पर बस रवाना हो गई। रास्ता वही रहा जो पहले से तय था। पड़ाव कहीं पहले से तय वाले रहते, कहीं भुजंग बाबू की चिट्ठियों के जोर से, नए तय हो जाते। अब टोली को देसी माहौल जमकर मिल रहा था। भ्रमण का सच्चा आनन्द आ रहा था।

एक रात का गैर रस्मी पड़ाव यादगार बनकर रह गया। एक देसी स्कूल

के बड़े कमरे में पूरी टोली टिकी थी। बरामदे में भोजन-पानी के बाद रात गुजारनी थी। एक बड़ी दरी बिछाकर लालटेन के चारों ओर पूरी मंडली जमी थी। कुछ चुटकुले हुए, कुछ गाने, कुछ किस्से चले। कुछ बातचीत भी चल पड़ी।

रंगपुर में मंच पर बोलनेवाली फ्रांसीसी लड़की शेफाली से भी बड़ी थी। शेफाली ने उससे पूछ दिया–इन सबमें तुम्हारे पति कौन हैं। वह हँस पड़ी–पति कैसा, सब मित्र हैं, साथी हैं। मैंने अभी शादी कहाँ की है, मेरा तो शादी करने का इरादा भी नहीं है। शेफाली भौचक्की रह गई। भोलेपन में कह ही बैठी–'मैं कैसे मान लूँ। इतनी बड़ी लड़की विधवा तो हो सकती है, कुँआरी कैसे होगी ! फिर तुम ब्याह करने, न करनेवाली कौन होती हो ? तुम्हारे इरादे से क्या होता है ? ब्याह तो माँ-बाप, रिश्तेदार कर ही देते हैं।'

शुभ्रा कुछ कह सकती थी लेकिन कुछ न बोली। उसका मन कुछ सुनने का हो रहा था। उसे अपना पिछला जीवन याद आ रहा था। भुजंग बाबू न मिल जाते तो क्या होता ?

यों भुजंग बाबू उसके कोई नहीं थे। एक बार जगन्नाथ धाम माँ जी के साथ गए थे। तब शेफाली गोद में थी। वहाँ एक भीख माँगती हुई अबोध बाल-विधवा बंग-बालिका मिली थी। घरवाले उसे वहीं छोड़ गए थे। मायके या ससुरबाड़ी वालों ने उसकी कभी खबर न ली थी। भुजंग बाबू उसे ले आए थे। शुभ्रा उसका असली नाम नहीं था। भुजंग बाबू ने उसे यह नाम दिया था–कहने के लिए भट्टाचार्य भी लगा दिया था। उसे पढ़ाया-लिखाया। कलकत्ता विश्वविद्यालय से बी.ए., एल.एल.बी. कराया। उस युग में औरतें वकालत नहीं करती थीं, सो ढाका में ही टीचर बनवा दिया। वह हेड मास्टरनी के ही मकान में उन्हीं के साथ रहती थी। संगीत, नृत्य आदि में भी रुचि थी। उसका गौरवर्ण, चेहरे की गठन, स्वस्थ शरीर–सौन्दर्य मानो फूटा पड़ता था। कमर से नीचे तक लम्बे, घने केश कभी खुले-बिखरे होते तो नीले, श्वेत या पीत परिधान में वह साक्षात सरस्वती देवी जान पड़ती थी। उसने रंगीन वस्त्र न पहनने की टेक कभी न निभाई। माँ जी को यह लड़की आरम्भ से ही नापसन्द थी। कुछ दिन तो कुछ लोगों ने उँगली भी उठाई लेकिन अब मामला शान्त था। नगर की अच्छी इज्जतदार अध्यापिकाओं में उसकी गिनती थी। धूर्जटि महाशय से वह कभी-कभी मिलती थी। उसे महात्मा जी से न जाने क्यों चिढ़ थी।

बातचीत ने कुछ ऐसा मोड़ लिया था कि शुभ्रा का ध्यान उधर बँट गया, सपना बीच में ही टूट गया था। फ्रांसीसी लड़की कह रही थी–'औरत पैदा होते ही बेसहारा बनना सीखती है। उसके लिए मालिक, पति, स्वामी जरूरी है। तब

तो उसे दासी बनना ही होगा। अगर गरजमन्द वह है और गरज पूरी करनेवाला पुरुष तो विवाह किसी भी पद्धति से हो–पुरुष ऊँचा रहेगा, स्त्री हीन रहेगी।'

'तो क्या तुम विवाह के खिलाफ हो?' एक गोरे लड़के ने पूछा। उत्तर मिला–'खिलाफ होने से भी क्या फायदा जब उस अवसर पर किए गए वादों का कुछ मतलब सिर्फ स्त्री के लिए होता है, पुरुष के लिए वह वादे कुछ माने नहीं रखते। यह एकतरफा गाड़ी नहीं चलेगी। गरज दोनों को हो, सहारे की जरूरत दोनों को हो।' एक और गोरी लड़की बोल उठी–प्रेम विवाह में तो दोनों बराबर के दर्जे पर रहते हैं। वह लड़की तपाक से बोली–'मुझसे प्रेम की बात न करो। इस शब्द के भी पुरुष-स्त्री के लिए दो अलग अर्थ हैं। स्त्री के लिए प्रेम है पूरा समर्पण। उसकी सब इच्छाएँ, रुचियाँ, प्रेम करने पर बदल जाएँगी। केश और पहनावा भी प्रेमी या पति की इच्छा का होगा। शुरू से वह अपने को इसी लायक बनाती हैं कि किसी को लुभाए, लुभाए रहे और ऐसा हो जाए तो वह समझेगी कि प्रेमी मिल गया। पुरुष के लिए प्रेम का अर्थ क्या है? हर पुरुष में स्त्री के लिए एक कमजोर क्षण आता है। इस कमजोर क्षण में वह स्त्री को कुछ उपहार देता है। इन्हीं उपहारों में से एक प्रेम है। वह एक बार नहीं दस बार, एक को नहीं दस को दिया जाता है। इस उपहार के बदले में वह स्त्री को सजे-धजे पालतू जानवर या दोस्तों को दिखाने लायक कलापूर्ण तस्वीर की हैसियत, जब तक उसकी पसन्द गवाही दे, देता है, देता रहता है। विवाहिता स्त्री अपने पैरों पर खड़ी होकर भी निहायत निकम्मे झगड़ालू पति के मुकाबले हीन ही रह जाती है।'

नया सवाल था–'तो तुम विवाह को क्या मानती हो ?' उसने उत्तर दिया–'स्त्री हो या पुरुष उन्हें जीवन में अपने बूते, थपेड़ों से, अन्धड़ से जूझना होगा। यह बूता दोनों में होना चाहिए। जूझने में मददगार हितैषी-दुश्मन, पुरुष हों या स्त्री मिलते-बिछुड़ते रहते हैं। कोई दो मित्र अपनी मित्रता को अधिक टिकाऊ या गहरा बनाना चाहें तो बना लें, उसे विवाह कहने में कोई हरज नहीं। लेकिन कोई किसी के बिना असहाय बेसहारा नहीं रहे, मेरी नजर में विवाह है एक...।' वह रुक गई। उसके दिमाग में जो फ्रेंच शब्द था उसकी अंग्रेजी उसे सूझ नहीं रही थी। बहुत सोचकर उसने कहा–'विवाह है एक कैजुअल ट्रिवियलिटी।

यह शब्द किसी की समझ में न आया। लल्लू और शेफाली ने शुभ्रा से माने पूछे। अन्य बच्चों को उस लड़की ने फ्रेंच शब्द बता दिया। शुभ्रा ने अर्थ यों बताया–'संयोग से अकस्मात होनेवाली कोई मामूली घटना जिसके होने, न होने से कुछ होता जाता नहीं।'

लेकिन शुभ्रा और शेफाली दोनों के दिमाग चकरघिन्नी हो गए थे। अगर

विवाह को यही मान लिया जाए तो विधवा या त्यागी हुई स्त्री के दुख का कोई अर्थ नहीं है। वह पुरुष के आगे गरजमन्द, बेसहारा, दबनेवाली नहीं रह जाती। तब तो पुरुष अधिक गरजमन्द हो जाता है। लेकिन समस्या का यह समाधान अधूरा है। शुभ्रा के मुँह से अचानक निकला–'तब माता का कर्तव्य?'

उसी लड़की ने उत्तर दिया–माता बनने की कूवत प्रकृति सिर्फ स्त्री को देती है। लेकिन वह माता बने इसकी उसे खुद बेहद गरज क्यों हो। इसकी गरज तो पूरी जाति को होनी चाहिए। पुरुष को भी होनी चाहिए। इसके लिए तो स्त्री को विशेष काम करने के विशेष प्रतिफल मिलने चाहिए। मैं इस शर्त पर माता बनने की राय किसी को न दूँगी कि माता बनने के लिए किसी पुरुष की दासी बनो, उसे स्वामी मानो, उसकी इच्छा की गुलाम बनो, उसके इशारे पर नाचो, उसके बिना जीवन अकारथ मानो। एक सवाल और है। आज सवाल सिर्फ प्राकृतिक कूवत का नहीं है, बच्चे को योग्य बनाने का है। जब तक इस लायक दो स्त्री-पुरुष न हों, उसके लिए हालात न पैदा कर सकें तब तक उनका पति-पत्नी या माँ-बाप बन जाना अगली पीढ़ी के लिए खतरनाक है।'

बहुत बड़े सवाल उठ गए थे। लल्लू आज भी सोचता है कि स्त्रियों की समता और स्वतन्त्रता का रास्ता कितना पेंचदार है। अभी मानव जाति को न जाने कितने पापड़ बेलने पड़ेंगे।

लड़की थमते-थमते कह गई थी–'समता, स्वतन्त्रता दी नहीं जाती, ली जाती है। मैं यह पसन्द नहीं करती कि हम मर्दों से माँगें और वह हमें यह सब दें, यानी मंगता-दाता का रिश्ता हो, तब तो दाता ऊँचा हो ही जाएगा। बहुत-से हक स्त्रियों को कानून में लिख दिए गए हैं लेकिन मिले नहीं। मिले उन्हीं को जिन्होंने लिए, जो कानून में न लिखे होने पर भी वे अपनी कूवत से ले लेतीं।'

शेफाली बोली–'लेकिन औरत कमजोर होती है, रोज ही अपहरण, बलात्कार की घटनाएँ होती हैं।' वह लड़की बिगड़कर दुर्गा रूप हो गई, बोली–'तुम्हारा यह सब वहम किस्सा-कहानियाँ लिखनेवालों ने लाखों वर्षों में खड़ा किया है। वह कमजोर होती नहीं, बनती है। पुरुष को लुभाने के लिए कमजोरी को अपना हथियार मानती है। वह पुरुषों की शक्ति देखकर उसके मुकाबले नहीं आती। यही मूल समस्या है। जरा-सी तालीम दे दी जाए तो किस पुरुष की मजाल है जो स्त्री की बिना रजामन्दी उसे छू भी सके। निकलती हूँ बाहर सड़क पर, भेज दो किसी पहलवान बदमाश को। मेरे पास कोई हथियार नहीं लेकिन उसकी लाश पड़ी दिखाई देगी। क्यों स्त्रियाँ पुरुष की कृपा, नेकनीयती की भिखारिन बनें, क्यों चाहें कि उन्हें घर-चौराहे पर बाप या भाई खड़ा मिले। मैं तो भीड़ में धक्के खाकर, धक्के

देकर आगे बढ़ने और अपनी जगह बनाने में यकीन करती हूँ। मुझे कोमल, कमजोर कहलाने से नफरत है।'

बात इस तीखे दौर पर आ गई कि कचहरी बरखास्त कर देने में ही भला था।

इसी तरह पूरी यात्रा में तरह-तरह के चर्चे उठे। तीनों देसी लोगों के लिए ये तजुर्बे बहुत नए, बहुत कीमती थे। कलकत्ता में लोग 23 दिसम्बर को वादे के अनुसार पहुँच गए। मिस वहीं मिल गईं।

मन तो मिस का भी तुरन्त लौटने का नहीं था लेकिन हेडमास्टर का डर था। सो उन्हें यहाँ बहाना मिल गया। वह टोली जिद कर बैठी कि बड़ा दिन कलकत्ते में ही मनाकर जाएँगे। ठहरने आदि के प्रबन्ध थे ही। मिस को अपने प्राइवेट प्रोग्रामों की ललक थी, इसलिए शुभ्रा को कुछ दिन और नायक रहना पड़ा। इस बीच उसने अपने छात्र जीवन की कुछ मुलाकातें नई कर लीं। शुभ्रा को ही नहीं शेफाली और लल्लू को भी चर्चों के भीतर जाने का और बहुत कुछ देखने-सुनने का मौका मिला। ईसाइयों के यहाँ दावतें मिलीं जिनमें इन लोगों ने धरम को बचाते हुए हिस्सा लिया। बड़े शहर का धूम-धड़ाका खूब देखा, रोशनी देखी, सजावट देखी। उन लोगों की सूरतें भी इधर-उधर आती-जाती दिखाई दीं जिनके सिर्फ नाम सुने थे या फोटो अखबार में देखे थे।

29 दिसम्बर की दोपहर थी। ढाका में पंडित जी के बरोठे में शुभ्रा, शेफाली, बुआ, पंडित जी, भुजंग बाबू, लल्लू बैठे थे। अचानक लल्लू के मुँह से निकला—'कैजुअल ट्रिवियलिटी की भी खूब रही।' बुआ ने इस शब्द का अर्थ पूछा, भुजंग बाबू ने बताया। शुभ्रा ने पूरी कथा सुनाई। सबको मानो काठ मार गया। कैसा होगा वह देश, कैसे होंगे वे लोग!

लेकिन कैजुअल ट्रिवियलिटी शब्द बहुत दिनों तक गले में अटका रहा। पंडित जी को लल्लू के विवाह की चिन्ता सताती थी तो भुजंग बाबू कहते यही शब्द। कहीं से कोई विधवा विवाह की बात करता तो लल्लू कह बैठता कैजुअल ट्रिवियलिटी। बुआ सन्ना जातीं। पंडित जी चिन्तित हो जाते। ऐसे मौकों पर शेफाली ठठ्ठा मारकर हँस पड़ती। शुभ्रा भी मुँह पर रूमाल लगाकर हँस देती। उस ट्रिप के बाद उसका इधर आना-जाना बढ़ गया था। शेफाली की पढ़ाई-लिखाई जोरदार ढंग से शुरू हो गई थी। लल्लू का भी किताबों में ज्यादा मन लगने लगा था। लेकिन ये किताबें कोर्स की न थीं।

स्कूल खुलने के बाद

रंगपुर कॉलेज में लल्लू का कारनामा तीन-चार दिनों के भीतर अखबारों की कृपा से सब लोगों को मालूम हो चुका था लेकिन उससे पहले वाली रात जो होली जली थी उसकी खबर किसी को न थी। लल्लू मंडली के लोगों को ही वह जानकारी थी। सब सन्न मारे थे। अधगोरे स्कूल का चपरासी, हेडमास्टर को बताने के बाद चुप्पी साध गया था। वहाँ के टीचरों और लड़के-लड़कियों को जैसा कुछ मालूम रहा हो, उसकी कहीं भनक नहीं थी। वे सब लोग बतकही, बटोही, परपंच की सभ्यता से दूर अपनी क्लब परम्परा की किलेबन्दी में रहते थे। उनके परिवारों में माँ-बाप और बेटे या भाई-बहन के बीच बातचीत के मौके भी नहीं के बराबर आते थे। इसलिए वह जानकारी आधी तिहाई कुछ खोपड़ियों के भीतर बन्द थी। छुट्टियाँ काफी लम्बी चली थीं। अधगोरे हेडमास्टर ने कहाँ, क्या चिट्ठियाँ लिखी हैं, यह भी कौन जानता था ?

सब स्कूलों की तरह 2 जनवरी को लल्लू का भी स्कूल खुला। टीचरों और छात्रों का काफी समय नमस्कार, हाल-चाल, नया साल मुबारक, कहाँ-कहाँ गए वगैरह में बीता। दो घंटे बाद हेडमास्टर अपने कमरे में कुछ जरूरी काम निपटाने के लिए जा बैठे। उन्होंने देखा रंगीन कागज में लिपटे किताबों के दो बंडल, उनके नीचे दबा एक सर्टीफिकेट, बंडलों के ऊपर तमगे का एक डिब्बा, पास ही एक बड़ी-सी शील्ड लेटी हालत में, उस पर तीन एक ही तरह के लिफाफे मेज पर धरे थे। देखते ही समझ गए क्योंकि मालूम तो था ही। उन्होंने तड़पड़ कमरे में दरवाजे के सामने दीवाल के पास जगह बनाकर एक स्टूल रखवाया। उस पर रंगीन कपड़ा बिछा और उस पर चमकदार शील्ड रख दी गई ताकि बरामदे में जानेवाले को दूर से दिखाई पड़े। सर्टीफिकेट, मेडल का डिब्बा, दोनों बंडल अलमारी में बन्द करके ताला लगा दिया गया। एक लिफाफा जो अपने नाम था उसे खोलकर खिले मुँह से जल्दी-जल्दी पढ़ा–शेष दो में एक पंडित जी के नाम, एक लल्लू के नाम था–उन्हें खिसकाकर बगल में मेज पर रख लिया। इसके बाद ठोंककर घंटी बजाने

के लिए हाथ बढ़ाया–पर रुक गए। सोचा दूसरे खतों से निपट लूँ–तब सबसे राय लूँगा। आचार्य घोष ने शीघ्र ही समारोह करने की राय दी थी। खुद ही उचित तारीख बता दी थी। आने का वादा भी कर लिया था।

एक दो लिफाफों, कुछ अर्जियों, पोस्टकार्डों से निपटने पर एक लम्बा बादामी लिफाफा हाथ में आया। लिफाफे के ऊपर बाएँ कोने में अधगोरे स्कूल के हेडमास्टर की मुहर देखकर कुछ चौंक उठे। उनका चेहरा उतर गया। सोच में पड़ गए। चिट्ठी में पूरा ब्योरा देने के बाद लिखा था कि तुरन्त आकर मुझसे मिलिए और लल्लू को पब्लिक केनिंग (सब विद्यार्थियों, शिक्षकों के सामने ऊँचे पर खड़े करके बेंत मारने की सज़ा) के बाद रस्टीकेट या कम-से-कम एक्सपेल कीजिए। यों मैंने मामला ऊपर तक पहुँचा दिया है। वहाँ से भी कुछ आदेश आता ही होगा। हेडमास्टर साहब अब क्या करते! साँप के मुँह में छछून्दर फँस गई थी। वह हारे जुआरी की तरह उठे, धीरे-धीरे स्कूल से निकले। कमरा बन्द करने को भी किसी से न कहा। वह अधगोरे हेडमास्टर से तो मिल आए लेकिन लौटकर अपने कमरे में काफी देर से आए। इस बीच लल्लू उसके साथी, बाकी विद्यार्थी, टीचर, चपरासी हेडमास्टर के कमरे में झाँक-झाँककर लौटते और आपस में कहते–वाह भाई, स्कूल की इज्जत बढ़ी है। हेडमास्टर साहब अजीब चुप्पी साधे हैं। न जाने क्या सोच रहे हैं।

हेडमास्टर साहब लौटे तो कुछ निश्चय कर चुके थे। वह डरपोक भी थे, समझदार भी थे। क्या विपत्ति आनेवाली है–जान गए थे। स्कूल को बचाना था अपनी नौकरी बचानी थी। वह नेक भी थे इसलिए लल्लू का कैरियर भी बचाने पर तुले थे। कुर्सी पर बैठते ही चपरासी को बुलाकर बोले–'जाओ लल्लू की छुट्टी करा दो, कह दो तुरन्त घर जाए। उसके दर्जे का हाजिरी रजिस्टर लाकर यहाँ रख दो। और हाँ, बड़े बाबू को फौरन भेजो।' बड़े बाबू से फुसफुसाकर कुछ देर बात करके उन्हें लौटाया। यह बात जरा जोर से कही–'किसी को कानों कान खबर न हो, सब काम चुपचाप। एक बात और, किसी को तुरन्त भेजकर पंडित जी को बुलवा लीजिए। मुझे कुछ जरूरी बातें करनी हैं। फौरन आ जाएँ।'

सभी लोगों को, बड़े बाबू को भी हेडमास्टर साहब के रुख पर अचम्भा था। कोई कुछ कह न सकता था। पंडित जी को सन्देशा मिला, समझे इनाम या समारोह के सिलसिले में कुछ बात होगी। बहुत खुश, सीना फुलाए, फुर्ती से पहुँचे। उनके आते ही हेडमास्टर के कमरे का दरवाजा भीतर से बन्द हो गया। गुपचुप बातें होने लगीं।

हेडमास्टर ने ऊँच-नीच समझाया–'लल्लू अच्छा लड़का है, पढ़ने में तेज है।

मैं नहीं चाहता उसका कुछ बिगड़े या मुझ पर, आप पर आँच आए। लेकिन ऊपर से कोई परवाना आ गया या कलक्टर के यहाँ से भी कोई चिट्ठी आ गई तो मेरे हाथ बँध जाएँगे। मैंने एक निदान सोच लिया है। आप ऐसा करें। एक अर्जी दे दें कि लड़के का स्वास्थ्य यहाँ के हवा-पानी में बिगड़ गया है। डॉक्टरों की सलाह से उसे गाँव भेज रहा हूँ। उसकी अगली पढ़ाई वहीं होगी। इसलिए उसका नाम काट दें और खारिजा दे दें। उस अर्जी पर तारीख उस विरोध हड़ताल से दो दिन पहले की डाल दें। मैंने उसकी आज की गैरहाजिरी लगाकर कानूनी पुख्तगी कर ली है। इसके बाद उनके यहाँ से कागज आया करेगा। मेरा जवाब होगा कि जब यह सब हुआ लल्लू मेरे यहाँ छात्र था ही नहीं। वह छमाही में अव्वल आया है इसलिए उसे मैं छठा दर्जा पास का सर्टीफिकेट दे रहा हूँ। आप फिलहाल लल्लू को कहीं दूर बाहर भेज दें। जुलाई तक सब कुछ बदल जाएगा। तब हो सकता है मैं ही उसे भर्ती कर लूँ।' पंडित जी कहा मानते न तो क्या करते! वह जब उस कमरे से निकले, बिना किसी से बोले घर पहुँचे तो उनका चेहरा बदरंग था और झोले में इनामी किताबें, मेडल, भाषा का सर्टीफिकेट तो था ही, खारिजा, छठा पास होने का सर्टीफिकेट, छमाही का रिजल्ट, लल्लू की नेकचलनी का प्रमाणपत्र भी था। यह सब उन्होंने अपने सन्दूक में बन्द करके ताला लगाया और नीम के नीचे चौतरे पर हाथ का तकिया लगाकर लेट गए। सभी यह सब देखकर परेशान थे। ललुआ स्कूल से लौटकर फिर गायब हो चुका था। रात में भी पंडित जी ने दीदी या लल्लू को कुछ न कहा। सबेरे सिर्फ इतना कहा–'लल्लू को स्कूल जाने की जरूरत नहीं है, मैंने उसे हफ्ते भर की छुट्टी दिला दी है।' बुआ और लल्लू की समझ में कुछ आया नहीं। फिर भी कोई कुछ न बोला। लल्लू के लिए छुट्टी से बढ़िया बात क्या हो सकती थी। वह तुरन्त शेफाली को खुशखबरी देने निकल पड़ा।

भुजंग बाबू ने उस दिन छुट्टी ले ली थी, तबियत कुछ खराब थी। शुभ्रा भी खबर पाकर छुट्टी लेकर वहाँ आ गई थी। शेफाली थी ही। लल्लू की खुशी गायब हो गई। वह घर गया। पंडित जी स्कूल पहुँच चुके थे। बुआ को साथ लेकर चपरासी को बताकर वह फिर भुजंग बाबू के यहाँ आ गया। भुजंग बाबू लेटे थे, उन्हें ज्वर था। अधगोरे हेडमास्टर की बाकी चिट्ठियाँ भी उस बीच अपना काम कर रही थीं।

दुपहर होते-होते, भुजंग बाबू के स्कूल का चपरासी साइकिल पर आया और दरवाजे पर से ही शेफाली को बुलाकर उसके हाथ में एक बड़ा, काफी भारी सा बादामी लिफाफा जिस पर ओ.एच.एम.एस. (यानी सरकार डाक) छपा था,

थमाकर फौरन लौट गया, साथ में एक पुर्जा भी था जिस पर हेडमास्टर साहब ने सिर्फ इतना ही लिखा था कि तुरन्त जाकर आप कलक्टर साहब से मिल लें। शेफाली लिफाफा और पुर्जा लाई तो भुजंग बाबू बोले–'मैं किसी कलक्टर के बाप का नौकर नहीं हूँ, मैं नहीं जाता' और करवट बदलकर उनींदे हो गए। शुभ्रा ने लिफाफा खोलकर उसे काफी देर तक गौर से मन ही मन बाँचा। उसके चेहरे का रंग बार-बार बदल रहा था। कागजों का पूरा पुलिन्दा पढ़कर उसने फिर लिफाफे में बन्द किया और शेफाली से सिर्फ इतना कहा–'कोई खास बात नहीं है। ठीक हो जाने पर पढ़वा देना–पूरी वृहत्कथा है।'

अब शुभ्रा रुक न सकी, तुरन्त निकली और अपने स्कूल की तरफ चल दी जैसे कुछ खास काम याद आ गया हो। चलते-चलते लल्लू को बाहर तक ले गई। और उससे सिर्फ इतना कहा–'बेटे, भागकर डिग्री कॉलेज जाओ। वहाँ खबर दे दो कि भुजंग बाबू बीमार हैं, कलक्टर ने उन्हें तुरन्त बुलाया है। वह जाएँगे नहीं। यों समझो भुजंग बाबू की नौकरी खत्म करने का चक्कर चल रहा है।' लल्लू एक साँस भाग पड़ा। उसकी समझ में कुछ नहीं आ रहा था। भुजंग बाबू ने क्या किया है। मारे घुटना फूटे आँख का सरकारी रिवाज अभी उसने समझा न था।

बात की बात में बात पूरे शहर में फैल गई। लोगों में गुस्सा उमड़ आया। रात में फिर एक पर्चा बँटा–'अंग्रेज कलक्टर की यह मजाल कि वह गुरुजनों को हुक्म भेजे, उन्हें घर पर बुलाए, वह भी बीमारी की हालत में। कल सुबह से उसका घर घेर लो, सबका वहाँ निकलना-बैठना बन्द। बाजार खुली रहेगी, आमद रफ्त चलेगी। पुलिस फौज दिखाई न दें। दफा 144 तोड़ी जाएगी। बाकी जिम्मेदारी छात्रों पर। भुजंग बाबू का बाल भी बाँका हुआ तो ईंट से ईंट बजा दी जाएगी।'

सबेरे 8 बजे से कलक्टर की चहारदीवारी के चारों ओर नरमुंडों का महासागर लहरें ले रहा था। नारे लग रहे थे। कोई झंडा नहीं, कोई नेता नहीं। स्कूलों-कॉलेजों में टीचर मक्खी मार रहे थे। 144 तो थी लेकिन न उसे कोई माननेवाला था, न मनवानेवाला।

एक खास बात देखी गई। सभी स्काउट, ग्रुप लीडर की मातहती में ड्यूटी दे रहे थे। वही चौराहों पर हाथ भी दिखा रहे थे। पुलिस गायब थी, स्काउट सीटी बराबर सुनाई देती थी। एक नई बात और हुई। बहुत-सी लड़कियाँ भी बसन्ती साड़ी, हरा ब्लाउज पहने ड्यूटी पर तैनात थीं। तब लड़कियाँ स्काउट नहीं होती थीं। जनाना पुलिस तो दुनिया में कहीं नहीं थी। लेकिन ढाका में गैर सरकारी महिला पुलिस तैनात थी। कुछ लोगों की नजर में यह शुभ्रा की कारस्तानी थी।

मेडिकल कॉलेज और डिग्री कॉलेज के अगुआ लड़कों को एक चिन्ता थी।

भीड़ का देर तक जमाव रहेगा तो कुछ भाषण भी होना चाहिए लेकिन बोले कौन ? अचानक उन्हें लल्लू का ध्यान आया। बोल लेगा ही और है नाबालिग इसलिए सजा होगी नहीं। फैसले पर अमल हुआ। कलक्टर की चहारदीवारी पर कहीं-कहीं काफी लम्बा-चौड़ा चबूतरा जैसा बना था, शायद गमलों के लिए जगह बनाई गई रही होगी। फाटक के पास एक ऐसी जगह मंच बन गई। उसके आसपास दो-चार बड़े लड़के खड़े हो जाते। वे उठाकर लल्लू को चहारदीवारी पर खड़ा कर देते। वह कुछ देर तक भाषण करता, फिर उतार लिया जाता, फिर काफी देर नारेबाजी होती। मंच पर से कुछ गाने, गजलें आदि भी हो गईं। लेकिन वक्ता एक ही था, बस लल्लू–कभी अंग्रेजी में, कभी हिन्दी में, कभी उर्दू में, कभी देहाती में–जो मन में आया कहा, लेकिन कहा। किसी को उल्टी-सीधी बातें कहने में वह कभी कमजोर न था। बीच-बीच में उसे कुछ दूर ले जाकर पानी पिलाने, कुछ खिलाने का इन्तजाम था। भीड़ हटने का नाम नहीं ले रही थी। शाम के चार बजनेवाले थे।

कलक्टर साहब अंग्रेज थे, हाकिम थे, लेकिन उनका अक्ल से कुछ रिश्ता था। उन्होंने मौका मुहाल देखकर काम किया। अन्दर से एक नौकरानी आई और बन्द फाटक के भीतर से हाथ बाहर निकालकर एक पर्चा भीड़ में से किसी को पकड़ा गई। उस पर अंग्रेजी में कुछ लिखा था। बड़े छात्रों ने लपककर पर्चा लिया। उसे पढ़ा। लल्लू पर ही उसका भाव भीड़ को सुनाने की ड्यूटी आई। उसने सबको बताया कि 'कलक्टर साहब दुखी हैं कि उन्हें गलत समझा गया। भुजंग बाबू की वह खुद बहुत इज्जत करते हैं। उन्होंने कभी भुजंग बाबू को नहीं बुलाया, बुला भी नहीं सकते। जरूरत पड़ने पर कलक्टर साहब खुद उनसे स्कूल या घर जाकर मिल लेंगे। वह तो अपने को सबका वफादार सेवक मानते हैं। भगवान भुजंग बाबू को जल्दी स्वस्थ करें। उन पर सरकार की खराब नजर नहीं है, न होगी–वह चैन से विद्यार्थियों की सेवा करें, बहुत दिनों तक करते रहें।'

भीड़ को और क्या चाहिए था! किला फतेह हो गया। खूब नारे लगे, बन्देमातरम् के बाद सभा खत्म हुई। सब लोग खुश होकर लौटे। अगले दिन से स्कूल-कॉलेज चलने लगे। लल्लू को तो स्कूल जाना नहीं था। उसे पाँवों का सनीचर उतारने का मौका हाथ लगा। अकसर शेफाली भी उसका साथ दे देती थी। गोरी टोली की संगत ने भी उसे काफी बदल डाला था।

सभी लोग एक बात भूल गए। कलक्टर की नरमी जन-बल के मुकाबले थी, भुजंग बाबू के लिए थी। उनकी नौकरी बेदाग बच गई। लल्लू पर कोई खतरा आएगा, यह तो किसी ने सोचा भी नहीं था।

अभी उसमें देर थी। भुजंग बाबू स्वस्थ होकर स्कूल जाने लगे। लल्लू और शेफाली भी ठीक-ठाक ही थे। दोनों का स्कूल से वास्ता न था। रही पढ़ाई, सो वह भुजंग बाबू के घर पर हो ही जाती थी। अब तो शुभ्रा भी इनकी पढ़ाई में बहुत रुचि लेने लगी थी। बुआ अपनी समझ में जरूरत से ज्यादा पढ़ गई थीं। अब तो वह अपने गाँव में बड़ी-बूढ़ियों को पढ़ा-लिखा सकती थीं। बहुत कुछ और भी बता सकती थीं। कैजुअल ट्रिवियलिटी के छोर तक दिमाग पहुँच गया। धूर्जटि, भुजंग, शुभ्रा, महात्मा जी, कविराज, शेफाली और फिर ढाका की उथल-पुथल से उन्हें बहुत कुछ बताने लायक, गुनने के लायक मिल गया था। उन्हें गाँव की याद भी सताने लगी थी।

पंडित जी हर हफ्ते चिट्ठी भेजते थे, जवाब भी आता ही था। पैसा भेजते थे तो मनीआर्डर कूपन में भी बहुत कुछ लिख भेजते थे। इसलिए ताऊ जी एक दिन पंडिताइन को लेकर आ धमके और दो-तीन दिन रुक बड़ी बहन को लेकर चले गए। सब कुछ बदस्तूर था। पंडित जी भूल भी गए थे कि हेडमास्टर ने लल्लू को शहर से बाहर कहीं दूर पहुँचा देने को कहा था। क्यों कहा था–यह वही जानें। पंडित जी चिन्तामुक्त थे। बुआ जाते-जाते पंडिताइन से अच्छी-खासी हँसी-ठिठोली प्लेटफार्म पर भी करती गई थीं। शेफाली और भुजंग बाबू भी लल्लू के साथ रस लेने को वहाँ मौजूद थे।

भक्त की परीक्षा

सब कुछ वैसा ही था, जैसा आम तौर से होता था। शेफाली का अधिक समय लल्लू के साथ और भुजंग बाबू का ज्यादा वक्त–सुकाल से विकाल तक–पंडित जी के यहाँ बीतता था। वह भी अब पच्छिमी वैष्णव होते जा रहे थे। धूर्जटि का दौरा इस बार बहुत दिनों बाद हुआ तो वह भी पंडित जी के घर टिक गए थे।

इस बीच काठालबाड़ी और रंगपुर से अक्सर इक्का-दुक्का लोग आते-जाते रहे थे। उनकी जबानी पता चला कि महात्मा जी का धरम का काम जोर पकड़ रहा था। रोज ही किसी गाँव में सत्संग होता था। खाली वक्त की चर्चाओं में लल्लू, शेफाली, शुभ्रा, और धूर्जटि का नाम लेकर तरह-तरह की बातें होती थीं, जो सत्संग के बाद और जोर पकड़ लेती थीं। माँ जी जगह-जगह अपना दुख सुना आई थीं। उससे भी ऐसी चर्चाओं में गरमाहट आती थी। इन चर्चाओं में अक्सर पुलिस का वास्ता नहीं होता लेकिन कहीं-न-कहीं इन बातों की डोर धूर्जटि के नाम की डाल से उलझ जाती थी और तब पुलिस चौकन्नी होती थी। चर्चा का अन्त जब यह करवट लेता था तब भुजंग बाबू के लिए चिन्ता की बात हो जाती थी। वह बराबर ऐसे मौकों की खोज में थे कि किसी तरह महात्मा जी का मन शेफाली, शुभ्रा और लल्लू की तरफ से साफ कर दिया जाए। रह जाएँगी माँ जी, उन्हें रफ्ता-रफ्ता रास्ते पर ले आया जाएगा। धूर्जटि बाबू के रास्ते पर कोई काँटा आए, वह भी उनके कुनबे के नाम पर, यह भुजंग बाबू को बर्दाश्त न था।

सो अचानक दुग्गा माई की कृपा से यह सुयोग मिल गया।

महात्मा जी श्रीनन्दनपुर आए। ठहरे थे राय चौधरी के यहाँ। कई दिनों से सत्संग चल रहा था। महात्मा जी की रवानगी के पहले एक बड़ा सत्संग रचा गया था जिसका न्योता उनके पास आया था। वह दिन स्कूलों की छुट्टी का था। भुजंग बाबू ने सबको न्योता दिया, अपने मन की बात बताई, धूर्जटि बाबू को भी इसमें कोई बेजा बात न दिखी। पंडित जी, पंडिताइन, लल्लू, शेफाली, धूर्जटि का चलना तय हो गया, शुभ्रा को भी बुला लिया गया। शुभ्रा की हेडमास्टरनी और

पंडित जी का चपरासी भी चलने को राजी हो गए। सब लोग सत्संग में पहुँच गए। शुभ्रा, शेफाली, लल्लू को खास तौर पर समझा-बुझा दिया गया। किसी को ऐसा कुछ करना-कहना नहीं था जो महात्मा जी को अखरे। सत्संग के थोड़ा पहले ये लोग पहुँच गए थे। प्रणाम करके बैठ गए। महात्मा जी के मन का मैल साफ किया गया। जान पड़ा कि बिगड़ी बात बन गई। महात्मा जी ने सबको प्रसाद में एक-एक केला दिया। सबको आशीर्वाद दिया, प्रार्थना की कि प्रभु सबको सुबुद्धि दो, सबका कल्याण करो। थोड़ी देर बाद मैदान में एक छोटे शमियाने के नीचे सत्संग आरम्भ हुआ। एक ऊँची चौकी पर नीचे चटाई, ऊपर कम्बल, उसके ऊपर व्याघ्र चर्म बिछाकर महात्मा जी का आसन लगा, पीछे गेरुए रंग की मखमली मसनद लगाई गई। पीछे मोरछल झलने के लिए गेरुआ वस्त्रधारी शिष्य खड़ा हो गया। 'विश्व बन्धु स्वामी जी की जय', 'गुरुदेव भगवान की जय' के नारों से आकाश गूँजा, महात्मा जी ने आसन लिया। कुछ देर ध्यान किया। बड़ी देर तक ओऽम् का उच्चारण किया। इसके बाद सत्संग शुरू हो गया।

सत्संग में सनातन धर्म का उपदेश था, वेदरीति, लोकरीति, कुलरीति मानने की आज्ञा थी। औरतों-बच्चों को नए तौर-तरीकों के खिलाफ सचेत किया गया था। राजभक्ति तो धर्म में शामिल होती ही है।

प्रसंग चला राम चरित्र का तो कृत्तिवास रामायण पर बात आ गई। महात्मा जी ने बताया कि यह अकेली रामायण है जिसमें महर्षि वाल्मीकि का पूरा-पूरा पथ अपनाया गया है। अपनी तरफ से कुछ भी जोड़ा-घटाया नहीं गया है। इसमें केवल लीला नहीं है। परशुराम धनुष टूटने के बाद नहीं, विवाह के बाद बारात वापसी के रास्ते में मिले हैं। राम ने सीता का त्याग किया। यह भी महर्षि ने छिपाया नहीं और लवकुश के हाथों उस अन्याय का बदला भी राम को दिया। हमारा सनातन धर्म स्त्रियों को पूज्य मानता है, उन्हें सम्मान देता है, स्त्रियों पर अत्याचार हो तो उसे हमारा धर्म कभी क्षमा नहीं करता। उसके लिए पति सेवा, सास-श्वसुर की सेवा से ही सद्‌गति है–इतना आसान रास्ता और किसके लिए, किस धर्म में है। स्त्री, गो, पृथ्वी पर अत्याचार होता है तो भगवान भी अवतार लेने को विवश होते हैं।

सभा में स्त्रियों की संख्या भी बहुत थी। उनके लिए बैठने का अलग प्रबन्ध था। शुभ्रा और शेफाली उसी तरफ थीं।

महात्मा जी की वाणी ने सबको मोह लिया था। कई बार जयकारा लगा। बीच-बीच में कुछ इधर-उधर की बातें जोड़कर इस प्रसंग को और सरस बना दिया गया था। जनता मोहित, अवाक्, विस्मित सुन रही थी। बहुतेरी आँखों से तो आँसू

बहने लगे थे। सभी पर प्रभाव पड़ा था।

इसके बाद महात्मा जी अपने नियमानुसार शंका-समाधान करने लगे। दो-एक प्रश्नों के उत्तर के बाद शेफाली खड़ी हो गई। उसके चेहरे पर क्रोध और वेदना के भाव थे। महात्मा ने जब भी कभी उसकी ओर नजरें घुमाई थी तो उनकी आँखों में शेफाली को पिशाच की छाया दिखाई पड़ी थी। इससे पहले वाली गोष्ठी में महात्मा जी शुभ्रा और शेफाली के बारे में यह सुझाव दे चुके थे कि उन्हें कुछ दिन मेरे आश्रम भेज दिया जाए, सत्संग से लाभ होगा। अन्य लोगों को सुझाव अच्छा लग रहा था लेकिन शुभ्रा और शेफाली उस समय से कुढ़ी बैठी थीं।

शेफाली ने धाराप्रवाह बोलना शुरू कर दिया–'स्त्रियों का सम्मान तो सनातनधर्मी घरों में साफ-साफ दिखाई देता है। स्त्री का सम्मान तो एक संस्कृत शब्द महिषी से ही प्रकट हो जाता है। राजा के लिए उसकी सुन्दरी पटरानी भैंस के बराबर हुआ करती थी। स्त्री को जुए में हार जाने, बाजार में बेच लेने की इजाजत सनातन धर्म ने दी–ऐसा करनेवालों का अपमान नहीं किया गया, आज तक सम्मान होता है। ठीक है गाय की तरह स्त्री भी पूज्य है। एक के गले की घंटी और दूसरे की पाँव की पायजेब की रुनझुन कानों को प्यारी लगती है। दोनों को गैरेंया में बाँधनेवाला उन्हें पूज्य कहकर अपनी इज्जत बढ़ा लेता है। दोनों की दुर्गति जहाँ-तहाँ देखी जा सकती है।

'अच्छा महात्मा जी, यह बताइए कि राम ने सीता की रखवाली के लिए लक्ष्मण को तैनात किया था, लक्ष्मण जरा सा टले तो रावण उन्हें हर ले गया। सीता के पास वह ज्ञान, वह धनुष, वैसे बाण क्यों नहीं थे जैसे राम-लक्ष्मण के पास थे। निहत्था जटायु रावण से सीता को छीनने के लिए युद्ध कर सकता है लेकिन साक्षात आदि शक्ति युद्ध नहीं करती, अपना अपहरण हो जाने देती है। यह कैसी लीला थी। अन्याय का बदला लेने के लिए भी वह आदि शक्ति इसका इन्तजार करती रही कि लवकुश सामने आएँ–इससे पहले वह सिर्फ रोती-कलपती रहीं।

अब शुभ्रा बोली–'जाने दीजिए, वह भगवान थे। कोई क्यों कुछ कहे।

'जौहर व्रत क्यों हुआ ? पुरुष उसके गीत गाते हैं। स्त्री अपने को जला दे–इतना ही उसके बस में है। वह ढाल-तलवार लेकर शत्रु सेना पर टूट क्यों नहीं पड़ी। पति के गले में अपने मुंड की माला पहनानेवाली तलवार लेकर, घोड़े पर चढ़कर, पति के साथ लड़ाई में क्यों नहीं गई ?

'यह कैसा न्याय है ? पहले उसे हीन बनाओ, कमजोर बनाओ फिर उसकी रखवाली करो और उसे पूज्य कहकर अपनी इज्जत का नगाड़ा पीटो। यह सम्मान

है या दगाबाजी?'

सभा में कुछ सिख स्त्री-पुरुष भी थे। उनमें से एक ने खड़े होकर कहा–'हमारे गुरु गोविन्द सिंह ने सीता के हाथ में तलवार दे दी है। उसकी रखवाली के लिए लक्ष्मण को तैनात करने की जरूरत नहीं।'

बात कहाँ से कहाँ पहुँचाई जा रही थी। तुरन्त धूर्जटि बाबू खड़े हुए और शुभ्रा, शेफाली सहित सब लोगों को मानों डाँटते हुए बोले–'हर सच हर समय, हर जगह पर सत्य नहीं होता।' सभा में सन्नाटा छा गया। धूर्जटि बाबू प्रणाम करके सिर झुकाकर बैठ गए। शंका-समाधान पूरा हो गया।

इसके बाद संगीतमय संकीर्तन, फिर हरिनाम संकीर्तन, इसके बाद आशीर्वाद स्वरूप उपदेश और तब आरती के बाद अन्तिम प्रवचन करके सत्संग पूरा होना था। उसके कुछ देर बाद महात्मा जी को रात में ही किसी ओर चल देना था जिसकी तैयारी पहले से थी।

अचानक ठंडी हवा कुछ और तेज, और ठंडी हो गई। आकाश में बादल भी आ गए। साफ जान पड़ा कि जोरों की वर्षा नहीं तो बूँदा-बाँदी जरूर होगी। लोगों को औरतों-बच्चों सहित दूर-दूर जाना था। राय चौधरी ने निवेदन किया कि संगीत, नाम स्मरण, आशीर्वाद सब थोड़ा-थोड़ा करके दस-पन्द्रह मिनट में पूरा कर लिया जाए। लेकिन महात्मा जी नहीं माने, कड़ककर बोले–'सब बैठे रहेंगे, भगवान भक्तों की परीक्षा ले रहा है।' अब कोई कैसे हिलता! सब बैठे रहे। सब काम अपने ढंग से, कुछ अधिक देर ही चलता रहा। कवि को पढ़ास-छपास, वक्ता को बकास जितनी सताती है उससे कम साधुओं को भी पुजास और भक्तास नहीं सताती। वर्षा शुरू हो गई।

शामियानों का एक अजीब दस्तूर होता है। पूरे शामियाने भर का पानी बहकर, सिमटकर शामियानों पर ही कहीं एक जगह आ जाता है और वहाँ से धार बनकर नीचे गिरता है। उसने यहाँ भी अपना नियम नहीं बदला। संयोग की बात धार जो बनी और नीचे गिरी तो वह कहीं इधर-उधर नहीं सीधे महात्मा जी के सिर पर गिरने लगी। महात्मा जी उठकर भागे, पीछे-पीछे मोरछलधारी शिष्य। दोनों ने निकट के छप्पर तले शरण ली। अब किसी को भी भागने, कहीं शरण लेने से कौन रोक सकता था! बाघंबर, कम्बल, नीचे की दरी भीगते रहे। पानी थोड़ा ही बरसा, आकाश जल्दी साफ हो गया। हवा के वेग ने शामियाने को जमीन पर बिछा दिया।

सत्संग तो इस तरह पूरा हो ही गया। महात्मा जी के चलने की तैयारी होने लगी। लोग निज नाम, निज पितुकर नाम लेकर दंड प्रणाम करने लगे। बग्घी के

पास तक भुजंग बाबू भी अपनी टोली के साथ गए।

वहाँ लल्लू को अचानक न जाने क्या सूझा, वह बोल पड़ा–'क्यों स्वामी जी भगवान ने भक्त की परीक्षा तो ले ही ली।' पंडिताइन ने लल्लू को डाँटकर चुप करा दिया। सबको डर था कि कहीं कोई कुछ और न कह दे।

महात्मा जी ने किसी बात का बुरा नहीं माना। हँसते हुए लल्लू के सिर पर हाथ फेरा। शेफाली को और शुभ्रा को दूर रखकर आशीर्वाद दिया। बग्घी चल दी। और सब लोग भी धीरे-धीरे जाने लगे।

चलते-चलते राय चौधरी ने भुजंग बाबू से कहा–'न हो तो सबेरे दो-चार लड़कों को भेज देना, सामान समेटने, जहाँ-तहाँ पहुँचाने में मदद कर देंगे।' धूर्जटि बाबू भी परसों आने को कहकर किसी तरफ निकल गए।

पुलिस से वास्ता

लड़कों की टोली को राय चौधरी के यहाँ की उठाधरी से निपटने में पूरा दिन लग गया। शाम तक सबको छुट्टी मिल गई। राय चौधरी ने सिर्फ लल्लू से अगले दिन भी सबेरे तड़के कुछ देर के लिए आ जाने को कहा था। सो लल्लू पहुँच गया। पंडित जी ने जल्दी लौट आने की ताकीद कर दी। इसलिए लल्लू वहाँ के झंझट से छुट्टी पाते ही अपने घर लौट पड़ा था।

अभी वह शहर के छोर पर बनी मस्जिद से काफी दूर पर ही था कि किसी तरफ से एक हवलदार ने आकर उसका हाथ पकड़ लिया और कहा–'चलो, तुम्हें थानेदार साहब ने बुलाया है।'

लल्लू चौंक पड़ा। उससे थानेदार का क्या सरोकार। लेकिन हवलदार के हाथ में डंडा हिलता देखकर उसने ज्यादा कुछ कहना ठीक न समझा। उसे तो यही विस्मय था कि हवलदार ने उसका हाथ पकड़ते ही उसके मुँह पर दो कंटाप क्यों रसीद नहीं किए, माँ-बहन की गाली क्यों नहीं दी! थानेदार का न्योता लोगों को इसी तरह मिलते उसने देखा था। वह ताड़ गया कि यह न्योता किसी और रकम का है। उसने भी पूरा आदर भाव वाणी में उतारकर कहा–'जरा घर पर बता दूँ तो चलूँ–आप साथ चले चलिए।' इस पर हवलदार की त्योरी चढ़ गई। 'हुकुम उदूली करता है। अभी ठीक कर दूँगा।' लल्लू ने आगे उजुरदारी न की। सीधे थाने चला गया। कचहरी से एकदम सटे थाने में ले जाकर हवलदार ने उसे थानेदार के सामने पेश कर दिया।

थानेदार ने उसे एक बेंच पर बैठाकर अगल-बगल दो सिपाही बैठा दिए। आँख से दूर बैठे मुंशी जी को इशारा हुआ। सामने धरी रजिस्टरनुमा बही खोलकर वह अपनी कलम तेजी से चलाने लगे। बीच में आकर वह थानेदार की डायरी भी ले गए और कई जगह पर कुछ-न-कुछ गोदकर डायरी वापस कर दी। थानेदार ने दोनों सिपाहियों को हुकुम दिया–'इसे कचहरी ले चलो। खयाल रखना कहीं भाग न जाए। मैं ठीक ग्यारह बजे पहुँच जाऊँगा।' हुकुम तामील किया गया।

अभी सिर्फ साढ़े दस बजे थे।

कचहरी के फाटक पर शुभ्रा खड़ी थी। लल्लू को हैरत कि ये यहाँ कैसे ? शुभ्रा को भी दो पुलिसवालों की पकड़ में लल्लू को वहाँ देखकर कम हैरत न हुई थी। वह निकट आने लगी तो पुलिसवालों ने खबरदार दूर रहने को कह दिया।

बात यों थी कि अपने स्कूल में कचहरी या शहर के दूसरे दफ्तरों, अफसरों के आगे जाकर बात करने और स्कूल के छुटपुट काम करा लेने लायक अकेले शुभ्रा मानी जाती थी। आज भी वैसी ही जरूरत से हेडमास्टरनी ने उसे कचहरी भेजा था। बड़े बाबू कागजात का बस्ता लेकर आनेवाले थे। उन्हीं की वह राह देख रही थी।

बड़े बाबू को आने में देर न लगी। शुभ्रा उन्हें लेकर कभी इधर कभी उधर घूमी, उन्हें कहाँ क्या लेना, क्या देना है सब समझा दिया और इस काम से करीब 12 बजे तक छुट्टी पा गई। वह लल्लू को खोजने लगी। इधर 11 बजे थानेदार साहब आए और लल्लू को कचहरी के एक कमरे में हाकिम के सामने पेश कर दिया। अब लल्लू को पता चला कि उसे कई दफाओं में गिरफ्तार किया गया है और यहाँ उस पर मुकदमा चलेगा। वह कटघरे में खड़ा भौचक्का-सा सब तरफ देख रहा था। खबर पाकर बहुत-से लोग इधर-उधर से आते और खिड़की या दरवाजे से इस बच्चा-मुलजिम को एक नजर देखकर चले जाते। इसके बाद जगह-जगह कानाफूसी करते। इसी कानाफूसी की बरकत थी कि शुभ्रा को लल्लू का पता लगाने में ज्यादा दिक्कत न पड़ी।

शुभ्रा जिस समय अदालत के कमरे में पहुँची तो कोर्ट साहब यानी सरकारी वकील थानेदार साहब का हलफिया बयान करा रहे थे। बयान में काफी देर लगी। इसके बाद लल्लू से कहा गया है कि तुम्हें कुछ पूछना है। शुभ्रा ने लल्लू की तरफ से जिरह करने की इजाजत माँगी, अदालत ने नाहीं कर दी। उसने लिखकर अर्जी दी वह भी नामंजूर हो गई। वह पेशे से वकील जो नहीं थी। उसे कटघरे के बगल में खड़े होने और लल्लू से बात करने की इजाजत मिल गई। इस पर कोर्ट साहब का एतराज नामंजूर हो गया।

इसी प्रकार कई गवाहियाँ गुजरीं। हर एक के बाद लल्लू से पूछा जाता–कुछ पूछोगे। वह जवाब देता–'कुछ नहीं।' पेशकार साहब सब लिखते जा रहे थे। बाकी गवाहों में दो पुलिसवाले, एक घास बेचनेवाला, एक खिलौनावाला और एक मुहल्ले का छँटा हुआ बदमाश था। सभी ने खुदा को हाजिर-नाजिर मानकर बयान दिया।

इसके बाद फर्द जुर्म बन गई जो एक-दो-तीन करके पढ़कर सुनाई गई।

अदालत ने पहले एक बार पूरी फर्द जुर्म सुनकर एक-एक पर पूछना शुरू किया कि क्या तुम जुर्म इकबाल करते हो। शुभ्रा का इशारा मिला तो उसने लिखित जवाब देने की इजाजत माँगी। इजाजत मिल गई। उसे कमरे में ही एक मेज के पास कुर्सी देकर बैठा दिया गया। शुभ्रा को मदद देने की इजाजत मिल गई। सवाल-जवाब कुछ इस तर्ज का था।

○ तुमने उस दिन दफा 144 तोड़ी है ?

– मुझे पता नहीं कि दफा 144 लगी थी। वहाँ आकर किसी मजिस्ट्रेट ने भीड़ को या मुझे यह जानकारी नहीं दी थी।

○ तुमने कलक्टर साहब का बंगला घेरवाया, वहाँ लोगों का आना-जाना बन्द करवाया ?

– यह सब मेरे पहुँचने से पहले हो चुका था, मैंने नहीं कराया।

○ तुमने कानून द्वारा स्थापित सरकार के खिलाफ नाराजी के बीज बोए ?

– यह पूरा जुमला गलत है। बंगाल में नवाबों का बनाया पहले का कोई कानून ऐसा नहीं था जिसके द्वारा वहाँ अंग्रेज सरकार की स्थापना हुई हो। अंग्रेज राज कानून द्वारा स्थापित नहीं है। रही अंग्रेज सरकार के खिलाफ नाराजी, उसके बीज मेरे पैदा होने से पहले सन् 1757 में पड़ चुके थे। मेरे भीतर उन बीजों से पैदा पेड़ों का फल हो सकता है लेकिन बीज बोनेवाला मैं नहीं हो सकता।

○ तुमने जान-बूझकर कानूनशिकनी की ?

– मैं कानून तोड़ने कहीं नहीं गया। मैं नहीं जानता कि मेरे चलने, खड़े होने, बोलने से कानून टूट जाता है। अगर कानून ऐसी कमजोर चीज है तो उसे तिजोरी में बन्द रखिए। ऐसी कमजोर चीज तो टूट ही जाएगी, तोड़नेवाले को पता भी न लगेगा। यहाँ तुलसी की एक सतर लल्लू ने अपने मन से लिख दी : 'छुअतहिं टूट पिनाक पुराना। मैं केहि हेतु करौं अभिमाना।'

○ तुमने कहा कि अंग्रेजों को इस देश से चले जाना चाहिए।

– मैंने अपनी राय दी है, चले जाने का फैसला अंग्रेज को करना है। अगर वह जाना चाहेंगे तो चले जाएँगे। अगर आप उन्हें रोकना चाहते हैं तो मुझे क्यों पकड़ते हैं ? सब अंग्रेजों को जेल में बन्द कर दीजिए। मुझे बन्द करने से उनके चले जाने पर रोक कहाँ लगती है ? वह तब भी चले जाने को आज़ाद रहेंगे। ऐसे औंधे-टेढ़े काम ही बताते हैं कि इस देश में न कोई कानूनी सरकार है, न अदालत है, न इंसाफ है। ऐसी

हालत में मैं आपके सवालों का जवाब क्या दूँ ?

जवाब दाखिल हो गया।

हाकिम अंग्रेज थे लेकिन आदमी नेक थे। उनकी दिली तमन्ना थी कि इस बच्चे को कोई सख्त सजा न दी जाए। वह चाहते थे कि बयान माकूल हो तो सिर्फ तस्वीद करके या ताबर्खास्तगी अदालत कैद सुनाकर उठ जाएँ और बच्चा घर चला जाए। एक कानून ऐसा भी था जो पहले जुर्म में क्षमादान की गुंजाइश देता था। वह भी उनकी नजर में नाचा। वह यह भी कोशिश कर चुके थे कि उसके घर से पिता को बुला लिया जाए और बच्चे पर निगरानी सख्त रखने का हुकम देकर बाप से मुचलका भरवा दिया जाए ताकि बच्चे को छुट्टी मिल जाए। कोर्ट साहब ने इस पर एतराज किया और कहा कि पंडित जी के घर कचहरी का आदमी पहुँचा नहीं कि इलाके में तहलका मच जाएगा, सँभालना मुश्किल हो जाएगा और फिर पंडित जी न आएँगे, न ऐसी बात मानेंगे। पंडित जी को बिना गिरफ्तार किए कोई कचहरी नहीं ले जा सकता। उन्होंने गंगा, गीता, भगवान की कसम खाकर कोई बात कभी नहीं कही। वह कहते थे कि मैं अपने को सच्चा बताने के लिए इन सबको दाँव पर नहीं लगा सकता।

ऊपर से बयान ऐसा दाखिल हो गया कि बेचारे हाकिम मुसीबत में पड़ गए। हारकर उन्होंने फैसला लिखा और अदालत के सेहन में सात बेंत लगाने की सजा सुना दी। लल्लू तो जानता न था लेकिन और सभी जानते थे कि अदालत का एक बेंत मौलवी के सौ बेंतों के बराबर होता है, निशान ही नहीं पड़ता खुनियाय आता है। शुभ्रा के तो रोयें खड़े हो गए। हाकिम के दस्तखत के बाद जब झब्बेवाले चपरासी ने मुहर का ठप्पा मारा तो शुभ्रा के दिल पर ऐसी चोट लगी कि कटघरा पकड़ न लेती तो वहीं गिर पड़ती।

एक जमादार बेंत लगाने का एक्सपर्ट था। ऐसी सज़ाएँ रोज तो होती न थीं, इसलिए उसे घर से बुलाने के लिए पेशकार ने चपरासी को दौड़ाया। चपरासी चला तो उससे पान लाने को भी कह दिया। साहब ने बाकी पेशियाँ अगली तारीखों के हवाले करने को कहा और चैम्बर में चले गए। बाकी लोग सेहन की तरफ बढ़े। लल्लू को दोनों सिपाही पकड़कर सेहन के सेंटर में लाए। कोर्ट साहब कुछ दूर पर खड़े हो गए। थानेदार साहब उन्हीं के पास खड़े थे। शुभ्रा बरामदे के एक खम्भे से लगी सिर उसी से टिकाए ऐसे खड़ी थी मानों महीनों की मरीज हो। एक सिपाही ने लल्लू की पीठ उघारी कर दी।

इसी बीच एक अशगुन हो गया।

जमादार से इतना ही कहा गया था कि फौरन भागकर जाओ, पेशकार

साहब बुलाते हैं। वह बेचारा कुछ समझ न पाया और दीवार पर घिसकर बीड़ी बुझाते हुए तेजी से भागा। सब लोग तो सेहन में थे और वह भागता हुआ, दूसरी तरफ से बरामदे के तीन जीने चढ़ते हुए हाँफते हुए खाली कमरे में घुसा। उसी समय हाकिम चैम्बर से कमरे में आकर सेहन की ओर जा रहे थे। जमादार की सिट्टी-पिट्टी अंग्रेज साहब को देखते ही गुम हो गई थी। हाकिम की मेज पर एक टेबल लैम्प था, अभी जल रहा था। एक गुलदस्ता था। लैम्प का तार सामने की दीवार से वहाँ तक बिजली पहुँचाता था। फर्श पर बिछी दरी के ऊपर वह तार लोटता रहता था। बदहवासी में जमादार का नंगा पाँव उस तार में फँसा और वह चारों खाने चित्त, मुँह के बल, पास पड़ी पहले ही से कुछ टूटी कुर्सी पर और कुर्सी के साथ लोट-पोट होकर फर्श पर भड़ाक से आया। कुर्सी साढ़े तीन टाँग की हो गई। जमादार के मुँह के दो दाँत टूट गए–दरी पर खून आ गया। उधर टेबल लैम्प तो गिरकर टूट ही गया, गुलदस्ता भी लुढ़ककर गिरा और कई टुकड़े हो गया। अरदब में पेशकार की मेज की दावात आई और कई जरूरी कागजात का मुँह काला हो गया। दौड़कर कुछ लोग आए। जमादार को पहले फटकार पिलाई गई, तब दवाखाने भेजा गया। हाकिम सेहन में पहुँच गए। कोर्ट साहब ने बेंत मँगवा लिया था। अब बेंत हाकिम के हाथों में था।

लेकिन बेंत लगाए कौन ? आखिर साहब ने अपने चपरासी को हुकुम दिया। वह इनकार क्यों करता। जानता था कि कानून एक बेंत लगाने का एक पैसा देता है। पेशकार से कागज बनवाकर खजाने से ले ही लेगा। उतनी देर की छुट्टी मिलेगी घाते में। सो उसने बेंत लगाए। उसे इस काम का तजुर्बा न था इसलिए बेंत वैसे न लगे जैसे लगने चाहिए थे। थानेदार, पुलिसवालों और कोर्ट साहब को इसका दुख जरूर रहा होगा, लेकिन करते क्या ! वे लोग फौरन चले गए। उन्हें अपनी कारगुजारी की रपट ऊपर भेजनी थी।

लेकिन लल्लू की पीठ के लिए जितना हुआ वही काफी था। निघंस पहलवानी झरिहाय गई थी। शुभ्रा ने दौड़कर उसे घसीटा, सीने से चिपटाया, चूमा, चुप कराया। कमीज खींचकर पीठ पर की और गोद में उठाकर चल दी। थोड़ी दूर पर एक डॉक्टर की दुकान से रुई में कोई दवा लेकर पीठ पर लगाई। लल्लू बेंत पड़ते समय इतना नहीं चीखा था जितना दवा लगने पर छरछराहट से चीख उठा। आज भी वह याद आने पर उसे बहुत दिनों पहले मरी अपनी नानी याद हो आती है। दवा ने गुन किया था। शुभ्रा जब तक लल्लू को लेकर पंडित जी के घर पहुँची तब तक दर्द जाता रहा था। इस पूरे चक्कर में काफी समय बीत चुका था। लल्लू की आँतें भूख के मारे कल्लाय रही थीं। रास्ते में शुभ्रा ने उसे

कुछ खिला भी दिया।

पंडित जी स्कूल से लौट चुके थे। बरोठे में बैठे जल-भुन रहे थे। जल्दी लौटने की ताकीद की थी। तब भी न जाने कहाँ घूम रहा है नालायक। आज अच्छी खबर लूँगा। भुजंग बाबू उनका गुस्सा शान्त करने के लिए एक-दो बातें कह देते थे। पंडिताइन घर के भीतर थीं। शेफाली अंगना भितरी कर रही थी। इसी समय शुभ्रा के साथ लल्लू का बरोठे में दाखिला हुआ। सारी खबर शुभ्रा ने दी। इसके बाद लल्लू की खबर लेने का सवाल पैदा न हुआ। पंडिताइन भी भीतर से बुला ली गईं। शेफाली पास में उकड़ूँ बैठ गई। शुभ्रा ने लल्लू का सिर अपनी गोद में रखकर लिटा लिया। उसके दोनों पाँव पसारकर अम्मा की गोद में डाल दिए। अब शुभ्रा के मुँह से पूरी दास्तान सुनी जाने लगी। बीच-बीच में लल्लू भी कुछ बता देता था। जमादार के भहराय गिरने की वारदात भी सुनाई गई। इस एक कहानी में कविता के नौ रसों के अलावा भी कई रस थे।

इतना तो सभी ने समझ लिया कि लल्लू सजायाफ्ता हो चुका है। उसे अब सरकारी नौकरी ताजिन्दगी नहीं मिलनी है। इसकी उन दिनों कोई खास परवाह नहीं करता था। लल्लू तो और भी बेपरवाही से यह बात सुन रहा था।

शाम हो चुकी थी। धूर्जटि बाबू का आज आने का वादा था। उनका इन्तज़ार भी हो रहा था। उनका वादा कभी फेल नहीं होता था। थोड़ी देर में वह आ गए। पंडिताइन भीतर चली गईं। लल्लू उठकर बैठ गया। धूर्जटि कुछ कहने के लिए उतावले नजर आ रहे थे। लेकिन उनका नम्बर बाद में आया। पहले वही आज की पूरी दास्तान शुभ्रा के मुँह से बअलफाज दीगर और इस बार कई प्रश्नोत्तर सहित, लल्लू की ओर से पहले से ज्यादा जोड़-गाँठ के साथ सुनी गई। शेफाली ने मजाक में कहा–'पुलिस की लल्लू पर यह मार पहली हो सकती है लेकिन आखिरी नहीं।'

धूर्जटि बाबू पहले से ही कुछ चिन्तित थे। यह सब सुनकर वह कुछ परेशान से हो गए। उन्होंने जो कुछ कहा उसने सबको सकते में डाल दिया।

अँधेरे का चिराग

क्रान्तिकारियों के कुछ अपने सूत्र होते थे जो उन्हें सरकार के ऊँचे-से-ऊँचे हलकों के मंसूबों की गुप्त जानकारी देते रहते थे। वह जानकारी कुछ यों थी। भुजंग बाबू और पंडित जी की पूरी डाक सेंसर होती है यानी उसे बीच में ही खुफिया पुलिसवाले पढ़ लेते हैं। उन दोनों से मिलने-जुलनेवालों पर नजर रखने का भी इन्तजाम हो गया है। कुछ टीचर और विद्यार्थी भी खुफिया पुलिस के आदमी हैं। पैसा पाते हैं। ये लोग ऊपर से बड़े तेज-तर्रार और देशप्रेमी बनते हैं। लल्लू और शेफाली के खिलाफ सरकार दाँत पीस रही है। पंडित और भुजंग बाबू पर सीधे कोई कार्रवाई करने की हिम्मत न हो यह और बात है लेकिन मौका पाते ही वार जरूर होगा। अब तो इसमें भी शक है कि अगली जुलाई में लल्लू को यहाँ किसी स्कूल में दाखिला मिलेगा। लल्लू के हेडमास्टर ने अगर बच्चे को कहीं दूर तुरन्त पहुँचाने की सलाह दी थी तो अपनी ओर से ठीक ही किया था। मेरा भी ढाका या रंगपुर ज्यादा आना-जाना या कहीं टिकना ठीक नहीं है। यहाँ से भी मैं रात में ही चल निकलूँगा इतना ही कहने आया था। शुभ्रा जी आप भी सावधान रहें, इशारा समझ लें।

तब लल्लू का क्या किया जाए, यह सवाल उठा। शेफाली का क्या हो यह भी सवाल था। बातचीत चल ही रही थी, कुछ रास्ता न सूझ रहा था। इसी बीच अन्दर से खबर आई, भोजन तैयार है। बरोठ बन्द करके सब लोग भीतर पहुँचे। भोजन की थालियाँ आने पर फिर बातचीत शुरू हो गई।

काफी देर बाद धूर्जटि बाबू ने एक समाधान सुझाया। मैं आज रात लल्लू को अपने साथ लेता जाऊँ। किसी दूसरे जिले के दूरस्थ गाँव में इसे अपने किसी विश्वासपात्र के यहाँ छोड़ दूँगा। आप यहाँ के रंग-ढंग देखिएगा। ठीक देखिएगा तो जुलाई तक बुला लीजिएगा। नहीं तो अगर आप चाहेंगे तो इसे पांडिचेरी आश्रम में छोड़ दूँगा। वहाँ रहेगा भी, लायक भी बन जाएगा। आप निश्चिन्त हो जाएँगे।

पांडिचेरी में अरविन्द आश्रम था। पांडिचेरी में अंग्रेज का नहीं, फ्रांस का राज था। इसलिए यहाँ की सरकार का कोप वहाँ बेअसर था। वह आश्रम ऊपर से धर्म केन्द्र था, असल में वह क्रान्तिकारियों की मदद के लिए खुला था। वहाँ दुनिया भर के क्रान्तिकारी आते थे। भारत के फरार ही नहीं अवनी मुकर्जी जैसे लोग भी पहुँचते थे जो अगर भारत में पकड़े जाते तो मुकदमा न चलता सीधे फाँसी पर लटकते क्योंकि उन्हें फाँसी की सजा सुनाई जा चुकी थी और फन्दे में लटकने से पहले वह जेल से भाग खड़े हुए थे। वहाँ बच्चों के पढ़ाने-लिखाने, व्यायाम, राजनीतिक ट्रेनिंग का भी प्रबन्ध था। वहाँ से डिग्री नहीं मिलती थी, लियाकत मिलती थी–यहाँ डिग्री की जरूरत किसे थी! सरकारी नौकरी तो मिलनी नहीं थी।

पांडिचेरी आश्रम के बारे में पंडित जी और भुजंग बाबू को पता था। दोनों के चेहरे खिल उठे। लल्लू भी खुश हो गया। तय यह पाया गया कि जुलाई तक भी क्यों रुका जाए ! यहाँ लौटना कौन जरूरी है ! बच्चे का भाग्य सुधरना चाहिए। विश्वासी मित्र के यहाँ तो छोड़ना ठीक ही है लेकिन वहाँ से जितनी जल्दी हो सके लल्लू को पांडिचेरी भेज दिया जाए। धूर्जटि बाबू को इसमें कोई दिक्कत न थी। उन्होंने तुरन्त लल्लू को तैयारी करने को कह दिया।

पंडिताइन का मन दुखी था। लेकिन करतीं क्या ! और कोई रास्ता भी न था। शेफाली दूसरी वजह से दुखी थी। वह भी लल्लू के साथ जाने की जिद करने लगी। भुजंग बाबू भी चाहते यही थे कि वह चली जाए लेकिन कह नहीं पा रहे थे। आखिर दबी जुबान से कह ही तो बैठे।

धूर्जटि बाबू कुछ सोचने लगे। कुछ देर दिमाग दौड़ाया और तब बोले, ठीक है, यही सही। भुजंग बाबू शेफाली को लेकर घर गए। उसकी बकसिया तैयार करवा दी। घर में ताला बन्द करके लौटे तो शेफाली से देहरी की धूल माथे पर लेने को कह दिया। उसने यही कर भी लिया। उस घर में ताला बन्द हुआ। इसके बाद उस घर में ताला सबेरे बस कुछ देर के लिए खुलता था। भुजंग बाबू आते थे, गमलों में पानी देते थे, नहाते-धोते थे, सफाई करते थे और चल देते थे। पंडित जी के यहाँ ही उनका स्थायी निवास हो गया था।

शेफाली बकसिया लेकर आई तो उसी में लल्लू का भी सामान समा गया। एक गठरी छोटी-सी और हो गई। लल्लू अपनी गुलेल लेना न भूला। शेफाली ने लल्लू का वह तमगा भी बकसिया में डाल लिया जो रंगपुर से वह जीतकर लाया था। इनाम में मिली किताबें इस बीच दोनों पढ़ ही चुके थे। उन्हें छोड़ देने का किसी को दुख न था।

आधी रात बीतते-बीतते धूर्जटि बाबू के साथ दोनों बच्चे ढाका की सीमा से बाहर थे। मुहल्ले में किसी को बताया न गया कि दोनों कहाँ गए हैं। कुछ झूठ-मूठ गढ़ लिया गया। करीब महीने भर में दोनों पांडिचेरी पहुँच गए।

मुहल्ले के बच्चों को लल्लू-शेफाली की याद बहुत दिनों तक आती रही। बूढ़ों को भी बहुत दिनों तक मुहल्ला सूना-सूना लगता था। पंडित जी और धूर्जटि बाबू के खतों का सिलसिला पहले जैसा चलता रहा लेकिन अब सावधानी बरती जाने लगी। अकसर कूट से काम निकाला जाता था। ताऊ जी के खत अब मुड़िया में ही आने लगे।

शुभ्रा ने इस बीच उस विदेशी बच्चा मंडली को पत्र डालने शुरू कर दिए। उनके घरों से भी उसकी पत्र मित्रता बढ़ने लगी। वह भी अब ढाका से निकल भागने की सूरत खोजने लगी थी।

जाते-जाते धूर्जटि बाबू ने शुभ्रा से एक बात ऐसी कह दी थी जिस पर और लोगों ने ध्यान नहीं दिया था लेकिन शुभ्रा के दिमाग में वह बात बहुत दिनों तक गूँजती रही। धूर्जटि यों भी थोड़ा बोलते थे, उनकी बातों में फैलाव कम गहराई ज्यादा होती थी।

बीच में शुभ्रा ने उनसे कहा–'आपने महात्मा जी के सत्संग में मुझे डाँट क्यों दिया ? क्या मैंने कोई गलत बात कही थी ?'

धूर्जटि ने कहा था–-'गलत तो नहीं लेकिन एकांगी सत्य, अर्ध सत्य कहा था। अधूरा सत्य झूठ से ज्यादा भयानक होता है।'

शुभ्रा ने पूछ ही दिया–'तो पूरा सच क्या है ?'

धूर्जटि बोले–'पूरा सच यह है कि सवाल यह नहीं है कि पुरुष स्त्री को क्या मानता है ? सवाल यह है कि स्त्री खुद अपने शरीर को पुरुष की भोग-सामग्री के अलावा क्या कुछ और मानती है और उसी रूप में, उसी के बल पर अपनी गरज पूरी करना चाहती है। शरीर ढलने पर वह यों कुंठित होती है मानों उसकी कोई सम्पदा चली गई हो। गरज पूरी न हो तो पुरुष से उसका लगाव समाप्त होने लगता है। उसकी सेवा, उसका समर्पण, उसका प्यार, उसकी भीति इसी गरज की नींव पर रहते हैं। पत्नी होकर भी, माँ होने के बाद भी वह ऐसी ही बनी रहती है। पुरुष गरज पूरी करनेवाला हो जाता है। गरज और अलगरज का रिश्ता यहाँ से शुरू होता है। इसे समझे बिना समता नहीं आ सकेगी। स्त्री ही स्त्री को गरज बनने की सीख देकर तैयार करती है। मर्द को बाँधकर रखना यह उसे सिखाया जाता है। दूसरे को बाँधने के चक्कर में वह खुद बँध जाती है।'

इस बात में और लोगों की विशेष रुचि नहीं थी। धूर्जटि का आखिरी वाक्य

था। 'स्त्री तलाशती है कमजोर पुरुष, पुरुष को मिलती है अबला स्त्री–क्या बढ़िया संयोग बनता है।'

शुभ्रा जब भी कलम उठाकर कोई पत्र लिखने बैठती तो उसका मन इस उधेड़बुन में लगा रहता। उसे लगता था कि वह कुछ और कमजोर होती जा रही है। अब उसकी समझ में आने लगा था कि सीता को धनुष-बाण देने, जौहर करनेवालियों को खड़ग सौंपने या आज की लड़की की कमर में रिवाल्वर लटका देने से समता की पहेली का हल नहीं निकल आता। बुद्धिहीनता और दासता के पथ पर चले तो लाठी उसे स्वतन्त्र नहीं बना सकती। यह बात स्त्रियों को ही नहीं पुरुषों को भी समझनी होगी। दासता एकतरफा नहीं, दुतरफा है।

कई लड़कियों के गाहे-बगाहे कहे वाक्य समय-समय पर उसके कान में बड़ी देर तक गूँजते रहते थे। कोई कहती थी बहुत कुछ पाने के लिए बहुत कुछ देना–गँवाना पड़ता है। एक ने कहा था–हमारी सम्पदा तो शरीर है वह भी कुछ दिन तक, उतने दिनों में ही उसका पूरा फायदा उठाने में जो चूक जाए वह भुगतेगी। कोई कभी कह बैठी थी–किसी को जीतने के लिए हारने, झुकने का दिखावा करना जरूरी होता है। एक ने तो यहाँ तक कहा था–जब तक मोहक शरीर है, उसका लोभ दिखाकर कुछ बेवकूफों से अपनी तरक्की करा लो, बाद में तो अहसान करनेवाले भी पछताएँगे। आधुनिकता, स्वतन्त्रता, समता, बन्धुता जैसे शब्दों की तह में कौन जाता है ! ये वाक्य शुभ्रा को कुरेद रहे थे। एक ओर धूर्जटि की बातें थीं, दूसरी तरफ दुनिया थी। उसका अपना शरीर और मन भी तो कुछ था।

बिखरते दाने

अभी अधगोरे हेडमास्टर की सब चिट्ठियों का पूरा प्रभाव कहाँ हुआ था! पंडित जी की तरफ तो कोई तीर चलाया नहीं गया था। तीर चलाना आसान न था। बड़े-बड़े हुक्काम कुछ कर गुजरने की हिम्मत नहीं करते थे। भुजंग बाबू से वह भुगत चुके थे। पंडित जी की लोकप्रियता बहुत ज्यादा थी। काफी सलाह-मशविरे के बाद रास्ता निकला। ऊपर तक यह खबर नहीं पहुँची थी कि लल्लू और शेफाली कहाँ भेज दिए गए हैं।

आखिर में उन्हीं इंस्पेक्टर साहब को ऊँचे अफसरों ने काम सौंपा जिन्होंने पंडित जी के स्कूल को मान्यता दिलाई थी। उन्हें लोभ भी दिखाया गया, भय भी। उन्हें करना यह था कि धूर्जटि बाबू का अड्डा समाप्त हो, पंडित जी अपने धरम-करम, शिक्षा दान में लगे रहें, राजनीति से उन्हें क्या लेना-देना। भुजंग बाबू को भी वह सीधी राह पर ले आएँ। उनके स्कूल को सरकारी मदद, भवन निर्माण, बढ़िया फर्नीचर और तरक्की का सब्जबाग भी दिखा दिया जाए। लेकिन यह सब तरीके से किया जाए। कहीं पडित जी दुर्वासा न हो जाएँ। इंस्पेक्टर को भी इनाम-तरक्की का लोभ दिया गया।

एक सनीचर की शाम इंस्पेक्टर साहब पंडित जी के घर पहुँच गए। पंडित जी, भुजंग बाबू उनका स्वागत करने लपके और बोले–अरे भाई, मुआयने के लिए आने का यह कौन-सा दिन, कौन-सा वक्त है ? इंस्पेक्टर साहब हँसते-हँसते बोले–अजी मुआयना कैसा ? मैं तो मित्र के घर छुट्टी बिताने आया हूँ। सोमवार तक यहीं रहूँगा–मंगल को सबेरे जाऊँगा। इसमें क्या दिक्कत थी ! सारा इन्तजाम हो गया। रात में तीनों मित्रों की बात में सिर्फ यह निकला कि सोमवार को पास के एक गाँव में मेला लगता है, उसे देखने तीनों जने चलेंगे। पंडिताइन चाहेंगी तो वह भी चलेंगी। इंस्पेक्टर ने कहा–स्कूल में आधे दिन की छुट्टी बोल दीजिए। लड़के भी मेला देख आएँगे। पंडित जी को कुछ हैरानी जरूर थी कि इसके पहले इतना प्यार, इतनी घरौटनि कभी छलकी न थी–जान-पहचान तो बरसों पुरानी थी।

स्कूल को मान्यता दिलाकर उन्होंने अहसान किया ही था–इसलिए उनके प्रेम का जवाब प्रेम में देना ही था।

इतवार को पड़ोस के घर से एक लड़की को ससुराल जाने के लिए विदा होना था। इसलिए पंडिताइन सबेरा होते ही उस घर में चली गईं। भुजंग बाबू भी उठे और रोज की तरह अपने घर की हाजिरी देने चले गए। बचे दोनों मित्र। वह बारी-बारी से फारिग हुए। सोचा छुट्टी तो है ही, चलकर स्कूल वाले कुएँ की जगत पर स्नान करें। पंडिताइन चाभी का गुच्छा दे गई थीं–उसी में घर की चाभियाँ थीं। दरवाजे पर लगाने के लिए भी ताला दे गई थीं। इंस्पेक्टर साहब ने अपनी अटैची उठा ली। पंडित जी ने दरवाजे में ताला लगाया। पंडित जी आधी धोती पहने, आधी ओढ़े, अंगौछा कान्धे पर धरे चल दिए। धोती वहीं पसार देंगे, अंगौछा पहनकर लौट आएँगे–घर में कपड़े पहन लेंगे। बातचीत भुजंग बाबू के जाते ही शुरू हो गई थी, वह चलती रही। चपरासी वहाँ पानी भरने के लिए आ गया था। पंडित जी की आधी धोती के एक छोर पर गुच्छा बँधा था।

इंस्पेक्टर नहा-धो चुके थे। उनकी धोती फैल चुकी थी। कपड़े पहन रहे थे, बनियान-जाँघियाँ पहन चुके थे, धोती पहनने के लिए सुक्त्या रहे थे। पंडित जी जगत पर उकड़ू बैठे, गुच्छे वाला छोर पीठ पर, दातुन कर चुके थे, उसे चीरने जा रहे थे। ज्यादा इंस्पेक्टर ही बोल रहे थे। पंडित जी सिर्फ सुनकर हाँ, हूँ कर रहे थे। इंस्पेक्टर मान्यता दिलाने में अपनी कारगुजारी बढ़-चढ़कर बता चुके थे, लाख दिक्कतों का हवाला दे चुके थे। कैसे किसी विरोधी की एक न चली यह भी जता दिया था और अगली स्कीमों का खुलासा यों कर रहे थे जैसे वह खुद अब बहुत कुछ सिर्फ पंडित जी के लिए करने को उतारू हों।

पंडित जी को इस चर्चा में सरकारी दाँव-पेंच की झलक तो न आई, इंस्पेक्टर का अहंकार साफ दिखाई पड़ा। लगा कि उन पर बेहद अहसान जताया जा रहा है, और ज्यादा अहसान के बोझ के नीचे ऐसा दबाने की कोशिश हो रही है मानो पंडित जी का अपना किया-धरा और लोगों का किया-धरा कुछ हो ही नहीं। एक आध बार भुजंग बाबू का नाम लेकर इंस्पेक्टर ने जो कुछ कहा था वह भी पंडित जी को अच्छा नहीं लगा था।

आखिर में उनसे सहा न गया। न जाने क्यों वह तड़प उठे। पहले धोती का छोर आगे खींचा और गुच्छा खोलकर दाहिने हाथ में लिया। अचानक गुच्छा पूरे जोर से खींचकर इंस्पेक्टर के पाँव के निशाने पर मारते हुए बोले–ले जा, यह स्कूल, यह घर, सब सामान। यह कुआँ, यह पानी–यह सब तेरा दिया है, ले जा। अब इस अहाते की मिट्टी का एक कण भी छुऊँ तो अपने बाप की औलाद नहीं।

यह कहते हुए दातुन फेंकी, कुल्ला भी नहीं किया। अंगौछा फेंक दिया। वैसे ही नंगे पैर, खड़ाऊँ वहीं छोड़कर, बाहर सड़क पर आए और सड़क पार करके दूसरी पटरी पर खड़े हो गए। इंस्पेक्टर सन्न रह गया। अटैची तो वह निकाल ही लाया था। गुच्छा उठाकर चपरासी को दे दिया और बिना कुछ बोले एक तरफ बैठ गया। धोती सूख जाने के बाद उसे भी अटैची में रखकर किसी तरफ चला गया।

चपरासी पंडित जी के पास गुच्छा देने आया तो उसकी पंडित जी के नजदीक आने की हिम्मत न पड़ी। भुजंग बाबू आए तो चपरासी उन्हें गुच्छा देने लगा। पंडित जी ने डाँट दिया–भुजंग, खबरदार जो गुच्छे में हाथ लगाया। और जाओ, उस घर में पंडिताइन को अलग बुलाकर उनको भी बता दो कि गुच्छे में हाथ नहीं लगाना है, घर में पाँव भी नहीं छुआना है। जैसी हैं, जो पहने हैं, वैसी ही यहाँ से चल देना है।

पूरे इलाके में तहलका मच गया। जो सुनता दौड़ा चला आता। आकर पाँव पकड़ता। समझने की किसी को हाजत न थी। चपरासी इधर-उधर कह ही आया था। सब आँसू भरे एक ही चिरौरी करते। पंडित जी, स्कूल में लगे आग, लेकिन आप हमारे हैं, यहीं रहिए। सब घर आपके हैं। हम सबकी बढ़ती आपके पुन्न परताप से है। ऐसा कहनेवालों में बाभन, ठाकुर, अछूत, हिन्दू, मुसलमान सभी थे। कुछ पुलिसवाले भी आए, पैर पर पगड़ी रख गए। उनके बच्चे उस स्कूल में पढ़ते थे या पढ़ चुके थे। जब तक पंडिताइन लौटीं, उन पर औरतों का और पंडित जी पर मर्दों का घेरा पड़ चुका था। प्रेम का यह बन्धन तोड़ना सरल न था। इंस्पेक्टर, गनीमत थी कि जा चुका था। वह दिख जाता तो उसकी बोटी-बोटी नोच ली जाती।

सबका समाधान पंडित जी ने ही किया। मैं अभी नहीं जाऊँगा। स्कूल मेरा न सही, मैं हेडमास्टर न सही, बच्चे तो मेरे हैं। सालाना इम्तहान के पहले कैसे जा सकता हूँ? कोई कठिनाई हुई तो बेचारे क्यों, किसके पास जाएँगे? इम्तहान के बाद मैं गाँव चला जाऊँगा।

आखिरी कोशिश

टिकने की तो खैर कोई दिक्कत थी ही नहीं। इस घर में ताला बन्द हुआ तो भुजंग बाबू के घर का ताला खुल गया। पंडिताइन ने चौका-चूल्हा सँभाल लिया।

उस घर में अब कभी एक-दो, कभी दस-पाँच विद्यार्थियों का पंडित जी के स्कूल से ही नहीं दूसरे स्कूलों से भी झुरमुट जाता। पंडित जी और भुजंग बाबू का दिन ही नहीं, रात भी मजे में कटती। पूजा-पाठ का अवसर पंडित जी सबेरे तड़के निकाल लेते। बीच में खाली वक्त बचा तो पंडिताइन रामायण सुनातीं या तीनों जने ज्ञान चर्चा करते। दूसरे बाहरी लोग आ जाते तो बैठक बरोठे में, यही तीन होते तो अंगनई में जमती। पंडित जी या भुजंग बाबू घर पर पढ़ाने का एक पैसा नहीं लेते थे। घरों से सीधा आना शुरू हो गया। बाजार से इतने कपड़े आ गए जितने पंडित जी व पंडिताइन के पास पहले भी न थे। दाम तो किसी ने लिए ही नहीं, दरजी ने सिलाई लेने से भी इनकार कर दिया। एक जगह से बक्से भी नए आ गए।

सभी जानते थे कि अगर पंडित जी न रहे तो भुजंग बाबू भी न रहेंगे। ढाका में यों भी उनकी कोई रुचि नहीं थी। घर में जमीन-जायदाद से पोढ़े थे। पढ़ाने का शौक था, इसलिए नौकरी करते थे। वह शौक कहीं भी पूरा हो सकता था। पंडित जी की यह हालत न थी। उन्हें तो कहीं नौकरी खोजनी ही पड़ेगी। यहाँ से हर महीने गाँव को मनीआर्डर जाता था, यह सभी देखते थे। इसलिए सभी चाहते थे कि पंडित जी के रुकने की कोई सूरत निकल आए। कोशिशें चल रही थीं। पंडित की नियमित खतो-किताबत अपने घर से तो होती ही थी, अन्य परिचितों से भी होती रहती थी। इस बीच पत्रों की संख्या बढ़ गई थी। पंडित जी ने सबको सब कुछ लिख दिया था। कुछ भी छिपाया न था। अपनी एक चिन्ता भी लिख दी थी। यह चिन्ता पंडित जी को खाए जा रही थी। अब घर को मनीआर्डर कैसे जाएगा, वहाँ कैसे काम चलेगा ? भइया, दिदिया क्या सोच रहे होंगे ? आवेश में कदम तो उठा लिया था लेकिन मन में दोनों बड़ों का खौफ बहुत

था। वहाँ से आए पत्रों में न नाराजी थी न किसी तकलीफ की बात लेकिन पंडित जी इसे बड़ों का शील ही मान रहे थे। उनकी हिम्मत बार-बार इस सवाल पर जवाब दे रही थी, दिल बैठा जाता था कि गाँव में कैसे घुसेंगे, कैसे सबका सामना करेंगे, कौन क्या कहेगा, क्या जवाब देंगे ? इसीलिए उन्होंने गाँव की रवानगी टाली थी। चाहते थे कि वह दिन, हे भगवान, तब तक दूर ही रहे, जब तक कहीं और चार पैसों की कोई गली न निकल आए। फिलहाल तो रवानगी टलने की सूरत निकल ही आई थी।

कलक्टर साहब को सारी खबर मिलती रहती थी। पंडित जी और भुजंग बाबू के स्वभाव और चरित्र, हैसियत, योग्यता सभी की उनको सही जानकारी थी। वह समझ गए थे कि दोनों से ढाका को अब देर-सबेर छुट्टी मिल जाएगी। लेकिन वह दोनों के प्रति जनता का प्रेम भी जानते थे। उसका फायदा उठाने में वह क्यों चूकते। जब मालूम है कि कोई नहीं रुकेगा तब जाकर उसे रोकने की कोशिश करने में नुकसान कहाँ था ? उन्हें मन-ही-मन खुशी थी कि धूर्जटि के दो अड्डे टूटते जा रहे थे। उन्हें यह वादा भी तो पूरा कर दिखाना था जो उन्होंने बंगला घेरनेवाली भीड़ से किया था। वाहवाही लूटने का कुछ चाव अंग्रेज को भी होता था।

एक दिन मुहल्ले के लोगों ने हैरत भरी आँखों से देखा कि भुजंग बाबू के घर पर पहले एक चपरासी आया, फिर आसपास कुछ पुलिसवाले चलते-फिरते दिखाई दिए और अचानक कलक्टर साहब की सवारी भुजंग बाबू के घर पर आ रुकी। बरोठे से सब लोग बाहर हो गए। पंडिताइन भीतर थी हीं–बरोठे के बगली दरवाजे को बन्द करके पीछे खड़ी हो गईं। पड़ोस से तीन कुर्सियाँ, एक मेज आ गई थी, मेज पर एक कपड़ा भी बिछ गया था। झब्बेवाला चपरासी दरवाजे पर खड़ा था। भीतर बात हो रही थी। कलक्टर साहब गोराशाही हिन्दी बोल रहे थे, बाकी दोनों भी हिन्दी में ही बात कर रहे थे।

कलक्टर ने पंडित जी को बहुत समझाया। जनता का प्रेम बताया। उनकी योग्यता सराही, उन्हें स्कूल की जान कहा। अपने दिल की इज्जत बताई। सबकी जरूरत पर जोर दिया, पंडित जी की जरूरत पर भी ध्यान दिया। पर पंडित जी अड़ गए, न माने। कलक्टर ऊपर से दुख प्रकट करते हुए, फिर सोचने का आग्रह करते हुए चल दिए। भुजंग बाबू को समझाने का सवाल न था। उन्होंने कौन इस्तीफा दिया था। यों ही बातें हुईं। इस घटना से तीनों की इज्जत बाज़ार में बहुत बढ़ गई।

बीच में चर्चा लल्लू कांड की भी आई। कलक्टर ने ऐसा रुख बनाया जैसे

उन्हें कुछ भी नहीं पता। उन्होंने लल्लू को बुलाकर पूछना चाहा–वह था नहीं, कहाँ था यह किसी ने बताया नहीं। कलक्टर कहते गए, 'मैं कल ही सब पूछताछ करूँगा, शुभ्रा को भी बुलाकर उनसे जानकारी करूँगा। मैं ऐसे मामले को छोड़नेवाला नहीं हूँ। किसने यह हरामीपन किया है? मैं उसे देख लूँगा।' यह सिर्फ बात की बात थी। जो होना था वह हो चुका था। सेंसर निगरानी आदि की बात पर भी उन्होंने आँखें फाड़कर विस्मय जताया, देखने का वादा किया।

जब कलक्टर साहब चले गए तो पंडित जी ने एक वाक्य दोहराया–'इहाँ न लागे राउरि माया'–पेड़ काटकर पल्लव सींचने की यह कला उन्हें अच्छी नहीं लगी थी।

उस बस्ती के लिए अंग्रेज कलक्टर का वहाँ आना एक अनहोनी घटना थी। यों भी उसे जमाने में कम लोगों को ही 'हुकुमसदर हल्ट' अपने कानों से सुनने का तजुर्बा हो पाता था।

कोई एक सप्ताह इन्तजार करने के बाद एक मुसलमान सज्जन पंडित जी के स्कूल में हेडमास्टर का काम सँभालने के लिए एकदम गैर मुस्तकिल रूप में भेज दिए गए। पहले तो वह घर-घर बताते घूमे कि यहाँ टिकने नहीं आया हूँ। यह जगह पंडित जी की है, उन्हीं की रहेगी। पंडित जी ने इस्तीफा दिया ही नहीं है, उसकी मंजूरी का सवाल नहीं उठता। कानूनन पंडित जी छुट्टी पर हैं। पंडित जी ने खुद ही लड़कों, टीचरों से कहा कि वह नए हेडमास्टर को काम करने दें, स्कूल ठीक से चले। जहाँ तक उनके अपने इस्तीफे का सवाल था, उन्होंने लंठई भरे सुर में कहा–'इस्तीफा वह देता है जो नौकरी के लिए अर्जी देता है। मैंने न कभी अर्जी दी, न इस्तीफा दूँगा। जिसको जो बिगाड़ना हो, बिगाड़ ले। स्कूल के हाते में पाँव नहीं रखना है, यह तय है।' लोगों की नजर में पंडित जी के स्वभाव की यह कोई नई बात न थी।

'गहो सो गही और छाँड़ी ताहि छाँड़ि दीन्हीं, हाँ करी सो हाँ करी और ना करी सो ना करी'–यह उनके प्राण में समाई सतर थी।

चिन्तित मन

कलक्टर साहब की आमद की चर्चा अभी चल ही रही थी कि अचानक भुजंग बाबू के दरवाजे पर आकर एक और सवारी खड़ी हो गई और उसमें से गिरिडीह के लखपती व्यापारी सेठ मंगलसेन अपने भाई और बेटे के साथ उतर पड़े। वह बेचारे पहले स्कूल गए थे। वहाँ से पता लगाकर यहाँ आए थे। शाम का वक्त था। भुजंग बाबू स्कूल से लौट आए थे। बरोठे में कई लोगों के साथ वह और पंडित जी बैठे थे।

सेठ जी को देखकर सभी भौचक्के थे। हुआ यह कि उन्हें भी पंडित जी की ही चिट्ठी से सब हाल-चाल मालूम हुआ। चिट्ठी पढ़ते ही उन्हें अपनी हवेली काटने लगी। पंडित जी की नजर में उनके जैसे बहुत रहे होंगे पर पंडित जी उनकी नजर में एक ही थे। वह कभी पंडित जी के शिष्य रहे थे।

आते ही पंडित जी के पाँव छुए, भाई और बेटे से भी कहा कि इन पाँवों की धूरि माथे पर लगाओ। आशीर्वाद पाने के बाद फिर सहसा हाथों से दोनों पाँव पकड़ लिए और भरे गले से करीब-करीब रोते हुए बोले–'पंडित जी, ये पाँव अब छोड़ूँगा नहीं। इन्हीं की किरपा से कुछ बन पाया हूँ। घर-बार, व्यापार सब आपकी असीस का फल है–मैं तो किसी लायक न था, न हूँ। मैं अब आपको यहाँ रहने न दूँगा।'

इसके बाद भीतर जाकर पंडिताइन के पाँव पकड़कर यही सब कहने लगे। उनकी जिद कि 'इसी समय दोनों परानी उठें, ढाकेश्वरी देवी को प्रणाम करें और गिरिडी चलें। वहीं जिन्दगी भर रहें। नौकरी-चाकरी की ऐसी-तैसी! रोज सबेरे पाँव छूने भर का सुयोग मिलेगा। इससे ज्यादा जिन्दगी में क्या है।'

पंडिताइन का जी भर आया। पाँव छुड़ाकर बोलीं–'अच्छा चलो, बरोठे में बैठो, लम्बे सफर से आए हो। कुछ पानी पत्ता हो जाए तब बात होगी।' उस दिन घर पर पढ़ने आनेवाले बच्चों की छुट्टी हो गई। मुहल्ले में नई चिन्ता व्याप गई। इक्का-दुक्का आते और जैसे कुछ सूँघकर चले जाते। मन में देवी भवानी, शंकर

पीर-फकीर मनाते—किसी तरह पंडित जी सेठ जी की बात न माने, नहीं तो गजब हो जाता।

सेठ जी ने यह स्वीकार न किया कि गुरु के यहाँ उनके निमित्त कुछ भी खर्च हो। उन्होंने जेब से दस रुपए का नोट निकालकर दिया। उसी से जलखई और रात के भोजन का प्रबन्ध हुआ। काफी बच रहा। सेठ जी से हिसाब का कोई वास्ता न था।

जलखई और भोजन के बाद रात में बात शुरू हुई। पंडिताइन भी बातचीत में शरीक थीं। पंडित जी ने इम्तहान से पहले न टलने की बात साफ कर दी। पर किसी तरफ से ताऊ जी और बुआ की बात आने पर यह भी कह दिया कि हर महीने पैसा नहीं जाएगा, इससे उन्हें कुछ कष्ट होगा। बाकी कोई चिन्ता की बात नहीं, सब चलेगा।

सेठ जी तुरन्त बोले—'पंडित जी, आप हर मास दस या पन्द्रह रुपए ही तो भेजते थे। अब हर महीने पच्चीस का मनीआर्डर पहली तारीख को उन्हें मिलेगा। उन्होंने छोटे भाई का बैग खुलवाया। उसमें से एक लिफाफा निकाला। कहा कि तुरन्त इस पर गाँव का पता लिखिए और अभी लिखकर चिट्ठी इसमें रखिए, और देखिए आपने नाहीं की या गाँव से रुपया लौटकर आया तो मैं माहुर खाकर मर जाऊँगा। आपकी नौकरी लगे न लगे—मेरी जिन्दगी भर यह रुपया जाएगा। बाद में घर में कौन किस लायक होगा, वह जाने।' पंडित जी को चिट्ठी उसी दिन लिखनी पड़ी। मन में बहुत लजा रहे थे कि क्या कर रहे हैं। उन्होंने कभी घर पर पढ़ाने का किसी से कुछ लिया नहीं था, ट्यूशन कभी की नहीं थी। किसी तरह लोगों ने उनकी ग्लानि दूर की।

बाद में इस संसार से पहले सेठ जी गए, उसके बाद पंडित जी। पंडिताइन को काफी लम्बी जिन्दगी मिली—पर उन्हें कभी किसी बात की कमी नहीं अखरी। फिर भी गाहे-बगाहे उनके नाम मनीआर्डर गिरिडी से आ जाता था। उसे वह जरूर लेतीं और अपनी बकसिया में रखते-रखते कहतीं—'राम ऐसे विद्यार्थी सबको दे। औलाद से ज्यादा थे।'

उस दिन सेठ जी ने एक बात और कह दी थी। ढाका से चलने पर पहले आपके पाँव मेरी कोठरिया को पवित्र करेंगे। उसके बाद आप गाँव जाएँगे। तब तक के लिए अपने बेटे को आपकी सेवा में छोड़े जाऊँगा। इतने दिनों में ही आपकी कृपा से आदमी बन जाएगा। कुछ गुन सीख लेगा। हम लोग बनिया ठहरे—पढ़ने-लिखने, डिग्री लेने से क्या मतलब, बस वही आगे गद्दी सँभाल लेगा। शील-सुभाव, चाल-चलन की सीख पा लेगा, यही बहुत है। जब यहाँ से चलना

हो तो थोड़ा पहले मुझे खत डाल दीजिएगा। मैं आकर सबको अपने साथ ले जाऊँगा। बेटे को छोड़ जाने की मसलेहत पंडित जी समझते जा रहे थे।

कारबारी आदमी ज्यादा रुके कैसे ? सो सबेरे देवी को प्रणाम करके दोनों भाई वापस हो गए। पंडिताइन के पाँव छूते समय भी दोनों भाइयों ने कुछ नोट उनके पाँव पर रख दिए थे।

बीच में एक दिन शुभ्रा आई थी। बातचीत में बता गई कि चन्द्रनगर के एक अच्छे गोरे स्कूल में उसे संस्कृत अध्यापिका की जगह मिल रही है। इम्तहान के बाद वह चन्द्रनगर चली जाएगी और छुट्टियाँ वहीं बिताएगी। जुलाई में लौटकर अपने स्कूल को नमस्कार करेगी और चन्द्रनगर में नई जिन्दगी शुरू करेगी। सबको खुशी ही हुई। चन्द्रनगर से पांडिचेरी की आमदरफ्त यों भी ज्यादा रहती है। यह भी अच्छा ही हुआ कि लल्लू और शेफाली की खोज-खबर लेने का एक रास्ता खुल गया। उन दोनों को यहाँ की कोई घटना मालूम न थी। शुभ्रा को ताकीद कर दी गई कि बताएगी भी नहीं। चिट्ठी-पत्री के लिए शुभ्रा को भुजंग बाबू के यहाँ का और गाँव का पता मालूम ही था। पंडित जी ने अपने गाँव का पता उसे लिखा दिया था।

ऊपर से पंडित जी निश्चिन्त लगते थे लेकिन गाँव जाने की बात पर उन्हें डर पहले से ज्यादा लगने लगा था। भइया और दिदिया न जानें क्या सोच रहे होंगे, लगी-बँधी नौकरी पर लात मार दी और अब भीख पर गुजर कर रहा है। दोनों का सामना कैसे करेंगे ? हिम्मत जवाब दे रही थी–समय बीतता जा रहा था।

भुजंग बाबू भी मन में ठाने हुए थे कि पंडित जी के जाने के बाद वह ढाका में नौकरी न करेंगे। जुलाई तक वह रुकेंगे। तब इस्तीफा देकर हिसाब-किताब चुकता करके विदा होंगे। यह तय नहीं हो पा रहा था कि जाएँगे कहाँ ? अपने गाँव जाना उन्हें ठीक न लगता था। महात्मा जी, माँ जी, जंवारि के लोग–सब सोचकर वह कुढ़ने लगते थे। उधर ताऊ जी की एक चिट्ठी ने खबर दी कि आम खूब बौरा है, अबकी अपनी बगिया में फल इतने आएँगे कि डालें फट पड़ेंगी। पंडित जी के घर में आम बेचने का रिवाज न था। चटनी, पहिती, फंकियाँ, ठोकरा, अचार, गलका, फिर आम चूसो, अमावट गारो। सबको बाँटो, राहगीर खाए नाम ले–यही दस्तूर था। अबकी तो आम इतना फरनेवाला था कि हरहा सूँघकर छोड़ देंगे। इसलिए यह भी लिख दिया था कि मित्रों सहित आम की फसल में आओ और बगिया को स्वारथ लगाओ। ये सब बातें कानों में आती-जाती थीं।

गाँव की ओर

आखिर वह मनहूस घड़ी आ ही गई जब अनगिनती रुआँसी आँखों से विदा लेकर पंडित जी प्लेटफार्म पर लगी गाड़ी में बैठ गए। सेठ जी थे ही, उनकी जिद के आगे किसी की न चली। भुजंग बाबू को भी चलना ही पड़ा। गिरिडी में एक बार फिर वही जिद कि पंडित जी और भुजंग बाबू वहीं ताजिन्दगी रहें। यह बात कौन मानता ! पंडित जी पंडिताइन सहित गाँव जाने को उतावले थे। भुजंग बाबू भी एक बार मित्र के गाँव हो आने का लालच न रोक सके। सेठ जी से फिर कभी आने का वादा किया। बाकी सबके खर्च-पानी, यात्रा का प्रबन्ध सेठ जी ने किया।

पंडित जी जब स्टेशन से बाहर आकर गाँव के लिए बैलगाड़ी किराए पर तय कर रहे थे तो उनकी अपने दिल की हालत कुछ ऐसी थी कि सब कुछ वही, वैसा ही होने पर भी बदला बदला, कुछ डरावना लग रहा था। इसलिए उन्होंने घर को खबर न दी थी, वरना घर की गाड़ी आ ही जाती। पंडिताइन का मन भी नीचे-ऊपर हो रहा था–रास्ते भर भी अबकी पंडित जी से मन की बातें मौज से कहने का मौका नहीं मिला था। मन मसोस रहा था।

एक बात याद करके पंडिताइन को हँसी भी आ गई। पिछली बार जब जेठ जी के साथ ढाका गई थीं तब कई बार अगल-बगल बैठने की नौबत आने पर कपड़े और देह छू न जाए–अलगाव बना रहे, इसलिए जेठ जी दोनों के बीच में लाठी रख लेते थे। यह बात सुनकर गाड़ीवान समेत सब लोग हँस पड़े। भुजंग बाबू तो देवर लगते थे–हँसकर बोले, भौजी मुझे वैसा कुछ नहीं करना पड़ेगा। बैलगाड़ी हाँकी जा चुकी थी। पंडिताइन को अपने बैलों की चाल और हनक याद आ रही थी। इन बैलों में वह दम न था।

स्टेशन से गलियारा कुछ ऐसा जाता था कि बाईं तरफ गाँव पड़ता था और दाहिनी तरफ बाजार। उसी गलियारे पर गाँव के उस पार कोई दो फर्लांग पर पंडित जी की एक बगिया पड़ती थी। गाँव के सामने आकर गाड़ीवान ने बैलों का पगहा खींचा और गाड़ी कुछ थमी ही थी कि पंडित जी ने कहा आगे चले

चलो। गाड़ी आगे बढ़ी। बगिया पर पहुँचकर पंडित जी ने वहीं सब सामान उतारकर एक पेड़ के नीचे डेरा जमाया। गाड़ी का हिसाब किया, उसे चलता किया और वहीं की कुइयाँ से नहाने-धोने का प्रोग्राम शुरू कर दिया। गाड़ीवान भौचक्का था कि अजीब लोग हैं, सारे सामान सहित घर पर न उतरकर बाग में उतरे हैं। पंडिताइन और भुजंग बाबू को भी अचरज था।

असल में पंडित जी को गाँव में घुसते सकुच लग रही थी, डर लग रहा था। दस लोग, दस तरह की बातें। फिर भइया, दिदिया का भी डर–मानो कोई बड़ा अपराध करके घर जाने से कतरा रहा हो। इसीलिए ऐसा किया था।

गाड़ीवान वापस लौटा तो कुछ चना-चबैना करने के लिए बाजार में गाड़ी ले गया। जुआ उतारकर बैलों के आगे भूसा डाला और भुजवा की दुकान पर गुड़ चना लिया। चाँदी का रुपया उसने भुजवा को दिया तो उसने पैसे लौटाते हुए पूछ लिया–अच्छी कमाई की है, कहाँ से सवारी लाए हो? गाड़ीवान ने बता ही तो दिया। कुछ लोग परदेश से इसी गाँव आए हैं। दो जने तो बोली बानी से यहीं के लगते हैं, एक जने परदेसी हैं। लेकिन अजूबा है। गाँव में नहीं गए। उधर बगिया में जाकर टिके हैं।

भुजवा का माथा ठनका। उसने साहू को बताया। साहू ने मुराइन से कहा। होते करते बात बाजार में फैलकर गाँव में पहुँची। गाँव से घर तक बात जाते कितनी देर लगती! सो उधर बगिया में नहाने और कपड़े पसारने का प्रोग्राम मुश्किल से पूरा हो पाया था कि लाठी लिए ताऊ जी, बुआ जी और साथ में यही बारह-तेरह जने–बाग में दाखिल हो गए। मतई भी साथ थे। पीछे-पीछे घर की बैलगाड़ी भी आकर गलियारे से नीचे उतारकर खड़ी कर दी गई थी।

पंडित जी आधी धोती पहने आधी ओढ़े बड़े भइया के पाँव छूने लपके। हाथ बीच में ही रोककर ताऊ ने उन्हें खींचकर पूरे जोर से कसकर छाती से चिपटाया और सिर पर, पीठ पर दुलार में हाथ फेरते हुए बोले–'अरे इसमें सकुचाने की बात क्या है ? मेरी तो छाती दूनी हो गई है। तूने वंश का नाम उजागर किया है। भगवान ऐसा भाई सबको दे।' बुआ भी 'हाय मेरा भइया, बड़ा दुख झेला तूने' कहकर पंडित जी की पीठ सहला रही थीं। सबसे यथाजोग पैलगी, जोहार, असीस हो जाने के बाद घर चलने की बात हुई। लोग लपके कि असबाब गाड़ी में लाद दें।

अचानक ताऊ जी बोले–'ठहरो ! इन बक्सों का ताला खोलो।' ताले खुल गए। ताऊ जी बोले–'जब उस नालायक इंस्पेक्टर से बात हुई थी तब कौन-सी धोती पहने थे।' पंडित जी ने बक्से के कपड़े उतिन कर वह धोती, धुली चौपरती

निकाल दी। ताऊ जी फिर बोले–'और लल्लू की अम्मा क्या पहने थीं ?' एक धोती, पेटीकोट, सलूका भी निकल आया। उस गिरोह में गाँव के डाकखाने के पोस्टमास्टर थे। ये कपड़े उन्हें सौंपकर ताऊ जी बोले, लिख लीजिए, इससे उस इंस्पेक्टर या कलक्टर का पता और यह सब पार्सल कर दीजिए। यह भी उन्हीं का है, वहीं रख लें। इन्हें गाँव में ले जाने की जरूरत नहीं। पार्सल खर्च भी ताऊ जी ने उसी बाबू के हवाले किया। इसके बाद ताले लगे, सामान सिमटा, गाड़ी पर लदा और पूरा काफिला गाँव तक आकर तियाँ-बियाँ होने से पहले असबाब उतारकर घर में रखने में मदद करता गया। बैल खूँटों पर बँध गए। गाड़ी अपनी जगह खड़ी हो गई। पंडित जी कई बार कुछ कहने को हुए तो बड़े भाई ने रोक दिया–'अकुलाहट काहे की, खा-पीकर आराम करो, गाँव देसवालों से मिल भेंट लो। तब बात होगी।' भुजंग बाबू यह सब देख सुनकर चौंक पड़े। किसी भी हिन्दीभाषी गाँव में वह पहली बार आए थे।

दूसरे दिन नीम के नीचे छोटी-सी मंडली जमी। किसी ने नौकरी छोड़ने की बात कही तो ताऊ जी एक साँस में कह गए–'जो गया उसका क्या गम, जो पड़ेगा भोगेंगे। हम लोग हैं उठौआ चूल्हा। यही देहरी कौन सतजुग से हमारी है। कहीं से आकर यहाँ बसे। यहाँ से जाएँगे कहीं बस जाएँगे। उठौआ चूल्हा देखा है? चाहे जहाँ की माटी से बना लो, चाहे जिस पिंडोर से पोत लो, कैसे भी ऊपरी लकड़ी ठुकरी डालकर जलाओ, जिसका जो मन करे पका लो। जहाँ से मन आए उठा लो, जहाँ मन करे रख लो, जो चाहे लाभ उठा ले। लेकिन जहाँ रहेगा, आँच देगा। जो लाभ लेना चाहेगा उसे आँच सहनी पड़ेगी। आँच नहीं तो लाभ नहीं।'

किसी ने फिर घर का खर्च चलने की बात कही तो ताऊ जी बोले–भगवान बड़े भाग से हाथी को ऊलान से छूटने का मौका देता है। सो मिल गया। अब पहले मेरा भइया–दोनों परानी-जाकर पुरखों की गया करेगा, उसी यात्रा में जगन्नाथन हो जाएगा। राजगिरी, नालन्दा, बिहारशरीफ भी जाएगा, उसके बाद नीमसार जाएगा। लौटकर भागवत बैठा लेगा, ब्रह्मभोज होगा। उसके बाद देखा जाएगा। अबकी खेत में और बगिया में इसी का पुन्न फाट पड़ा है। राम जी की यही मरजी है। तब तक नौकरी की कोई बात नहीं होगी। इस बीच नौकरी मजूरी की जरूरत पड़ी तो मैं कर लूँगा। मुझे भी भगवान ने हाथ-पाँव दिए हैं। इन मंडलियों में किसी ने ललुआ की बात नहीं छेड़ी थी।

राम की माया

भुजंग बाबू का मन कुछ मिलान करने लगा। उधर महात्मा जी थे, इधर ताऊ जी। उधर माँ जी थीं, इधर बुआ जी। कौन संन्यासी है कौन गृहस्थ ? महाप्रभु तेरी माया समझ में नहीं आती। ढाका स्टेशन से रवाना होने से पहले उन्हें धूर्जटि बाबू का एक सन्देशा कोई चुपके से सुना गया था। उसमें इस्तीफा न देने की सलाह थी। धूर्जटि नहीं चाहते थे कि ढाका में क्रान्ति का पूरा किला ढह जाए। उनकी आज्ञा न मानने का तो सवाल ही पैदा नहीं होता था। लेकिन भुजंग बाबू बिना कुछ कहे कई दिन से उधेड़-बुन में लगे थे। धूर्जटि-भुजंग प्रसंग आने पर एक बार पंडिताइन ने मज़ाक भी किया था–न धोबी के और परोहन न गदहा के और किसान। आगे नाथ न पीछे पगहा–भुजंग बाबू तो ढाका में रहेंगे ही। ताऊ जी की बातों से भुजंग बाबू को साहस मिल रहा था। आँच सहित, उठौआ चूल्हा की तरह, स्वयंपाकी बनकर ढाका में बने रहना उनके लिए क्या दुष्कर था। शुभ्रा चली जाए यह तो उनको भी पसन्द था। कठौता से कठैली निकालने की बात समझ में आती लेकिन उसका भी समय आ ही गया।

आमों की फसल बहुत आनन्द से कटी। भुजंग बाबू ने जीवन में पहली बार यह सब देखा था। फंकियाँ, ठोकरा घर-घर में बने, छतों पर फैलाए गए। धोतियाँ, चद्दरें, खटिया सभी कुछ काम आईं। जरा-सा बादल आ गए तो औरतों की दौड़–बटोरकर लाने और आसमान साफ होते ही दुबारा पसारने की। इसके बाद अमावट का नम्बर आया। कठौता में पके आम भरकर ऊपर से मूसल चले, रस धोती, चद्दर, अंगौछा, करझाली, पीढ़ा, हुरसा तक पर फैलाकर सुखाया गया, कई परतें चढ़ाकर मोटा किया गया। इसके भी बटोरने-पसारने में वही फंकियाँ, ठोकरा जैसी भाग-दौड़। औरतों को तन, वस्त्र, केशों का होश न रहता। छतों पर की, अंगनई की यह इन्द्रधनुषी हलचल भुजंग बाबू ने बंग प्रदेश में कभी देखी ही न थी। इसके बाद बाग में झौआ, घर पर परात के पानी में आम भरकर चूसने के लिए चारों ओर बैठकर गप करने का मजा। अचार के लिए आम ऐसे तोड़ने की विधि कि

वह चोट न खाए, आँधी आने पर बागों की तरफ हलचल। तरह-तरह के अचार, अलग-अलग नाम–सिरके में भी अचार के कई रूप, मसालों की सोंधी कूट पीस, इमामदस्ता और हँसिया की घर-घर में माँग देखी-सुनी-समझी। कच्ची बिना जाली की अंबिया से जाली पड़ी अंबिया, फिर सीप, सुकल, सुआकटा, कोइली आदि रूप में आम की सब करवटें पहचानीं। आमों के भी नाम सुने–मिरचहा, सेंदुरहा, चोरहा आदि। जिस दिन पंडिताइन आम की गुठली तोड़कर भीतर की कुसली निकालकर कल्हारतीं और सबेरे की जलखई में दे देतीं, वह निहाल हो जाते। पानी मीठा लगता, पेट का इलाज हो जाता। यह इलाका अन्न और भाजी के मामले में कमी वाला इलाका था, दूध की भी इफराद न थी। मगर वाह री गरीबी की मस्ती जो कहते कि छमाही आम और छमाही महुआ काट देंगे। महुआ की बरकत देखने का मौका उन्हें नहीं मिला, हाँ कोलइया का साग खाया और पकी भी खाकर स्वाद लिया। नीम से झरती पकी निमकौरी का मजा लिया और झाँखर के झाड़ू से उसे बीननेवालियों की लगन देखकर वह मानो मन हार बैठे। यों ही कब चलने की तारीख आ गई, पता ही न चला। मौलवी से उनकी गहरी छनती थी।

पंडिताइन और पंडित जी को बड़ी चिन्ता कि अकेले कैसे कष्ट झेलेंगे। कभी-कभी देवर-भौज़ाई के मजाक भी हो जाते। पंडित जी की नजर में भुजंग का ढाका में बना रहना बहुत अच्छा था, रिश्ता बना रहेगा। उनका मन भागवत में सेठ परिवार, भुजंग बाबू, धूर्जटि, लल्लू, शेफाली, शुभ्रा सभी को बुलाने का था। आखिर स्टेशन से सबने उनको भी विदा किया। उनके साथ अचार, फंकिया, ठोकरा पिसा अमचूर, अमावट सभी कुछ तो बाँध दिया गया था। भुजंग बाबू ढाका पहुँचे तो शुभ्रा चन्द्रनगर जा चुकी थी।

रास्ते भर रेल में भुजंग बाबू का मन उसी भूमि में मँडराता रहा जिसे गंगा, जमुना, गोमती, सरजू सींचती हैं, जिसमें राम और कृष्ण खेले हैं, जहाँ गौतम, कबीर, तुलसी, जायसी अलख जगाते घूमे हैं। इसकी गरीबी, इरादा, ऊँचा मन, इसकी मस्ती–तभी यहाँ किसान आन्दोलन तगड़ा पनपा। फिर सोचने लगे, यह अज्ञान, अक्षर ज्ञान इतना कम, यह चढ़ा-ऊपरी, यह ऊँच-नीच, स्त्रियों की यह हीनता, एक बित्ता भूमि के लिए लाठी उठानेवाले ये तेवर। उनका भावुक मन कई बार विकल हुआ।

ढाका में पंडित जी का स्कूल सरकार ने अगौटि लिया। ऐसी खूबसूरती से सब काम हुआ कि किसी को बुरा न लगे। पंडित जी की एक बड़ी तस्वीर बनवाकर मढ़वाई गई जिसे हेडमास्टर के कमरे में उनकी कुर्सी के पीछे ऊँचे पर कलक्टर ने अपने हाथ से टाँगा। उसके अगल-बगल दो अगरबत्ती रोज जलाने की

रीति बनी। बाद में आलीशान इमारत बनी, स्कूल इंटर कॉलेज हो गया, हेडमास्टर की जगह प्रिंसिपल होने लगा। तब भी तस्वीर लगी रही, रीति चलती रही। उसे पंडित जी का स्कूल या कॉलेज ही कहा जाता रहा। अधगोरे स्कूल के हेडमास्टर साहब से इस्तीफा दिलवाकर उन्हें विलायत भेज दिया गया। इंस्पेक्टर का तबादला कर दिया गया। लल्लू को पकड़नेवाले हवलदार और थानेदार भी भुजंग बाबू को दिखाई न पड़े। कहीं और भेज दिए गए होंगे। जनता का मन रखने को इतना बहुत था।

लल्लू को जिन्दगी में ढाका जाने का मौका सिर्फ तीन-चार बार मिला था। आखिरी बार एक बार वह बरसों बाद गया था। पंडित जी तब दुनिया में नहीं थे। वह हिस्सा पहले पाकिस्तान, बाद में बंगलादेश बन चुका था। ढाका बहुत बदल चुका था। लल्लू के बचपन के साथियों मे दो-एक मुसलमान दोस्त ही मिले थे। उन्हीं के मुँह से सारी दास्तान लल्लू ने सुनी थी। पिता की तस्वीर के बारे में उसे तब नई बात भी मालूम हुई थी।

भारत बँटने लगा तो ढाका में भी दंगा हुआ। स्कूल के मुसलमान प्रिंसिपल को यह चिन्ता सवार कि कहीं कोई गिरोह आकर इस तस्वीर की बेइज्जती न कर दे। बेचारे तस्वीर को कपड़े में लपेट-लपाटकर भागे। ढाकेश्वरी देवी के पुजारी के पास आधी रात के समय पहुँचे, चिरौरी की। पंडित ने यह तस्वीर मन्दिर के देवी-देवताओं के बीच लटका दी। मन्दिर पर किसी भीड़ ने कोप नहीं किया। लल्लू मन्दिर में तस्वीर देखने गया। फूल, अच्छत, चन्दन उस पर इतना पुता था कि एकदम बदरंग थी। फिर भी लल्लू वहाँ खड़ा बड़ी देर तक तस्वीर देखता रहा था। वह कॉलेज के भीतर भी गया था। सुना था कि पिता के न रहने की खबर आई तो एक दिन के लिए कॉलेज बन्द भी हुआ था। उसका घर गायब था। एक जगह लड़कों-टीचरों के लिए नमाज पढ़ने की बनी थी जहाँ एक दीवार पर पक्के हरे रंग से किसी ने लिख दिया था—'अल्लाह हमें पंडित जी के नक्शे कदम पर चलने लायक बनाए।' लल्लू के मुँह से न जाने कैसे निकल पड़ा—'आमीन' और वह रुक न सका, लड़खड़ाता हुआ चल दिया। बस्ती में जाकर देखा तो भुजंग बाबू का घर भी नहीं था। उस जगह भी कोई आलीशान इमारत खड़ी थी। किसी मुसलमान घर से हिजरी माह और चाँद की तारीख के हिसाब से हर साल एक सीधा भी मन्दिर में भेजे जाने की बात लल्लू ने सुनी थी। लल्लू की समझ में नहीं आ रहा था कि वह सपना था, या यह सपना है।

लेकिन यह तो सब बहुत बाद की कहानी है। अभी तो पंडित जी पुरखों की गया करने जाएँगे। तब तक जो जहाँ है वहाँ से बिखरकर हजारा से झरे दाने

की तरह अपने ढंग से जी रहा है। लल्लू और शेफाली साथ हैं। उनका अपनों से सम्बन्ध डाक के जरिए है। यों पांडिचेरी आश्रम में बच्चों की टोली देस देखने इधर-उधर भेजते रहने का दस्तूर था, वह मौके लल्लू और शेफाली को भी बार-बार मिलते थे। आश्रम में कुछ खास लोग आते ही रहते थे। वह भी बच्चों को प्यार से बहुत कुछ बताते थे। बाकायदा न सही, बेकायदा पढ़ाई अच्छी चल रही थी। सेठ मंगलदास से पंडित जी और भुजंग बाबू की खतो-किताबत बराबर चल रही थी। भुजंग बाबू मुहल्लेवालों के प्रेम के भरोसे अपना एकाकी जीवन मजे में काट रहे थे। बाद में ये सब दाने कभी मिलेंगे या नहीं, मिलेंगे तो कहाँ मिलेंगे, यह अभी कोई सोच भी नहीं सकता था। धूर्जटि बाबू बिजली की कौंध की तरह कभी-कभी भुजंग बाबू को दर्शन दे जाते थे। उनसे थोड़ी-बहुत बातें भी हो जाती थीं। शुभ्रा गई तो ऐसी गई कि फिर कभी ढाका में न दिखाई दी। ढाका में भुजंग बाबू के अलावा और था ही कौन! भुजंग बाबू एकान्तप्रेमी होते जा रहे थे। शिक्षा और क्रान्ति उनके दो ही मीत थे।

इस्तीफा देने, हिसाब लेने के लिए ढाका लौटने, कभी किसी से न मिलने की बात तो समझ में आनेवाली थी लेकिन विस्मय की बात यह थी कि शुभ्रा लल्लू और शेफाली से भी अब पहले जैसा अपनपौ नहीं निभाती थी। उनकी चिट्ठियों का कभी-कभी ही वह भी एक-दो सतर का पोस्टकार्ड लिखकर उत्तर देती थी। भुजंग बाबू के अपनपौ भरे पत्रों को भी अकसर टाल जाती थी। पंडित जी के गाँव से जब भी कोई चिट्ठी आई, उसका जवाब नहीं गया। महीने-दो महीने में ही वह इतनी गैर हो जाएगी, ऐसा किसी ने सोचा न था।

किसी ने आकर बताया कि शुभ्रा के रंग-ढंग अब बहुत बदल गए हैं। वह अब फ्रांसीसी मेमों से बढ़कर मेम हो गई है। उनके साथ तैरती है, खेलती है। बाल कट चुके हैं, साड़ी की जगह साया ने ले ली है। ऊँची एड़ी की जूती पहनकर क्लब में मर्दों के साथ विलायती डाँस करती है। सिगरेट तो पीने ही लगी है, शराब भी पीती है। बतानेवालों ने यह भी बताया कि वह संस्कृत पढ़ने में खास मन लगा रही है। कोई बड़ा वजीफा पाकर ऊँची तालीम के लिए फ्रांस जाने की तैयारी कर रही है। कुछ समय बाद एकदम ही खबर मिलनी बन्द हो गई।

इधर करीब बीस बरस बाद लल्लू की एक परिचित लड़की कोई दस बरस विलायत में रहकर भारत लौटी थी। वह कई बार फ्रांस भी आई-गई है। एक बार उसने फ्रांस की किसी बुढ़िया का लल्लू से जिक्र किया जो संस्कृत और वेदों की बड़ी विद्वान मानी जाती है। लड़की उससे मिली भी थी। बड़ी अचरज की बात कि भारत का जिक्र आने पर उस बुढ़िया ने ढाका का, गरीब नेवाज का नाम लिया

था। घर का नाम लल्लू भी उसे याद है। वह बुढ़िया फ्रांस में बराबर अविवाहित रही। सुना पढ़ने-लिखने में ही लगी रहती है। अपने बारे में कुछ बताती नहीं। आज लल्लू मन ही मन मनाता है कि वह शुभ्रा ही हो। लेकिन यह सब भी बहुत बाद की चर्चा है। अभी तो लल्लू शेफाली के साथ पांडिचेरी आश्रम में है। उसकी कहानी पिता पंडित राम गुलाम की गया यात्रा तक अटकी हुई थी। शुभ्रा के हाल-चाल उसके गाँव या काठालबाड़ी तक किसी ने पहुँचाए नहीं थे।

गाँव में कभी-कभी वह चर्चा भी चलती थी कि गया का काम हो जाए तो लल्लू का जनेऊ कर डाला जाए। ग्यारहवीं में तो है ही। अबकी नहीं तो तेरहवीं में सही। लेकिन उस हाल में कोई सिलसिला ब्याह का बैठाकर दोनों काम साथ निपटाना अच्छा रहेगा। पंडित जी दहेज प्रथा के कट्टर विरोधी थे। बाल विवाह को भी वह अच्छा नहीं समझते थे। लेकिन लल्लू के रंग-ढंग उन्हें बाल विवाह के मामले में औरों की तरह सोचने को भी कभी-कभी मजबूर कर देते थे। ऐसी बातों का वह सिर्फ हाँ-हूँ में जवाब देते थे। लल्लू को लिखे गए पत्रों में इन बातों की भनक भी नहीं दी जाती थी। ये बातें सेठ जी और भुजंग बाबू से भी छिपाई जाती थीं। लल्लू और शेफाली इन बातों से बेखबर मस्त थे।

फिर अभी इन बातों को फैलाने का तुक भी क्या था! अभी तो गया यात्रा बाकी थी। इसके बाद कोई कुछ भी कहे, कहीं निकट के शहर में नौकरी भी खोजनी ही थी। उनकी योग्यता और लगन वाले के लिए नौकरी पाने में कहाँ दिक्कत होगी! फिर भी नौकरी कोई हथेली पर की सरसों तो नहीं है। शहर में नए सिरे से गिरस्ती जमानी होगी। पंडित जी गाँव से जनेऊ-ब्याह आदि करने के खिलाफ हो चुके थे। ब्याह के बाद लड़का-बहू चार दिन के लिए पुरखों की देहरी नाप आएँ, यह बात दूसरी है। गाँव के कुछ खास लोगों को शहर बुला लेना ही उनकी नजर में ठीक था। वह परपंच से घबराने लगे थे। भइया, दिदिया की भी यही राय थी। बुआ ने बूढ़ी-बुढ़ियों को पढ़ाना ढाका से लौटते ही शुरू कर दिया था। इनमें कुछ बड़ी परपंची थीं। पंडिताइन कभी बूढ़ा सुआ को पढ़ाने पर व्यंग्य करतीं तो कभी 'सीख न दीजै बानरा' कहतीं, लेकिन बुआ पर असर न पड़ता। इनमें से भी कई लल्लू को खूँटे में बाँधने की सलाह दे जाती थीं।

लल्लू के गले में फाँसी डालने के लिए फन्दा तैयार करने का काम शुरू हो चुका था, लेकिन फाँसी का फैसला होने में अभी देर थी। उधर शेफाली के साथ लल्लू अपने दिमाग और पाँवों का सनीचर उतार रहा था।

●●●